ИЗДАНИЕ НА АНГЛИЙСКОМ И РУССКОМ ЯЗЫКАХ

Современный бестселлер: Билингва

ХРОНИКИ НАРНИИ

«Покоритель зари», или Плавание на край света

КЛАЙВ С. ЛЬЮИС

THE CHRONICLES OF NARNIA

The Voyage of the Dawn Treader

C.S. LEWIS

МОСКВА
2017

УДК 811.111(075.4)
ББК 81.2Англ-93
Л91

Перевод с английского *В. Кулагиной-Ярцевой*
Составление упражнений *А. Максаевой*
Оформление *В. Безкровного*

Льюис, Клайв Стейплз.

Л91   Хроники Нарнии. «Покоритель зари», или Плавание на
край света = The Chronicles of Narnia. The Voyage of the Dawn
Treader / Клайв С. Льюис ; [пер. с англ. В. Кулагиной-Ярце-
вой]. — Москва : Эксмо, 2017. — 416 с. — (Современный бестселлер: билингва).

ISBN 978-5-699-84288-9

В этом издании читателям предлагаются неадаптированный оригиналь-
ный текст и классический перевод захватывающей повести из волшебной эпо-
пеи «Хроники Нарнии».

Чтение текста в оригинале позволит значительно усовершенствовать
знание английского, а перевод на русский язык поможет разрешить возникаю-
щие по ходу чтения вопросы и трудности. Для углубления знаний английского
и облегчения понимания текста предлагаются упражнения и комментарии.

Книга будет интересна и полезна всем, кто знает и изучает английский
язык с преподавателем или самостоятельно.

УДК 811.111(075.4)
ББК 81.2Англ-93

ISBN 978-5-699-84288-9

Contents

To Geoffrey Barfield

Посвящается Джеффри Барфилду

Chapter 1

THE PICTURE IN THE BEDROOM

There was a boy called Eustace Clarence Scrubb, and he almost deserved it. His parents called him Eustace Clarence and masters called him Scrubb. I can't tell you how his friends spoke to him, for he had none. He didn't call his Father and Mother 'Father' and 'Mother', but Harold and Alberta. They were very up-to-date and advanced people. They were vegetarians, non-smokers and teetotallers and wore a special kind of underclothes. In their house there was very little furniture and very few clothes on the beds and the windows were always open.

Eustace Clarence liked animals, especially beetles, if they were dead and pinned on a card. He liked books if they were books of information and had pictures of grain elevators or of fat foreign children doing exercises in model schools.

Eustace Clarence disliked his cousins, the four Pevensies, — Peter, Susan, Edmund and Lucy. But he was quite glad, when he heard that Edmund and Lucy were coming to stay. For deep down inside him he liked bossing and bullying; and, though he was a puny little person who couldn't have stood up even to Lucy, let alone Edmund, in a fight, he knew that there are dozens of ways to give people a bad time if you are in your own home and they are only visitors.

Глава 1

КАРТИНА В ДЕТСКОЙ

Жил-был мальчик, которого звали Юстас Кларенс Вред, и фамилия подходила ему как нельзя лучше. Родители называли его Юстасом Кларенсом, а учителя — Вредом. Не могу сказать, как обращались к нему друзья, потому что друзей у него не было. Он звал своих родителей не «папа» и «мама», а по имени, Гарольд и Альберта. Они были чрезвычайно современными и передовыми людьми: ели вегетарианскую пищу, не курили, не пили, носили экологически чистое белье. В их доме почти отсутствовала мебель, кровати в спальне были жесткими, а окна всегда стояли нараспашку. Юстасу Кларенсу нравились животные, особенно насекомые — мертвые, насаженные на булавку жуки, — а еще книги, в которых содержались точные сведения и фотографии элеваторов или толстеньких иностранных детей, занимающихся физическими упражнениями в образцовых школах.

Юстас Кларенс недолюбливал своих родственников, четверых детей семейства Певенси — Питера, Сьюзен, Эдмунда и Люси, — но обрадовался, узнав, что Эдмунд и Люси какое-то время поживут у них. В глубине души он любил командовать, обожал кого-нибудь изводить. И хотя он был маленьким и слабым, а если бы дело дошло до драки, не сумел бы справиться даже с Люси, не говоря уже об Эдмунде, ему были известны десятки способов испортить жизнь кому угодно, если он был у себя дома, а эти кто угодно у него гостили.

Edmund and Lucy did not at all want to come and stay with Uncle Harold and Aunt Alberta. But it really couldn't be helped. Father had got a job lecturing in America for sixteen weeks that summer, and Mother was to go with him because she hadn't had a real holiday for ten years. Peter was working very hard for an exam and he was to spend the holidays being coached by old Professor Kirke in whose house these four children had had wonderful adventures long ago in the war years. If he had still been in that house he would have had them all to stay. But he had somehow become poor since the old days and was living in a small cottage with only one bedroom to spare. It would have cost too much money to take the other three all to America, and Susan had gone. Grown-ups thought her the pretty one of the family and she was no good at school work (though otherwise very old for her age) and Mother said she 'would get far more out of a trip to America than the youngsters'.

Эдмунда и Люси вовсе не радовала перспектива пожить у дяди Гарольда и тети Альберты, но ничего не поделаешь: их отца пригласили на четыре месяца в Америку читать цикл лекций, и мама должна была ехать с ним, потому что она десять лет не отдыхала по-настоящему. Питеру предстояло провести каникулы у старого профессора Керка, под руководством которого он усердно готовился к экзаменам. Именно в доме профессора эти четверо детей пережили чудесные приключения несколько лет назад, во время войны. Если бы он по-прежнему жил в том же доме, они все могли бы остановиться у него, но с тех пор профессор обеднел и жил теперь в небольшом коттедже, где была всего одна гостевая спальня. Взять остальных детей в Америку было слишком дорого, поэтому с родителями поехала только Сьюзен.

Edmund and Lucy tried not to grudge Susan her luck, but it was dreadful having to spend the summer holidays at their Aunt's. 'But it's far worse for me,' said Edmund, 'because you'll at least have a room of your own and I shall have to share a bedroom with that record stinker, Eustace.'

The story begins on an afternoon when Edmund and Lucy were stealing a few precious minutes alone together. And of course they were talking about Narnia, which was the name of their own private and secret country. Most of us, I suppose, have a secret country, but for most of us it is only an imaginary country. Edmund and Lucy were luckier than other people in that respect. Their secret country was real. They had already visited it twice; not in a game or a dream, but in reality. They had got there of course by Magic, which is the only way of getting to Narnia. And a promise, or very nearly a promise, had been made them in Narnia itself that they would some day get back. You may imagine that they talked about it a good deal, when they got the chance.

They were in Lucy's room, sitting on the edge of her bed and looking at a picture on the opposite wall. It was the only picture in the house that they liked. Aunt Alberta didn't like it at all (that was why it was put away in a little back room upstairs), but she couldn't get rid of it because it had been a wedding present from someone she did not want to offend.

Она считалась самой красивой из детей Певенси и при этом не блистала успехами в школе, хотя во многих отношениях была совершенно взрослой. Мама решила, что ей поездка в Америку даст гораздо больше, чем младшим. Эдмунд и Люси старались не завидовать Сьюзен, но перспектива провести летние каникулы у тетушки наводила на них тоску.

— У тебя хоть своя комната будет, — посетовал Эдмунд, — а мне придется делить спальню с этим противным Юстасом.

Эта история началась ближе к вечеру, когда Эдмунд и Люси улучили несколько драгоценных минут, чтобы побыть вдвоем. И конечно, говорили они о Нарнии — своей собственной тайной стране. Думаю, у большинства из нас есть своя тайная страна, но только воображаемая. В этом отношении Эдмунду и Люси повезло больше, чем другим: их тайная страна существовала на самом деле, им даже удалось дважды ее посетить — не в игре, не во сне, а наяву. Разумеется, они попадали туда волшебным образом, иначе до Нарнии не добраться, и главное — получили обещание, или почти обещание, что когда-нибудь туда вернутся. Поэтому неудивительно, что они беспрестанно говорили об этом, как только выпадала возможность.

Сидя на краешке кровати в комнате Люси, они разглядывали картину на противоположной стене, единственную во всем доме, которая им нравилась. А тете Альберте она совсем не нравилась, поэтому ее и повесили в небольшой задней комнате на верхнем этаже. Но избавиться от нее не представлялось возможным: это был свадебный подарок от человека, которого ей не хотелось обидеть.

It was a picture of a ship — a ship sailing nearly straight towards you. Her prow was gilded and shaped like the head of a dragon with wide open mouth. She had only one mast and one large, square sail which was a rich purple. The sides of the ship — what you could see of them where the gilded wings of the dragon ended — were green. She had just run up to the top of one glorious blue wave, and the nearer slope of that wave came down towards you, with streaks and bubbles on it. She was obviously running fast before a gay wind, listing over a little on her port side. (By the way, if you are going to read this story at all, and if you don't know already, you had better get it into your head that the left of a ship when you are looking ahead, is *port,* and the right is *starboard.)* All the sunlight fell on her from that side, and the water on that side was full of greens and purples. On the other, it was darker blue from the shadow of the ship.

'The question is,' said Edmund, 'whether it doesn't make things worse, *looking* at a Narnian ship when you can't get there.'

'Even looking is better than nothing,' said Lucy. 'And she is such a very Narnian ship.'

'Still playing your old game?' said Eustace Clarence, who had been listening outside the door and now came grinning into the room. Last year, when he had been staying with the Pevensies, he had managed to hear them all talking of Narnia and he loved teasing them about it. He thought of course that they were making it all up; and as he was far too stupid to make anything up himself, he did not approve of that.

'You're not wanted here,' said Edmund curtly.

'I'm trying to think of a limerick,' said Eustace. 'Something like this:

На картине был изображен корабль, который плыл прямо на вас. Его позолоченный нос был выгнут в виде морды дракона с широко открытой пастью. Корабль был одномачтовый, с квадратным парусом роскошного пурпурного цвета. Борта корабля — насколько можно было разглядеть их цвет там, где кончались золоченые крылья дракона, — были зелеными. Корабль вздымался на гребне чудесной синей волны, а ближайшая волна обрушивалась на вас, переливаясь синевой и пенясь. Корабль, несомненно, летел вперед, а веселый ветерок дул с правого борта. Солнечные лучи заливали корабль, и вода у борта отливала зеленым и пурпурным, а с другого борта была темно-синей от тени корабля.

— Вопрос в том, — заметил Эдмунд, — не становится ли хуже, когда глядишь на нарнийский корабль, а попасть на него не можешь.

— Глядеть все-таки лучше, — отозвалась Люси. — А корабль совершенно нарнийский.

— Опять старые игры? — с ухмылкой спросил Юстас Кларенс, который подслушивал под дверью, а теперь вошел в комнату. Прошлым летом, когда гостил в семействе Певенси, он слышал эти разговоры о Нарнии, и ему нравилось поддразнивать кузенов. Разумеется, он считал, что все это выдумки, а поскольку сам был слишком глуп, чтобы что-то придумать, то ему это не нравилось.

— Тебя сюда не звали! — отрезал Эдмунд.

— Я сочиняю лимерик, — сказал Юстас. — Что-то вроде:

'Some kids who played games about Narnia
Got gradually balmier and balmier — '

'Well, *Narnia* and *balmier* don't rhyme, to begin with,'
said Lucy.

'It's an assonance,' said Eustace.

'Don't ask him what an assy-thingummy is,' said
Edmund. 'He's only longing to be asked. Say nothing and
perhaps he'll go away.'

Most boys, on meeting a reception like this, would
either have cleared out or flared up. Eustace did neither.
He just hung about grinning, and presently began talking
again.

'Do you like that picture?' he asked.

'For Heaven's sake don't let him get started about Art
and all that,' said Edmund hurriedly, but Lucy, who was
very truthful, had already said, 'Yes, I do. I like it very
much.'

'It's a rotten picture,' said Eustace.

'You won't see it if you step outside,' said Edmund.

'Why do you like it?' said Eustace to Lucy.

'Well, for one thing,' said Lucy, 'I like it because the
ship looks as if it was really moving. And the water looks
as if it was really wet. And the waves look as if they were
really going up and down.'

Of course Eustace knew lots of answers to this, but
he didn't say anything. The reason was that at that very
moment he looked at the waves and saw that they did look
very much indeed as if they were going up and down. He
had only once been in a ship (and then only as far as the

Ребята, болтая про Нарнию,
Становятся придурковатыми...

— Ну прежде всего «Нарнию» и «придурковатыми» не рифмуются, — заметила Люси.

— Это ассонанс, — возразил Юстас.

— Только не спрашивай его, что такое «ассо-что-то-там», — вмешался Эдмунд. — Он только и ждет, чтобы ему задали вопрос. Ничего не говори — может, он уйдет.

Большинство ребят на месте Юстаса либо тут же ушли бы, либо рассердились, но он остался, продолжая ухмыляться, и снова завел разговор:

— Вам нравится эта картина?

— Бога ради, не давай ему заговорить о живописи, — поспешно предупредил Эдмунд, но Люси, исключительно правдивая девочка, уже ответила:

— Да, очень нравится.

— Картина дрянь! — заявил Юстас.

— Если ты уйдешь, то не будешь ее видеть, — буркнул Эдмунд.

— Чем она тебе нравится? — обратился Юстас к Люси.

— Ну, прежде всего тем, что корабль будто в самом деле движется. И вода кажется настоящей, и волны словно действительно вздымаются и опадают.

Конечно, Юстас мог бы возразить, но ничего не сказал, потому что в эту самую минуту взглянул на волны и тоже увидел, что они и в самом деле поднимаются и опускаются. Он всего лишь раз плавал на корабле (совсем недалеко, на остров Уайт) и ужасно

Isle of Wight) and had been horribly seasick. The look of the waves in the picture made him feel sick again. He turned rather green and tried another look. And then all three children were staring with open mouths.

What they were seeing may be hard to believe when you read it in print, but it was almost as hard to believe when you saw it happening. The things in the picture were moving. It didn't look at all like a cinema either; the colours were too real and clean and out-of-door for that. Down went the prow of the ship into the wave and up went a great shock of spray. And then up went the wave behind her, and her stern and her deck became visible for the first time, and then disappeared as the next wave came to meet her and her bows went up again. At the same moment an exercise book which had been lying beside Edmund on the bed flapped, rose and sailed through the air to the wall behind him, and Lucy felt all her hair whipping round her face as it does on a windy day. And this was a windy day; but the wind was blowing out of the picture towards them. And suddenly with the wind came the noises — the swishing of waves and the slap of water against the ship's sides and the creaking and the over-all high, steady roar of air and water. But it was the smell, the wild, briny smell, which really convinced Lucy that she was not dreaming.

'Stop it,' came Eustace's voice, squeaky with fright and bad temper. 'It's some silly trick you two are playing. Stop it. I'll tell Alberta — ow!'

The other two were much more accustomed to adventures, but, just exactly as Eustace Clarence said 'Ow,' they both said 'Ow' too. The reason was that a great cold, salt splash had broken right out of the frame and they were breathless from the smack of it, besides being wet through.

страдал от морской болезни, поэтому от вида волн на картине ему снова стало нехорошо. Он хоть и позеленел, но решился взглянуть на картину еще раз. И тут все трое застыли с открытыми ртами.

В то, что они увидели, трудно поверить, даже когда читаешь об этом. Вдруг все, что было изображено на картине, пришло в движение, но совсем не так, как в кино: цвета были чище и реальнее, чувствовалось движение воздуха. Нос корабля пошел вниз и взрезал волну, так что взлетели брызги. Затем позади корабля поднялась новая волна, и в первый раз стали видны корма и палуба, но потом исчезли, и нос снова взлетел вверх. В ту же минуту тетрадь, лежавшая на кровати возле Эдмунда, поднялась, зашелестела страницами и поплыла по воздуху к стене, а Люси почувствовала, что от ветра развеваются волосы. И действительно поднялся ветер — только дул он на них с картины. Вместе с ветром донеслись и другие звуки: шуршание волн, плеск воды о борта корабля, скрип и перекрывавший все остальное гул воздуха и воды. Но именно запах — сильный запах соли — окончательно убедил Люси в том, что это не сон.

— Прекратите! — крикнул Юстас писклявым от испуга и злости голосом. — Вы придумали эту дурацкую игру. Перестаньте, а то пожалуюсь Альберте. О-о!

Люси и Эдмунд привыкли к приключениям, но и они могли только, как Юстас, воскликнуть «о-о!», потому что из рамы на них выплеснулась большая холодная соленая волна и окатила с головы до ног.

'I'll smash the rotten thing,' cried Eustace; and then several things happened at the same time. Eustace rushed towards the picture. Edmund, who knew something about magic, sprang after him, warning him to look out and not to be a fool. Lucy grabbed at him from the other side and was dragged forward. And by this time either they had grown much smaller or the picture had grown bigger. Eustace jumped to try to pull it off the wall and found himself standing on the frame; in front of him was not glass but real sea, and wind and waves rushing up to the frame as they might to a rock. He lost his head and clutched at the other two who had jumped up beside him There was a second of struggling and shouting, and just as they thought they had got their balance a great blue roller surged up round them, swept them off their feet, and drew them down into the sea. Eustace's despairing cry suddenly ended as the water got into his mouth.

Lucy thanked her stars that she had worked hard at her swimming last summer term. It is true that she would have got on much better if she had used a slower stroke, and also that the water felt a great deal colder than it had looked while it was only a picture. Still, she kept her head and kicked her shoes off, as everyone ought to do who falls into deep water in their clothes. She even kept her mouth shut and her eyes open. They were still quite near the ship; she saw its green side towering high above them, and people looking at her from the deck. Then, as one might have expected, Eustace clutched at her in a panic and down they both went.

When they came up again she saw a white figure diving off the ship's side.

Edmund was close beside her now, treading water, and had caught the arms of the howling Eustace. Then

— Сейчас я разнесу эту дрянь! — завопил Юстас, и тут произошло сразу несколько событий.

Юстас кинулся к картине. Эдмунд, который кое-что понимал в волшебстве, бросился за ним с криком, чтобы тот был осторожнее и не валял дурака. Люси ухватилась за него с другой стороны, и ее потащило вперед. К этому времени либо они сделались гораздо меньше, либо картина увеличилась в размерах. Юстас прыгнул, чтобы сорвать ее со стены, очутился на раме, и перед ним было не стекло, а настоящее море, и волны набегали на раму, как набегали бы на скалы. От страха он вцепился в Эдмунда и Люси, которые запрыгнули на раму вслед за ним. Несколько мгновений шумной возни, — и как раз когда ребята почти сумели удержать равновесие, на них обрушилась огромная волна, сбила с ног и потащила в море. Отчаянный крик Юстаса вдруг оборвался — ему в рот попала вода.

Люси поблагодарила судьбу за то, что за лето хорошо научилась плавать. Правда, неплохо бы плыть помедленнее, да и вода оказалась намного холоднее, чем можно было подумать, глядя на картину. Все же голову она держала над водой и даже ухитрилась сбросить туфли, что следует сделать в первую очередь, если оказался в воде в одежде. Рот у нее был закрыт, а глаза открыты. Они все еще находились возле корабля, ей был виден возвышавшийся над ними зеленый борт и люди, смотревшие на нее с палубы. Затем, что было вполне ожидаемо, Юстас в панике уцепился за нее, и оба пошли ко дну.

Вынырнув, Люси успела заметить, как с борта корабля в воду прыгнула белая фигура. Эдмунд подплыл, оторвал от нее завывавшего Юстаса, затем кто-то смутно знакомый подхватил ее с другой стороны.

someone else, whose face was vaguely familiar, slipped an arm under her from the other side. There was a lot of shouting going on from the ship, heads crowding together above the bulwarks, ropes being thrown. Edmund and the stranger were fastening ropes round her. After that followed what seemed a very long delay during which her face got blue and her teeth began chattering. In reality the delay was not very long; they were waiting till the moment when she could be got on board the ship without being dashed against its side. Even with all their best endeavours she had a bruised knee when she finally stood, dripping and shivering, on the deck. After her Edmund was heaved up, and then the miserable Eustace. Last of all came the stranger — a golden-headed boy some years older than herself.

'Ca — Ca — Caspian!' gasped Lucy as soon as she had breath enough. For Caspian it was; Caspian, the boy king of Narnia whom they had helped to set on the throne during their last visit. Immediately Edmund recognised him too. All three shook hands and clapped one another on the back with great delight.

'But who is your friend?' said Caspian almost at once, turning to Eustace with his cheerful smile. But Eustace was crying much harder than any boy of his age has a right to cry when nothing worse than a wetting has happened to him, and would only yell out, 'Let me go. Let me go back. I don't *like* it.'

'Let you go?' said Caspian. 'But where?'

Eustace rushed to the ship's side, as if he expected to see the picture frame hanging above the sea, and per-

С корабля доносились крики, над фальшбортом виднелись головы, потом с борта сбросили канаты, и Эдмунд с незнакомцем обвязали ее. После этого началось, как ей показалось, долгое ожидание, так что лицо у нее успело посинеть, а зубы начали выбивать дробь. В действительности оно было совсем недолгим: люди наверху просто выжидали момент, чтобы ее можно было втащить на палубу, не ударив о борт. Но когда Люси в конце концов оказалась там, несмотря на все старания, на коленке у нее красовался огромный синяк. Ее била дрожь, а с одежды стекала вода. Потом на палубу вытащили Эдмунда, а следом за ним — несчастного Юстаса. Последним появился тот самый юноша, что показался ей знакомым: золотоволосый, немногим старше ее.

— Ка... Каспиан! — воскликнула Люси, как только немного отдышалась.

Да, это был он, нарнийский мальчик-король, которому они в свое время помогли взойти на трон. И Эдмунд тоже сразу узнал его. Они обменялись рукопожатиями и с удовольствием похлопали друг друга по спине.

— А это ваш друг? — сразу же поинтересовался Каспиан, поворачиваясь к Юстасу с ободряющей улыбкой.

Тот так рыдал, как не позволил бы себе никакой другой мальчик его возраста из-за того, что всего-навсего промок:

— Отпустите меня! Я хочу обратно. Мне здесь не нравится...

— Отпустить? — переспросил Каспиан. — Но куда?

Юстас бросился к борту, словно ожидал увидеть нависшую над морем раму картины или комнату

haps a glimpse of Lucy's bedroom. What he saw was blue waves flecked with foam, and paler blue sky, both spreading without a break to the horizon. Perhaps we can hardly blame him if his heart sank. He was promptly sick.

'Hey! Rynelf,' said Caspian to one of the sailors. 'Bring spiced wine for their Majesties. You'll need something to warm you after that dip.' He called Edmund and Lucy their Majesties because they and Peter and Susan had all been Kings and Queens of Narnia long before his time. Narnian time flows differently from ours. If you spent a hundred years in Narnia, you would still come back to our world at the very same hour of the very same day on which you left. And then, if you went back to Narnia after spending a week here, you might find that a thousand Narnian years had passed, or only a day, or no time at all. You never know till you get there. Consequently, when the Pevensie children had returned to Narnia last time for their second visit, it was (for the Narnians) as if King Arthur came back to Britain, as some people say he will. And I say the sooner the better.

Rynelf returned with the spiced wine steaming in a flagon and four silver cups. It was just what one wanted, and as Lucy and Edmund sipped it they could feel the warmth going right down to their toes. But Eustace made faces and spluttered and spat it out and was sick again and began to cry again and asked if they hadn't any Plumptree's Vitaminised Nerve Food and could it be made with distilled water and anyway he insisted on being put ashore at the next station.

Люси, но его взору предстали лишь синие волны с гребешками пены и голубое небо, простирающееся до самого горизонта. Наверное, не стоит винить его в том, что сердце у него ушло в пятки, а желудок подскочил к горлу.

— Эй, Ринельф! — окликнул Каспиан одного из моряков. — Принеси вина с пряностями для их величеств. Вам надо согреться после этого купания.

Каспиан по-прежнему называл Эдмунда и Люси величествами, потому что вместе со Сьюзен и Питером они правили в Нарнии задолго до него. Время в Нарнии идет совсем не так, как у нас: пробыв там сто лет, вы вернетесь в наш мир в тот самый день и час, когда его покинули, — но если через неделю снова окажетесь в Нарнии, то обнаружите, что там прошло несколько сотен лет, или всего один день, или вовсе нисколько. Этого не узнаешь, пока туда не попадешь. Когда четверо детей Певенси оказались в Нарнии во второй раз, для ее жителей это было как если бы король Артур возвратился в Британию — ведь некоторые считают, что он вернется. А я бы даже добавил: чем раньше это произойдет, тем лучше.

Ринельф вернулся с кувшином глинтвейна, над которым поднимался пар, и четырьмя серебряными кубками. Напиток оказался божественным: с каждым глотком Люси и Эдмунд ощущали, как по телу разливается тепло и возвращаются силы. Юстас же скорчил мину, поперхнулся, выплюнул глинтвейн, и его опять начало мутить. Он снова принялся плакать и просить чего-нибудь успокаивающего и витаминизированного, а кроме того, требовать, чтобы его высадили на ближайшей пристани.

'This is a merry shipmate you've brought us, Brother,' whispered Caspian to Edmund with a chuckle; but before he could say anything more Eustace burst out again.

'Oh! Ugh! What on earth's *that!* Take it away, the horrid thing.'

He really had some excuse this time for feeling a little surprised. Something very curious indeed had come out of the cabin in the poop and was slowly approaching them. You might call it — and indeed it was — a Mouse. But then it was a Mouse on its hind legs and stood about two feet high. A thin band of gold passed round its head under one ear and over the other and in this was stuck a long crimson feather. (As the Mouse's fur was very dark, almost black, the effect was bold and striking.) Its left paw rested on the hilt of a sword very nearly as long as its tail. Its balance, as it paced gravely along the swaying deck, was perfect, and its manners courtly. Lucy and Edmund recognised it at once — Reepicheep, the most valiant of all the Talking Beasts of Narnia and the Chief Mouse. It had won undying glory in the second Battle of Beruna. Lucy longed, as she had always done, to take Reepicheep up in her arms and cuddle him. But this, as she well

— Веселенького товарища ты нам привел, братец, — хмыкнув, прошептал Каспиан Эдмунду, но не успел ничего добавить, как раздался душераздирающий вопль Юстаса:

— Что это? Уберите эту мерзость!

По правде говоря, на этот раз было чему удивиться. Из каюты на корме появилось очень странное существо и неторопливо направилось к ним. Это была мышь, но весьма необычного вида: ходила на задних лапах и рост имела примерно два фута. На голове у нее была тонкая золотая повязка, проходившая над одним ухом и под другим, из-под которой торчало длинное алое перо, что на очень темном, почти черном мехе выглядело довольно эффектно. Левая лапа мыши лежала на рукояти шпаги, почти такой же длинной, как хвост. Зверь спокойно шагал по вздымающейся палубе, а его манеры не лишены были изысканности. Люси и Эдмунд моментально узнали его — это был Рипичип, самый храбрый из говорящих зверей Нарнии, Верховный главнокомандующий, покрывший себя неувядаемой славой во второй битве под Беруной. Люси, как всегда, захотелось схва-

knew, was a pleasure she could never have: it would have offended him deeply. Instead, she went down on one knee to talk to him.

Reepicheep put forward his left leg, drew back his right, bowed, kissed her hand, straightened himself, twirled his whiskers, and said in his shrill, piping voice:

'My humble duty to your Majesty. And to King Edmund, too.' (Here he bowed again.) 'Nothing except your Majesties' presence was lacking to this glorious venture.'

'Ugh, take it away,' wailed Eustace. 'I hate mice. And I never could bear performing animals. They're silly and vulgar and — and sentimental.'

'Am I to understand,' said Reepicheep to Lucy after a long stare at Eustace, 'that this singularly discourteous person is under your Majesty's protection? Because, if not — '

At this moment Lucy and Edmund both sneezed.

'What a fool I am to keep you all standing here in your wet things,' said Caspian. 'Come on below and get changed. I'll give you up my cabin of course, Lucy, but I'm afraid we have no women's clothes on board. You'll have to make do with some of mine. Lead the way, Reepicheep, like a good fellow.'

'To the convenience of a lady,' said Reepicheep, 'even a question of honour must give way — at least for the moment — ' and here he looked very hard at Eustace. But Caspian hustled them on and in a few minutes Lucy found herself passing through the door into the stern cabin. She fell in love with it at once — the three square windows that looked out on the blue, swirling water astern, the low cushioned benches round three sides of the table, the swinging

тить Рипичипа на руки и крепко обнять, но этого, как она прекрасно понимала, никогда не случится: такое обращение глубоко обидело бы его. Тогда девочка опустилась на колено, а Рипичип, как истинный джентльмен, выставил вперед левую ногу, отвел назад правую, поклонился, поцеловал ей руку, выпрямился, подкрутил усы и сказал высоким резким голосом:

— Нижайшее почтение вашему величеству и его величеству королю Эдмунду, — тут он снова поклонился. — Присутствие столь высокопоставленных особ, несомненно, украсит это славное путешествие.

— О, уберите его! — запричитал Юстас. — Ненавижу мышей, а тем более дрессированных: они глупы, вульгарны и... и они слюнявые.

— Как я понял, — обратился Рипичип к Люси, смерив Юстаса долгим взглядом, — этот совершенно невоспитанный субъект пользуется покровительством ваших величеств? Если нет, то...

Продолжить ему не дали Люси и Эдмунд, одновременно чихнув.

— Какой же я идиот: держу вас здесь в промокшей одежде! — воскликнул Каспиан. — Давайте спустимся вниз, и вы переоденетесь. Ты можешь занять мою каюту, Люси, но, боюсь, на корабле не найдется женской одежды, так что придется воспользоваться моей. Веди нас, доблестный Рипичип!

— Ради дамы, — отозвался Рипичип и сурово посмотрел на Юстаса, — даже вопрос чести может быть отложен — во всяком случае, на время.

Каспиан, не желая развития конфликта, подтолкнул гостей вперед, и через несколько минут Люси уже входила в каюту на корме. Здесь ей сразу все понравилось: три квадратных окна, за которыми плескалась синяя вода, низкие лавки с подушками

silver lamp overhead (Dwarfs' work, she knew at once by
its exquisite delicacy) and the flat gold image of Aslan the
Lion on the forward wall above the door. All this she took
in in a flash, for Caspian immediately opened a door on
the starboard side, and said, 'This'll be your room, Lucy.
I'll just get some dry things for myself' — he was rummag-
ing in one of the lockers while he spoke — 'and then leave
you to change. If you'll fling your wet things outside the
door I'll get them taken to the galley to be dried.'

Lucy found herself as much at home as if she had been
in Caspian's cabin for weeks, and the motion of the ship
did not worry her, for in the old days when she had been
a queen in Narnia she had done a good deal of voyaging.
The cabin was very tiny but bright with painted panels
(all birds and beasts and crimson dragons and vines) and
spotlessly clean. Caspian's clothes were too big for her, but
she could manage. His shoes, sandals and sea-boots were
hopelessly big but she did not mind going barefoot on
board ship. When she had finished dressing she looked
out of her window at the water rushing past and took in
long deep breath. She felt quite sure they were in for a
lovely time.

с трех сторон стола, висячая серебряная лампа над головой (она сразу узнала тонкую, изысканную работу гномов) и золотой лев на стене над дверью.

— Это твоя каюта, Люси, — открыв дверь, сказал Каспиан. — Я только возьму кое-что из одежды и уйду. Свою мокрую одежду оставь за дверью — ее отнесут на камбуз и высушат.

Люси почувствовала себя как дома, словно жила в каюте Каспиана уже давно. Покачивание корабля ее не беспокоило, ведь в те давние дни, когда она была королевой Нарнии, ей приходилось много путешествовать. Каюта была хоть и крошечная, но безупречно чистая, со стенами, расписанными птицами и зверями, алыми драконами и виноградными лозами. Одежда Каспиана была ей велика, но ничего не поделаешь: где-то подвязала, что-то подогнула. Зато ботинки, сандалии и сапоги оказались такими огромными, что Люси решила ходить босиком. Переодевшись, она посмотрела в окно, на убегающую вдаль воду, и вдохнула полной грудью: приключения начинаются. Люси была уверена, что они замечательно проведут здесь время.

Chapter 2

ON BOARD THE DAWN TREADER

'Ah, there you are, Lucy,' said Caspian. 'We were just waiting for you. This is my captain, the Lord Drinian.'

A dark-haired man went down on one knee and kissed her hand. The only others present were Reepicheep and Edmund.

'Where is Eustace?' asked Lucy.

'In bed,' said Edmund, 'and I don't think we can do anything for him. It only makes him worse if you try to be nice to him'

'Meanwhile,' said Caspian, 'we want to talk.'

'By Jove, we do,' said Edmund. 'And first, about time. It's a year ago by our time since we left you just before your coronation. How long has it been in Narnia?'

'Exactly three years,' said Caspian.
'All going well?' asked Edmund.

'You don't suppose I'd have left my kingdom and put to sea unless all was well,' answered the King. 'It couldn't be better. There's no trouble at all now between Telmarines, Dwarfs, Talking Beasts, Fauns and the rest. And we gave those troublesome giants on the frontier such a good beating last summer that they pay us tribute now. And I had an excellent person to leave as Regent

Глава 2

НА БОРТУ «ПОКОРИТЕЛЯ ЗАРИ»

— А вот и ты, Люси! — приветствовал ее Каспиан. — Мы ждали тебя. Знакомься: мой капитан лорд Дриниан.

Темноволосый мужчина опустился на колено и поцеловал ей руку.

Заметив рядом только Рипичипа и Эдмунда, Люси спросила:

— А где Юстас?

— В постели, — ответил Эдмунд. — И не думаю, что мы в состоянии ему помочь: ему только хуже, если проявить к нему внимание.

— А пока, — заметил Каспиан, — нам троим надо поговорить.

— Ну конечно же! — воскликнул Эдмунд. — Прежде всего о времени. По-нашему прошел год с тех пор, как мы покинули тебя, как раз накануне коронации. А сколько прошло в Нарнии?

— Ровно три года, — ответил Каспиан.

— Как твои дела? Все хорошо? — спросил Эдмунд.

— Ты ведь не думаешь, что я смог бы покинуть королевство и пуститься в плавание, если бы что-то было неблагополучно. Все хорошо, лучше и быть не может. Никаких разногласий между тельмаринами, гномами, говорящими зверями, фавнами и остальными. А прошлым летом мы сразились еще и с великанами, так что они теперь платят нам дань. И у меня

while I'm away — Trumpkin, the Dwarf. You remember him?'

'Dear Trumpkin,' said Lucy, 'of course I do. You couldn't have made a better choice.'

'Loyal as a badger, Ma'am, and valiant as — as a Mouse,' said Drinian. He had been going to say 'as a lion' but had noticed Reepicheep's eyes fixed on him.

'And where are we heading for?' asked Edmund.

'Well,' said Caspian, 'that's rather a long story. Perhaps you remember that when I was a child my usurping uncle Miraz got rid of seven friends of my father's (who might have taken my part) by sending them off to explore the unknown Eastern Seas beyond the Lone Islands.'

'Yes,' said Lucy, 'and none of them ever came back.'

'Right. Well, on my coronation day, with Aslan's approval, I swore an oath that, if once I established peace in Narnia, I would sail east myself for a year and a day to find my father's friends or to learn of their deaths and avenge them if I could. These were their names — the Lord Revilian, the Lord Bern, the Lord Argoz, the Lord Mavramorn, the Lord Octesian, the Lord Restimar, and — oh, that other one who's so hard to remember.'

'The Lord Rhoop, Sire,' said Drinian.

'Rhoop, Rhoop, of course,' said Caspian. 'That is my main intention. But Reepicheep here has an even higher hope.' Everyone's eyes turned to the Mouse.

'As high as my spirit,' it said. 'Though perhaps as small as my stature. Why should we not come to the very

был замечательный кандидат на роль правителя в мое отсутствие — гном Трам. Помните его?

— Милый Трам! — сказала Люси. — Конечно, я его помню. Лучшего и не найти.

— Предан, как барсук, госпожа, и отважен, как... как мышь, — добавил капитан Дриниан. Он собирался произнести «как лев», но заметил пристальный взгляд Рипичипа.

— Куда мы направляемся? — обратился Эдмунд к Каспиану.

— Ну, это довольно длинная история. Может, ты помнишь, что, когда я был ребенком, мой дядя Мираз, захвативший власть, избавился от семи друзей моего отца, чтобы те не могли встать на мою сторону, послав их исследовать неизвестные Восточные моря, лежащие за Одинокими островами?

— Да, — продолжила Люси, — и ни один из них не вернулся.

— Верно. Ну и в день моей коронации, с одобрения Аслана, я дал клятву: как только добьюсь мира в Нарнии, сам поплыву на восток на год и один день, чтобы или разыскать друзей моего отца, или, если они погибли, отомстить за них. Это лорды Ревелиан, Берн, Аргоз, Мавроморн, Октезиан, Рестимар и... никак не могу запомнить это имя.

— Лорд Руп, сир, — подсказал Дриниан.

— Руп, конечно, Руп, — повторил Каспиан. — Это моя главная цель. Но Рипичип лелеет еще более смелые надежды.

Тут все посмотрели на Верховного главнокомандующего, и тот подтвердил:

— Смелые, словно мой дух, но, может, и малые, как мой рост. Почему бы нам не отправиться к само-

eastern end of the world? And what might we find there? I expect to find Aslan's own country. It is always from the east, across the sea, that the great Lion comes to us.'

'I say, that *is* an idea,' said Edmund in an awed voice.

'But do you think,' said Lucy, 'Aslan's country would be that sort of country — I mean, the sort you could ever *sail* to?'

'I do not know, Madam,' said Reepicheep. 'But there is this. When I was in my cradle a wood woman, a Dryad, spoke this verse over me:

> 'Where sky and water meet,
> Where the waves grow sweet,
> Doubt not, Reepicheep,
> To find all you seek,
> There is the utter East.

'I do not know what it means. But the spell of it has been on me all my life.'

After a short silence Lucy asked, 'And where are we now, Caspian?'

'The Captain can tell you better than I,' said Caspian, so Drinian got out his chart and spread it on the table.

'That's our position,' he said, laying his finger on it. 'Or was at noon today. We had a fair wind from Cair Paravel and stood a little north for Galma, which we made on the next day. We were in port for a week, for the Duke of Galma made a great tournament for His Majesty and there he unhorsed many knights — '

'And got a few nasty falls myself, Drinian. Some of the bruises are there still,' put in Caspian.

му восточному краю света? Может, там мы обнаружим страну Аслана. Великий лев всегда приходил к нам с востока, из-за моря.

— Мне кажется, это мысль, — произнес Эдмунд с благоговением в голосе.

— Ты думаешь, — с сомнением произнесла Люси, — что страна Аслана из таких, куда можно хоть когда-нибудь доплыть?

— Не знаю, госпожа, — сказал Рипичип. — Но вот еще что. Когда я был совсем маленьким и лежал в колыбели, дриада пела мне такую песню:

> Там, где небо сойдется с землей,
> Станет пресной в море вода,
> Там найдешь, мой смелый дружок,
> То, что ищешь, — далекий восток.

Сам не знаю, что это значит, но на всю жизнь очарован этими словами.

После недолгой паузы Люси спросила:

— Где мы сейчас находимся, Каспиан?

— Лучше спросить капитана.

Дриниан достал карту и, разложив на столе, указал пальцем:

— Мы находимся здесь, или были здесь сегодня в полдень. Со стороны Кэр-Параваля мы шли с попутным ветром и держали курс на Гальму, куда прибыли на следующий день. Но простояли в порту неделю, потому что герцог устроил большой турнир в честь его величества, на котором он многих рыцарей выбил из седла...

— Да и сам несколько раз был выбит: вон синяки до сих пор остались, — вставил Каспиан.

' — And unhorsed many knights,' repeated Drinian with a grin. 'We thought the Duke would have been pleased if the King's Majesty would have married his daughter, but nothing came of that — '

'Squints, and has freckles,' said Caspian.

'Oh, poor girl,' said Lucy.

'And we sailed from Galma,' continued Drinian, 'and ran into a calm for the best of two days and had to row, and then had wind again and did not make Terebinthia till the fourth day from Galma. And there their King sent out a warning not to land for there was sickness in Terebinthia, but we doubled the cape and put in at a little creek far from the city and watered. Then we had to lie off for three days before we got a south-east wind and stood out for Seven Isles. The third day out a pirate (Terebinthian by her rig) overhauled us, but when she saw us well armed she stood off after some shooting of arrows on either part — '

Корабль
«Покоритель зари»

нос корабля

корма

румпель

впередсмотрящий

верхняя палуба

трюм

клетка с курами

шлюпка

каюта Люси
каюта Дриниана
кормовая каюта
каюта Каспиана

камбуз

кубрик
правый борт

левый борт

Капитан усмехнулся и повторил:

— ...многих рыцарей выбил из седла. Мы думали, герцог был бы рад, если бы наш король женился на его дочери, но ничего из этого не вышло...

— Косит, и вся в веснушках, — пояснил Каспиан.

— Бедняжка! — отозвалась Люси.

— Тогда мы отплыли из Гальмы, — продолжил Дриниан, — и попали в штиль почти на два дня, так что пришлось взяться за весла, но затем ветер подул снова и на четвертый день мы добрались до Теревинфии. Только высадиться на берег не смогли: король выслал гонцов с предупреждением, что в городе эпидемия. Пришлось обогнуть мыс и встать на рейде в небольшой бухте, где пришлось ждать три дня, пока не подул юго-восточный ветер, чтобы можно было двинуться к Семи островам. На третий день нас догнал пиратский корабль — судя по оснастке, теревинфийский, — но обнаружив, что мы хорошо вооружены, удалился, после того как мы обменялись несколькими стрелами.

'And we ought to have given her chase and boarded her and hanged every mother's son of them,' said Reepicheep.

' — And in five days more we were in sight of Muil which, as you know, is the westernmost of the Seven Isles. Then we rowed through the straits and came about sundown into Redhaven on the isle of Brenn, where we were very lovingly feasted and had victual and water at will. We left Redhaven six days ago and have made marvellously good speed, so that I hope to see the Lone Islands the day after to-morrow. The sum is, we are now nearly thirty days at sea and have sailed more than four hundred leagues from Narnia.'

'And after the Lone Islands?' said Lucy.

'No one knows, your Majesty,' answered Drinian. 'Unless the Lone Islanders themselves can tell us.'

'They couldn't in our days,' said Edmund.

'Then,' said Reepicheep, 'it is after the Lone Islands that the adventure really begins.'

Caspian now suggested that they might like to be shown over the ship before supper, but Lucy's conscience smote her and she said, 'I think I really must go and see Eustace. Seasickness is horrid, you know. If I had my old cordial with me I could cure him.'

'But you have,' said Caspian. 'I'd quite forgotten about it. As you left it behind I thought it might be regarded as one of the royal treasures and so I brought it — if you think it ought to be wasted on a thing like seasickness.'

'It'll only take a drop,' said Lucy.

— А надо было догнать их, взять на абордаж и перевешать всех до одного! — вставил Рипичип.

Улыбнувшись, капитан продолжил:

— Через пять дней мы увидели Мьюл, самый западный, как вам известно, из Семи островов, прошли на веслах узкий пролив и к закату были в Алой гавани на острове Брен, где нас прекрасно приняли и дали вдоволь провианта и воды. Из Алой гавани мы вышли шесть дней назад, шли на отличной скорости, так что, я надеюсь, послезавтра увидим Одинокие острова. Всего же мы в море около тридцати дней, и прошли за это время более четырехсот лиг.

— А что после Одиноких островов? — спросила Люси.

— Никто не знает, ваше величество, — ответил Дриниан. — Разве что сами островитяне нам расскажут.

— В наше время они этого не могли, — заметил Эдмунд.

— Значит, — заключил Рипичип, — за Одинокими островами и начнется настоящее приключение.

Каспиан спросил, не хотят ли гости еще до ужина осмотреть корабль, но Люси, испытывая угрызения совести, сказала:

— Думаю, мне надо пойти проведать Юстаса. Морская болезнь — ужасная вещь, вы же знаете. Будь со мной мой целебный бальзам, я бы его моментально поставила на ноги.

— Так он здесь, — сказал Каспиан. — Когда ты его оставила, я подумал, что это одно из королевских сокровищ, и взял. Если ты думаешь, что его стоит тратить на такую ерунду, как морская болезнь...

— Я возьму всего каплю, — пообещала Люси.

Caspian opened one of the lockers beneath the bench and brought out the beautiful little diamond flask which Lucy remembered so well. 'Take back your own, Queen,' he said. They then left the cabin and went out into the sunshine.

In the deck there were two large, long hatches, fore and aft of the mast, and both open, as they always were in fair weather, to let light and air into the belly of the ship. Caspian led them down a ladder into the after hatch. Here they found themselves in a place where benches for rowing ran from side to side and the light came in through the oar-holes and danced on the roof. Of course Caspian's ship was not that horrible thing, a galley rowed by slaves. Oars were used only when wind failed or for getting in and out of harbour and everyone (except Reepicheep whose legs were too short) had often taken a turn. At each side of the ship the space under the benches was left clear for the rowers' feet, but all down the centre there was a kind of pit which went down to the very keel and this was filled with all kinds of things — sacks of flour, casks of water and beer, barrels of pork, jars of honey, skin bottles of wine, apples, nuts, cheeses, biscuits, turnips, sides of bacon. From the roof — that is, from the under side of the deck — hung hams and strings of onions, and also the men of the watch off-duty in their hammocks. Caspian led them aft, stepping from bench to bench; at least, it was stepping for him, and something between a step and a jump for Lucy, and a real long jump for Reepicheep. In this way they came to a partition with a door in it. Caspian opened the door and led them into a cabin which filled the stern underneath the deck cabins in the poop. It was of course not so nice. It was very low and the sides sloped together as they went down so that there was

Каспиан открыл ларь под одной из лавок и достал оттуда красивую алмазную бутылочку, так хорошо знакомую Люси.

— Возьми, королева, это твое.

Затем они вышли из каюты и оказались на залитой солнечным светом палубе. Там было два больших длинных люка, перед мачтой и за ней, сейчас открытых, как всегда в хорошую погоду, чтобы впускать свет и воздух в чрево корабля.

Каспиан повел их вниз по трапу в люк за мачтой. Они очутились в помещении, где от одного борта до другого шли скамьи для гребцов, а свет проходил сквозь отверстия для весел и плясал на потолке. Разумеется, корабль Каспиана не был ужасной галерой, которую приводили в движение рабы: здесь применяли весла, только когда не было ветра или для того, чтобы войти в гавань или выйти из нее, и каждый (кроме Рипичипа, слишком маленького для этого) греб по очереди. Под скамьями оставалось пространство для ног гребцов, а в центре имелось некое подобие ямы, которая доходила до самого киля и была наполнена всякой всячиной: мешками с мукой, бочонками воды и пива, бочками с солониной, кувшинами меда, мехами с вином, яблоками, орехами, сырами, галетами, репой, вяленым мясом. С потолка, то есть с нижней стороны палубы, свисали окорока и связки лука, там же отдыхали в гамаках свободные от вахты члены команды. Каспиан вел Люси и Эдмунда по направлению к корме, шагая по скамьям, и Люси приходилось то и дело едва ли не прыгать, а Рипичип прямо перескакивал с одной скамьи на другую. Таким образом они добрались до помещения, в котором имелась дверь, и Каспиан, открыв ее, впустил их в каюту под палубой. Конечно, здесь

hardly any floor; and though it had windows of thick glass, they were not made to open because they were under water. In fact at this very moment, as the ship pitched they were alternately golden with sunlight and dim green with the sea.

'You and I must lodge here, Edmund,' said Caspian. 'We'll leave your kinsman the bunk and sling hammocks for ourselves.'

'I beseech your Majesty — ' said Drinian.

'No, no, shipmate,' said Caspian, 'we have argued all that out already. You and Rhince' (Rhince was the mate) 'are sailing the ship and will have cares and labours many a night when we are singing catches or telling stories, so you and he must have the port cabin above. King Edmund and I can lie very snug here below. But how is the stranger?'

Eustace, very green in the face, scowled and asked whether there was any sign of the storm getting less. But Caspian said, 'What storm?' and Drinian burst out laughing.

'Storm, young master!' he roared. 'This is as fair weather as a man could ask for.'

'Who's that?' said Eustace irritably. 'Send him away. His voice goes through my head.'

'I've brought you something that will make you feel better, Eustace,' said Lucy.

'Oh, go away and leave me alone,' growled Eustace. But he took a drop from her flask, and though he said it was beastly stuff (the smell in the cabin when she opened it was delicious) it is certain that his face came the right

было не так уютно: низкий потолок, стены книзу сужаются, так что пола почти нет, а окна с толстым стеклом нельзя открыть, потому что они находятся ниже уровня воды. Но как раз в этот момент корабль качало, и окна попеременно были то золотыми от солнечного света, то тускло-зелеными, цвета моря.

— Мы с тобой устроимся здесь, Эдмунд, — сказал Каспиан. — Оставим твоему родственнику койку, а себе повесим гамаки.

— Прошу ваше величество... — начал было Дриниан, но Каспиан его перебил:

— Нет-нет, дружище, мы уже все обсудили. Вы с Ринсом (так звали помощника капитана) ведете корабль, часто будете работать по ночам, в то время как мы станем распевать хором или развлекать друг друга разными историями. Поэтому займите каюту наверху, слева по борту. Нам с королем Эдмундом будет вполне удобно здесь, внизу. Так как дела у нашего нового знакомого?

Юстас, бледный до синевы и хмурый как туча, спросил, скоро ли кончится шторм, и Каспиан удивился:

— Какой шторм?

Дриниан и вовсе расхохотался:

— Шторм! Да о такой погоде можно только мечтать!

— Кто это? — раздраженно спросил Юстас. — Пусть он уйдет. От его крика у меня заложило уши.

— Я кое-что тебе принесла. Сейчас станет лучше, — сказала Люси.

— Уйди, оставь меня! — заныл было Юстас, но все же глотнул капельку из ее бутылочки.

И хотя он назвал бальзам отвратительным (запах, распространившийся по каюте, когда Люси откры-

colour a few moments after he had swallowed it, and he must have felt better because, instead of wailing about the storm and his head, he began demanding to be put ashore and said that at the first port he would 'lodge a disposition' against them all with the British Consul. But when Reepicheep asked what a disposition was and how you lodged it (Reepicheep thought it was some new way of arranging a single combat) Eustace could only reply, 'Fancy not knowing that.' In the end they succeeded in convincing Eustace that they were already sailing as fast as they could towards the nearest land they knew, and that they had no more power of sending him back to Cambridge — which was where Uncle Harold lived — than of sending him to the moon. After that he sulkily agreed to put on the fresh clothes which had been put out for him and come on deck.

Caspian now showed them over the ship, though indeed they had seen most of it already. They went up on the forecastle and saw the look-out man standing on a little shelf inside the gilded dragon's neck and peering through its open mouth. Inside the forecastle was the galley (or ship's kitchen) and quarters for such people as the boatswain, the carpenter, the cook and the master-archer. If you think it odd to have the galley in the bows and imagine the smoke from its chimney streaming back over the ship, that is because you are thinking of steamships where there is always a headwind. On a sailing ship the wind is coming from behind, and anything smelly is put as far forward as possible. They were taken up to the fighting top, and at first it was rather alarming to rock to and fro there and see the deck looking small and far away beneath. You realised that if you

ла флакон, был изумительный), щеки его уже через несколько мгновений приобрели нормальный цвет. Он явно почувствовал себя лучше, потому что, перестав жаловаться на бурю и головную боль, стал требовать, чтобы его высадили на берег, пригрозив, что в первом же порту «изложит диспозицию» британскому консулу относительно всех присутствующих. Но когда Рипичип спросил, какую диспозицию и как ее изложить, решив, что это какой-то новый способ устроить поединок, Юстас только пробормотал что-то вроде: «Странно этого не знать».

В конце концов им удалось его убедить, что они плывут к берегу как только могут быстро и что возможностей вернуть его домой в Кембридж у них не больше, чем отправить на Луну. После этого он мрачно согласился надеть принесенную ему чистую одежду и выйти на палубу.

Каспиан устроил для них экскурсию по кораблю, хотя его бóльшую часть они уже видели. Они поднялись на полубак, где на небольшом уступе, вделанном в позолоченную шею дракона, стоял вперед-смотрящий и сквозь его открытую пасть наблюдал за окрестностями. Внутри полубака располагался камбуз (корабельная кухня) и помещения для боцмана, плотника, кока и командира лучников. Если вам кажется странным, что камбуз располагается на носу, и вы представляете себе, как дым из труб стелется по палубе, то это потому, что вы думаете о пароходах, у которых ветер всегда встречный. На парусных кораблях ветер дует сзади, и все запахи уносит далеко вперед. Новоприбывших провели на марс, и сначала им показалось страшновато раскачиваться взад-вперед и видеть палубу далеко внизу. Было понятно,

fell there was no particular reason why you should fall on board rather than in the sea. Then they were taken to the poop, where Rhince was on duty with another man at the great tiller, and behind that the dragon's tail rose up, covered with gilding, and round inside it ran a little bench. The name of the ship was *Dawn Treader*. She was only a little bit of a thing compared with one of our ships, or even with the cogs, dromonds, carracks and galleons which Narnia had owned when Lucy and Edmund had reigned there under Peter as the High King, for nearly all navigation had died out in the reigns of Caspian's ancestors. When his uncle, Miraz the usurper, had sent the seven lords to sea, they had had to buy a Galmian ship and man it with hired Galmian sailors. But now Caspian had begun to teach the Narnians to be once more sea-faring folk, and the *Dawn Treader* was the finest ship he had built yet. She was so small that, forward of the mast, there was hardly any deck room between the central hatch and the ship's boat on one side and the hen-coop (Lucy fed the hens) on the other. But she was a beauty of her kind, a 'lady' as sailors say, her lines perfect, her colours pure, and every spar and rope and pin lovingly made. Eustace of course would be pleased with nothing, and kept on boasting about liners and motor-boats and aeroplanes and submarines ('As if *he* knew anything about them,' muttered Edmund), but the other two were delighted with the *Dawn Treader,* and when they turned aft to the cabin and supper, and saw the whole western sky lit up with an immense crimson sunset, and felt the quiver of the ship, and tasted the salt on their lips, and thought of unknown lands on the Eastern rim of the world, Lucy felt that she was almost too happy to speak.

что если вдруг упадешь, то еще неизвестно, куда свалишься: на палубу или в воду.

Посетили гости и полуют, где на вахте у румпеля стояли Ринс и один из матросов, затем пошли дальше, туда, где поднимался позолоченный хвост дракона, а внутри стояла небольшая скамья. Корабль назывался «Покоритель зари» и был совсем небольшим по сравнению с каким-либо нашим кораблем или даже баркасами, парусными галерами и галеонами, которыми располагала Нарния, когда здесь правили Люси и Эдмунд под главенством Верховного короля Питера, потому что во времена предшественников Каспиана мореплавание едва не угасло. Когда его дядя Мираз, захвативший власть, отправил семерых лордов в плавание, пришлось покупать корабль в Гальме и там же набирать команду. Но Каспиан сумел возродить мореплавание в Нарнии, и «Покоритель зари» был самым красивым из уже построенных при нем кораблей, хотя и настолько маленьким, что перед мачтой на палубе едва оставалось место между центральным люком и корабельной шлюпкой с одной стороны и клеткой для кур — с другой. И все же корабль был красавец, «благородный», как говорили моряки: прекрасных очертаний, чистых тонов, где каждый брус и каждый канат или уключину делали с любовью.

Юстасу, разумеется, ничего не нравилось: он все нахваливал лайнеры и катера, аэропланы и подводные лодки («Как будто что-то в них понимает», — возмущался Эдмунд), но остальные были от «Покорителя зари» в восторге. А когда все прошли в каюту на корме, и поужинали, и увидели западную часть неба, озаренную огромным алым закатом, и ощутили подрагивание корабля, и почувствовали соль на губах, и подумали о неизвестных землях на восточ-

What Eustace thought had best be told in his own words, for when they all got their clothes back, dried, next morning, he at once got out a little black notebook and a pencil and started to keep a diary. He always had this notebook with him and kept a record of his marks in it, for though he didn't care much about any subject for its own sake, he cared a great deal about marks and would even go to people and say, 'I got so much. What did you get?' But as he didn't seem likely to get many marks on the *Dawn Treader* he now started a diary. This was the first entry.

'*August 7th.* Have now been 24 hours on this ghastly boat if it isn't a dream. All the time a frightful storm has been raging (it's a good thing I'm not seasick). Huge waves keep coming in over the front and I have seen the boat nearly go under any number of times. All the others pretend to take no notice of this, either from swank or because Harold says one of the most cowardly things ordinary people do is to shut their eyes to Facts. It's madness to come out into the sea in a rotten little thing like this. Not much bigger than a lifeboat. And, of course, absolutely primitive indoors. No proper saloon, no radio, no bathrooms, no deck-chairs. I was dragged all over it yesterday evening and it would make anyone sick to hear Caspian showing off his funny little toy boat as if it was the *Queen Mary*. I tried to tell him what real ships are like, but he's too dense. E. and L., *of course,* didn't back me up. I suppose a kid like L. doesn't realise the danger and E. is buttering up C. as everyone does here. They call him a King. I said I was a Republican but he had to ask me what that meant! He doesn't seem to know anything at all. *Needless to say* I've been put in the

ном краю мира, Люси ощутила себя по-настоящему счастливой.

А то, что думал Юстас, можно пересказать его собственными словами. Как только на следующее утро он получил свою высушенную одежду, тут же вытащил из кармана небольшую черную записную книжку и карандаш и начал вести дневник. Он всегда носил эту книжку с собой и записывал в нее свои оценки, потому что, хотя ни один предмет его особенно не интересовал, был озабочен оценками других и часто спрашивал одноклассников, кто что получил. Но поскольку на «Покорителе зари» оценок не ставили, он взялся вести дневник. Вот первая запись:

«*7 августа.* Вот уже целые сутки я нахожусь на этом жутком корабле, если только это не сон. Все время свирепствует шторм (как хорошо, что я не подвержен морской болезни!). Через носовую часть перекатываются огромные волны, и корабль несколько раз чуть не погрузился под воду. Все остальные делают вид, что не замечают этого, либо из притворства, либо потому, что, как говорит Гарольд, трусость простых людей состоит в том, чтобы не видеть фактов. Безумие выходить в море на такой хлипкой посудине. Сам корабль не больше спасательной шлюпки. И, разумеется, внутри все устроено самым примитивным образом: ни ресторана, ни радио, ни ванн, ни шезлонгов на палубе. Вчера меня протащили по всему кораблю, и можно было умереть от скуки, слушая, как Каспиан расхваливает свою игрушечную посудину, словно это «Куин Мэри». Я попытался рассказать ему, на что похожи настоящие корабли, но он слишком глуп. Э. и Л., разумеется, меня не поддержали. Думаю, такой младенец, как Л., не осознает опасности, а Э. подлизывается к К., как и все остальные. Они

worst cabin of the boat, a perfect dungeon, and Lucy has been given a whole room on deck to herself, almost a nice room compared with the rest of this place. C. says that's because she's a girl. I tried to make him see what Alberta says, that all that sort of thing is really lowering girls but he was too dense. Still, he might see that I shall be ill if I'm kept in that *hole* any longer. E. says we mustn't grumble because C. is sharing it with us himself to make room for L. As if that didn't make it more crowded and far worse. Nearly forgot to say that there is also a kind of Mouse thing that gives everyone the most frightful cheek. The others can put up with it if they like but I shall twist his tail pretty soon if he tries it on me. The food is frightful too.'

The trouble between Eustace and Reepicheep arrived even sooner than might have been expected. Before dinner next day, when the others were sitting round the table waiting (being at sea gives one a magnificent appetite), Eustace came rushing in, wringing his hand and shouting out:

'That little brute has half killed me. I insist on it being kept under control. I could bring an action against you, Caspian. I could order you to have it destroyed.'

At the same moment Reepicheep appeared. His sword was drawn and his whiskers looked very fierce but he was as polite as ever.

'I ask your pardons all,' he said, 'and especially her Majesty's. If I had known that he would take refuge here

называют его королем. После моего заявления, что я республиканец, он спросил, что это значит! Он ничего об этом не знает. Не стоит и говорить, что меня поместили в самую плохую каюту на корабле, в настоящую темницу, а Люси — одной — отвели целую каюту (можно сказать, прекрасную по сравнению со всем остальным здесь). К. говорит — это потому, что она девочка. Я попытался разъяснить ему, что по этому поводу говорит Альберта: подобные вещи унижают девочек, — но он слишком глуп. Кроме того, он мог бы и понять, что я заболею, если меня и дальше держать в этой норе. Э. говорит, что нечего ворчать, ведь сам К. делит с нами эту каюту, освободив свою для Л. Как будто от этого здесь не становится больше народу, и от этого еще хуже. Я чуть не забыл сказать, что здесь еще есть удивительно нахальная мышь по кличке Рипичип. Остальные делают вид, что им нравится, когда он дерзит, но если будет цепляться ко мне, я быстро накручу ему хвост. Еда тоже отвратная».

Скандал с Юстасом и Рипичипом произошел гораздо скорее, чем можно было ожидать. На следующий день перед обедом, когда все остальные сидели вокруг стола (пребывание на море пробуждает великолепный аппетит), вдруг с криком, заламывая руки, вбежал Юстас.

— Эта тварь чуть не убила меня! Я настаиваю, чтобы ее посадили под замок, иначе намерен возбудить против тебя, Каспиан, дело, или даже приказать тебе его уничтожить.

В этот момент появился Рипичип: со шпагой наголо, свирепо топорщившимися усами, но, как всегда, безукоризненно вежливый.

— Прошу у вас всех прощения, а у ее величества особо. Если бы я знал, что он будет искать убежища

I would have awaited a more reasonable time for his correction.'

'What on earth's up?' asked Edmund.

What had really happened was this. Reepicheep, who never felt that the ship was getting on fast enough, loved to sit on the bulwarks far forward just beside the dragon's head, gazing out at the eastern horizon and singing softly in his little chirruping voice the song the Dryad had made for him. He never held on to anything, however the ship pitched, and kept his balance with perfect ease; perhaps his long tail, hanging down to the deck inside the bulwarks, made this easier. Everyone on board was familiar with this habit, and the sailors liked it because when one was on look-out duty it gave one somebody to talk to. Why exactly Eustace had slipped and reeled and stumbled all the way forward to the forecastle (he had not yet got his sea-legs) I never heard. Perhaps he hoped he would see land, or perhaps he wanted to hang about the galley and scrounge something. Anyway, as soon as he saw that long tail hanging down — and perhaps it was rather tempting — he thought it would be delightful to catch hold of it, swing Reepicheep round by it once or twice upside-down, then run away and laugh. At first the plan seemed to work beautifully. The Mouse was not much heavier than a very large cat. Eustace had him off the rail in a trice and very silly he looked (thought Eustace) with his little limbs all splayed out and his mouth open. But unfortunately Reepicheep, who had fought for his life many a time, never lost his head even for a moment. Nor his skill. It is not very easy to draw one's sword when one is swinging round in the air by one's tail, but he did. And the next thing Eustace knew was two agonising jabs in his hand which made him let go of the tail; and the next thing after that was that

здесь, то дождался бы более подходящего момента, чтобы наказать его.

— Да в чем дело-то? — спросил Эдмунд.

Оказалось, произошло вот что. Рипичип, которому всегда казалось, что судно движется недостаточно быстро, любил сидеть на фальшборту на носу корабля, рядом с головой дракона, смотреть на восток и тихонько петь своим высоким голоском ту самую колыбельную, которую пела ему дриада. Он ни за что не держался, хотя корабль качало, и с удивительной легкостью сохранял равновесие — возможно, благодаря своему длинному хвосту, свисавшему до палубы. На корабле все знали об этом его обыкновении, и матросам нравилось, что он сидит там, потому что впередсмотрящему было с кем поговорить. Зачем Юстас, спотыкаясь и покачиваясь (еще не научился ходить по палубе во время качки), побрел на полубак, я так и не узнал: возможно, надеялся увидеть землю, а возможно, собирался зайти на камбуз и выпросить еды. Так или иначе, увидев свисающий длинный хвост — возможно, это оказалось большим искушением, — он подумал, как было бы заманчиво схватить его и пару раз повращать Рипичипа вверх ногами, захохотать и убежать. Поначалу казалось, что все удалось: мышь была немногим тяжелее большой кошки, и Юстас мгновенно стащил ее с фальшборта. Выглядела она при этом совершенно по-дурацки — с раскоряченными лапами и разинутым ртом. Только проказник не знал, что Рипичип, которому не раз приходилось сражаться, никогда, ни на минуту, не терял самообладания, как и сноровки. Не так легко вытащить шпагу, когда тебя вращают в воздухе за хвост, но он сумел. Юстас ощутил два болезненных укола в руку, что заставило его выпустить хвост, затем Рипичип вскочил,

the Mouse had picked itself up again as if it were a ball bouncing off the deck, and there it was facing him, and a horrid long, bright, sharp thing like a skewer was waving to and fro within an inch of his stomach. (This doesn't count as below the belt for mice in Narnia because they can hardly be expected to reach higher.)

'Stop it,' spluttered Eustace, 'go away. Put that thing away. It's not safe. Stop it, I say. I'll tell Caspian. I'll have you muzzled and tied up.'

'Why do you not draw your own sword, poltroon!' cheeped the Mouse. 'Draw and fight or I'll beat you black and blue with the flat.'

'I haven't got one,' said Eustace. 'I'm a pacifist. I don't believe in fighting.'

'Do I understand,' said Reepicheep, withdrawing his sword for a moment and speaking very sternly, 'that you do not intend to give me satisfaction?'

'I don't know what you mean,' said Eustace, nursing his hand. 'If you don't know how to take a joke I shan't bother my head about you.'

словно был и не мышь вовсе, а мячик, и оказался перед обидчиком. Нечто ужасно длинное, блестящее, острое, как вертел, закачалось перед Юстасом на расстоянии дюйма от живота. (Это не считалось «ниже пояса», ведь трудно было ждать, что мыши в Нарнии дотянутся выше.)

— Прекрати! — смертельно испугавшись, выкрикнул Юстас. — Убери эту штуку и убирайся. Это опасно. Ты что, оглох? Сейчас я пожалуюсь Каспиану, и тебя свяжут и наденут намордник.

— Почему ты не обнажишь свою шпагу, трус? — пропищал Рипичип. — Вынимай ее и сражайся, не то я отлуплю тебя клинком!

— У меня нет шпаги, — заявил Юстас. — Я пацифист и против поединков.

— Верно ли я понял, — сурово произнес Рипичип, на секунду отведя шпагу, — что ты не собираешься драться?

— Не понимаю, о чем ты, — пробубнил Юстас, поглаживая раненую руку. — Если ты шуток не понимаешь — твоя проблема.

'Then take that,' said Reepicheep, 'and that — to teach you manners — and the respect due to a knight — and a Mouse — and a Mouse's tail — ' and at each word he gave Eustace a blow with the side of his rapier, which was thin, fine dwarf-tempered steel and as supple and effective as a birch rod. Eustace (of course) was at a school where they didn't have corporal punishment, so the sensation was quite new to him. That was why, in spite of having no sea-legs, it took him less than a minute to get off that forecastle and cover the whole length of the deck and burst in at the cabin door — still hotly pursued by Reepicheep. Indeed it seemed to Eustace that the rapier as well as the pursuit was hot. It might have been red-hot by the feel.

There was not much difficulty in settling the matter once Eustace realised that everyone took the idea of a duel quite seriously and heard Caspian offering to lend him a sword, and Drinian and Edmund discussing whether he ought to be handicapped in some way to make up for his being so much bigger than Reepicheep. He apologised sulkily and went off with Lucy to have his hand bathed and bandaged and then went to his bunk. He was careful to lie on his side.

— Тогда вот тебе! — сказал Рипичип и нанес ему весьма ощутимый удар шпагой плашмя. — И вот еще... чтобы научить тебя хорошим манерам... и уважению к рыцарям... и мышам... и мышиным хвостам.

После каждого назидания следовал удар, а стальная шпага, выкованная руками гномов, была тонкая, крепкая, гибкая и действовала не хуже розги.

Юстас, разумеется, учился в школе, где не было телесных наказаний, но это не помешало ему быстро сообразить, что нужно спасаться. Поэтому, несмотря на то, что не привык ходить по палубе, он меньше чем за минуту пробежал по палубе от полубака и ворвался в дверь каюты, а следом за ним — разъяренный Рипичип.

Дело сразу же уладилось, как только Юстас осознал, что все относятся к идее поединка совершенно серьезно, и услышал, что Каспиан готов одолжить ему шпагу, а Дриниан и Эдмунд обсуждают, не нужно ли каким-то образом уравновесить шансы дуэлянтов, раз он намного выше своего противника. Он угрюмо извинился и ушел вместе с Люси, чтобы та обработала и перевязала ему руку, а потом отправился на свою койку и осторожно лег на бок.

Chapter 3

THE LONE ISLANDS

'Land in sight,' shouted the man in the bows.

Lucy, who had been talking to Rhince on the poop, came pattering down the ladder and raced forward. As she went she was joined by Edmund, and they found Caspian, Drinian and Reepicheep already on the forecastle. It was a coldish morning, the sky very pale and the sea very dark blue with little white caps of foam, and there, a little way off on the starboard bow, was the nearest of the Lone Islands, Felimath, like a low green hill in the sea, and behind it, further off, the grey slopes of its sister Doorn.

'Same old Felimath! Same old Doorn,' said Lucy, clapping her hands. 'Oh — Edmund, how long it is since you and I saw them last!'

'I've never understood why they belong to Narnia,' said Caspian. 'Did Peter the High King conquer them?'

'Oh no,' said Edmund. 'They were Narnian before our time — in the days of the White Witch.'

(By the way, I have never yet heard how these remote islands became attached to the crown of Narnia; if I ever do, and if the story is at all interesting, I may put it in some other book.)

'Are we to put in here, Sire?' asked Drinian.

'I shouldn't think it would be much good landing on Felimath,' said Edmund. 'It was almost uninhabited in our

Глава 3

ОДИНОКИЕ ОСТРОВА

— Земля на горизонте! — послышался голос впередсмотрящего.

Люси, беседовавшая с Ринсом на полуюте, сбежала вниз по трапу и бросилась вперед. За ней последовал Эдмунд. Каспиан, Дриниан и Рипичип оказались уже на полубаке. Прохладным утром небо было бледное, а море темно-синее с небольшими белыми гребешками пены, и там невдалеке, по правому борту, виднелся ближайший из Одиноких островов, Фелимат, возвышаясь зеленым холмом над морем, а за ним, подальше, виднелись серые склоны Дорна.

— Вот же он, Фелимат! Вот Дорн! — воскликнула Люси, хлопая в ладоши. — О, Эдмунд, как же давно мы с тобой видели их в последний раз!

— Я никогда не понимал, почему они принадлежат Нарнии, — заметил Каспиан. — Их завоевал Верховный король Питер?

— Нет, — ответил Эдмунд. — Они были нарнийскими еще до нас, во времена Белой колдуньи.

(Кстати, я никогда не слышал, каким образом эти отдаленные острова стали нарнийскими, и если когда-нибудь узнаю, а история окажется интересной, расскажу ее в другой книге.)

— Мы будем заходить туда, сир? — спросил Дриниан.

— Думаю, не стоит высаживаться на Фелимат, — сказал Эдмунд. — Он был, можно сказать, необи-

days and it looks as if it was the same still. The people lived mostly on Doorn and a little on Avra — that's the third one; you can't see it yet. They only kept sheep on Felimath.'

'Then we'll have to double that cape, I suppose,' said Drinian, 'and land on Doorn. That'll mean rowing.'

'I'm sorry we're not landing on Felimath,' said Lucy. 'I'd like to walk there again. It was so lonely — a nice kind of loneliness, and all grass and clover and soft sea air.'

'I'd love to stretch my legs too,' said Caspian. 'I tell you what. Why shouldn't we go ashore in the boat and send it back, and then we could walk across Felimath and let the *Dawn Treader* pick us up on the other side?'

If Caspian had been as experienced then as he became later on in this voyage he would not have made this suggestion; but at the moment it seemed an excellent one. 'Oh do let's,' said Lucy.

таемым в наше время, и, похоже, таким и остался. Народ живет по большей части на Дорне и немного на Авре, это третий остров, его еще не видно. А на Фелимате пасли овец.

— Тогда мы обогнем этот мыс, я думаю, — сказал Дриниан, — и пристанем к Дорну. Значит, придется идти на веслах.

— Жаль, что мы не высадимся на Фелимате, — посетовала Люси. — Мне бы хотелось снова погулять там. Там так уединенно и так славно, кругом только трава и клевер и легкий ветерок с моря.

— Я бы тоже с удовольствием размял ноги, — сказал Каспиан. — Вот что я вам скажу. Почему бы нам не поплыть к берегу на шлюпке и затем не отослать ее обратно? Мы могли бы пересечь Фелимат, а «Покоритель зари» подберет нас на той стороне острова.

Обладай Каспиан тем опытом, какой накопился у него к концу путешествия, никогда не предложил бы он этого. Но в тот момент предложение казалось замечательным.

— О, давайте! — воскликнула Люси.

'You'll come, will you?' said Caspian to Eustace, who had come on deck with his hand bandaged.

'Anything to get off this blasted boat,' said Eustace.

'Blasted?' said Drinian. 'How do you mean?'

'In a civilised country like where I come from,' said Eustace, 'the ships are so big that when you're inside you wouldn't know you were at sea at all.'

'In that case you might just as well stay ashore,' said Caspian. 'Will you tell them to lower the boat, Drinian?'

The King, the Mouse, the two Pevensies, and Eustace all got into the boat and were pulled to the beach of Felimath. When the boat had left them and was being rowed back they all turned and looked round. They were surprised at how small the *Dawn Treader* looked.

Lucy was of course barefoot, having kicked off her shoes while swimming, but that is no hardship if one is going to walk on downy turf. It was delightful to be ashore again and to smell the earth and grass, even if at first the ground seemed to be pitching up and down like a ship, as it usually does for a while if one has been at sea. It was much warmer here than it had been on board and Lucy found the sand pleasant to her feet as they crossed it. There was a lark singing.

They struck inland and up a fairly steep, though low, hill. At the top of course they looked back, and there was the *Dawn Treader* shining like a great bright insect and crawling slowly northwestward with her oars. Then they went over the ridge and could see her no longer.

— Ты ведь пойдешь? — спросил Каспиан у Юстаса, когда тот появился на палубе с перевязанной рукой.

— Все, что угодно, только бы уйти с этого жуткого корабля!

— Жуткого? — переспросил Дриниан. — Что ты хочешь сказать?

— В цивилизованных странах вроде той, где я живу, корабли так велики, что внутри их совсем не чувствуешь, что находишься в море.

— В таком случае можно просто остаться на берегу, — предложил Каспиан. — Распорядишься, чтобы спустили шлюпку, Дриниан?

Король, Рипичип, брат и сестра Певенси и Юстас сели в шлюпку, и их отвезли на берег Фелимата. Когда шлюпка начала удаляться от берега, все повернулись и посмотрели на «Покорителя зари». Удивительно, каким маленьким показался им корабль.

Люси, разумеется, шла босиком, потому что туфли сбросила, когда плыла, но идти по мягкому дерну было легко. Какое счастье снова очутиться на суше, вдохнуть аромат земли и травы, даже если сначала казалось, что земля то поднимается, то опускается, словно палуба, как обычно бывает после пребывания в море. Здесь было гораздо теплее, чем на корабле, и Люси с удовольствием прошлась по песку. Слышалось пение жаворонка.

Продвигаясь в глубь острова, они поднялись на крутой, хотя и невысокий холм, и на вершине, конечно, обернулись посмотреть на корабль. «Покоритель зари» сиял, словно большая яркая бабочка, и медленно двигался на веслах к северо-западу, но, как только они стали спускаться по склону, исчез из виду.

Doorn now lay before them, divided from Felimath by a channel about a mile wide; behind it and to the left lay Avra. The little white town of Narrowhaven on Doorn was easily seen.

'Hullo! What's this?' said Edmund suddenly.

In the green valley to which they were descending six or seven rough-looking men, all armed, were sitting by a tree.

'Don't tell them who we are,' said Caspian.

'And pray, your Majesty, why not?' said Reepicheep who had consented to ride on Lucy's shoulder.

'It just occurred to me,' replied Caspian, 'that no one here can have heard from Narnia for a long time. It's just possible they may not still acknowledge our over-lordship. In which case it might not be quite safe to be known as the King.'

'We have our swords, Sire,' said Reepicheep.

'Yes, Reep, I know we have,' said Caspian. 'But if it is a question of reconquering the three islands, I'd prefer to come back with a rather larger army.'

By this time they were quite close to the strangers, one of whom — a big black-haired fellow — shouted out, 'A good morning to you.'

'And a good morning to you,' said Caspian. 'Is there still a Governor of the Lone Islands?'

'To be sure there is,' said the man, 'Governor Gumpas. His Sufficiency is at Narrowhaven. But you'll stay and drink with us.'

Caspian thanked him, though neither he nor the others much liked the look of their new acquaintance,

Теперь перед ними лежал Дорн, отделенный от Фелимата проливом шириной в милю, а за ним слева виднелся остров Авра. На Дорне легко было разглядеть небольшой белый городок — Узкую Гавань.

— О! А это кто такие? — вдруг воскликнул Эдмунд.

В зеленой долине, куда они спускались, под деревом сидели шесть-семь грубоватых на вид вооруженных мужчин.

— Не говорите им, кто мы, — предупредил Каспиан.

— Но почему же, ваше величество? — удивился Рипичип, которого — с его согласия — Люси несла на плече.

— Мне кажется, — сказал Каспиан, — что здесь давно уже никто не слышал о Нарнии. Возможно, они уже не признают нашего правления. В этом случае может быть опасно, если во мне узнают короля.

— Мы при шпагах, сир, — напомнил Рипичип.

— Да, Рип, я знаю. Но если речь идет о том, чтобы заново завоевать эти три острова, я предпочел бы появиться здесь с более многочисленной армией.

Они уже почти дошли до незнакомцев, когда вдруг один из них, черноволосый крепыш, поднялся.

— Доброе утро!

— И вам доброго утра, — ответил на приветствие Каспиан. — Здесь ли еще губернатор Одиноких островов?

— Будьте уверены, здесь. Губернатор Гумп. Он в Узкой Гавани. А вы останьтесь и выпейте с нами.

Каспиан поблагодарил, и хотя никому из его друзей не понравились эти странные люди, они все же

and all of them sat down. But hardly had they raised their cups to their lips when the black-haired man nodded to his companions and, as quick as lightning, all the five visitors found themselves wrapped in strong arms. There was a moment's struggle but all the advantages were on one side, and soon everyone was disarmed and had their hands tied behind their backs — except Reepicheep, writhing in his captor's grip and biting furiously.

'Careful with that beast, Tacks,' said the Leader. 'Don't damage him. He'll fetch the best price of the lot, I shouldn't wonder.'

'Coward! Poltroon!' squeaked Reepicheep. 'Give me my sword and free my paws if you dare.'

'Whew!' whistled the slave merchant (for that is what he was). 'It can talk! Well, I never did. Blowed if I take less than two hundred crescents for him.' The Calormen crescent, which is the chief coin in those parts, is worth about a third of a pound.

'So that's what you are,' said Caspian. 'A kidnapper and slaver. I hope you're proud of it.'

'Now, now, now, now,' said the slaver. 'Don't you start any jaw. The easier you take it, the pleasanter all round, see? I don't do this for fun. I've got my living to make same as anyone else.'

'Where will you take us?' asked Lucy, getting the words out with some difficulty.

'Over to Narrowhaven,' said the slaver. 'For market tomorrow.'

'Is there a British Consul there?' asked Eustace.

'Is there a which?' said the man.

сели на землю. В тот же миг, не успели они поднести кружки к губам, черноволосый кивнул приятелям, и они набросились на своих гостей. Те отчаянно сопротивлялись, но преимущество было не на их стороне, так что вскоре они оказались обезоруженными, со связанными руками — все, кроме Рипичипа, который извивался в руках его державшего и что есть сил кусался.

— Осторожнее с этой тварью, Такс! — предупредил главарь. — Не покалечь его. Думаю, за него дадут самую большую цену.

— Трус! Негодяй! — пропищал Рипичип. — Верни мне шпагу и развяжи лапы, если осмелишься.

— Ну и ну! — присвистнул работорговец (а это был именно один из них). — Он еще и говорит! Никогда ничего подобного не видел. Провалиться мне на этом месте, если за него не дадут двухсот полумесяцев!

Тархистанский полумесяц, основная монета в этих краях, равнялась примерно трети фунта.

— Вот, значит, ты кто, — проговорил Каспиан. — Похититель людей и работорговец. Есть чем гордиться.

— Ну-ну, не груби. Чем легче к этому относишься, тем приятнее, верно? Я занимаюсь этим не для развлечения: зарабатываю на жизнь, как любой другой.

— Куда вы нас поведете? — выдавила Люси.

— В Узкую Гавань, — ответил работорговец. — Завтра как раз базарный день.

— Здесь есть британский консул? — вступил в диалог Юстас.

— Кто? — не понял черноволосый.

But long before Eustace was tired of trying to explain, the slaver simply said, 'Well, I've had enough of this jabber. The Mouse is a fair treat but this one would talk the hind leg off a donkey. Off we go, mates.'

Then the four human prisoners were roped together, not cruelly but securely, and made to march down to the shore. Reepicheep was carried. He had stopped biting on a threat of having his mouth tied up, but he had a great deal to say, and Lucy really wondered how any man could bear to have the things said to him which were said to the slave dealer by the Mouse. But the slave dealer, far from objecting, only said 'Go on' whenever Reepicheep paused for breath, occasionally adding, 'It's as good as a play', or, 'Blimey, you can't help almost thinking it knows what it's saying!' or 'Was it one of you what trained it?' This so infuriated Reepicheep that in the end the number of things he thought of saying all at once nearly suffocated him and he became silent.

When they got down to the shore that looked towards Doorn they found a little village and a long-boat on the beach and, lying a little further out, a dirty bedraggled-looking ship.

'Now, youngsters,' said the slave dealer, 'let's have no fuss and then you'll have nothing to cry about. All aboard.'

At that moment a fine-looking bearded man came out of one of the houses (an inn, I think) and said:

'Well, Pug. More of your usual wares?'

The slaver, whose name seemed to be Pug, bowed very low, and said in a wheedling kind of voice, 'Yes, please your Lordship.'

'How much do you want for that boy?' asked the other, pointing to Caspian.

Юстас принялся подробно объяснять, но работорговец не пожелал его слушать.

— Хватит болтать! Говорящая мышь — это отлично, а этот несет какую-то чушь. Двинулись, ребята.

Четверых узников связали вместе, не жестко, но надежно, и повели вниз по склону. Рипичипа несли. Ему пригрозили завязать рот, поэтому кусаться он перестал, но ругаться не прекратил, и Люси удивлялась, как это работорговец терпит оскорбления. Но тот, похоже, не возражал, а, напротив, когда Рипичип замолкал, чтобы перевести дух, говорил:

— Давай дальше. — И добавлял: — Отличная забава! — Или: — Вот это да! Прямо начинаешь верить, что он все понимает! Это кто-то из вас его выучил?

Это так злило Рипичипа, что он в конце концов чуть не задохнулся и умолк.

Выйдя на берег, обращенный к Дорну, они увидели небольшую деревушку, баркас, который вытащили на песок, а чуть подальше видавшее виды судно.

— Ну, ребятишки, — сказал работорговец, — давайте не ссориться, и вам не о чем будет жалеть. Все на борт.

В этот момент из одного дома — похоже, таверны — вышел какой-то красивый бородач и спросил:

— Что, Мопс, опять с товаром?

Работорговец, которого, как оказалось, звали Мопс, низко поклонился и сказал льстивым тоном:

— Да, если так будет угодно вашей светлости.

— Сколько ты хочешь за этого мальчика? — спросил бородач, указывая на Каспиана.

'Ah,' said Pug, 'I knew your Lordship would pick on the best. No deceiving your Lordship with anything second rate. That boy, now, I've taken a fancy to him myself. Got kind of fond of him, I have. I'm that tender-hearted I didn't ever ought to have taken up this job. Still, to a customer like your Lordship — '

'Tell me your price, carrion,' said the Lord sternly. 'Do you think I want to listen to the rigmarole of your filthy trade?'

'Three hundred crescents, my Lord, to your honourable Lordship, but to anyone else — '

'I'll give you a hundred and fifty.'

'Oh please, please,' broke in Lucy. 'Don't separate us, whatever you do. You don't know — ' But then she stopped for she saw that Caspian didn't even now want to be known.

'A hundred and fifty, then,' said the Lord. 'As for you, little maiden, I am sorry I cannot buy you all. Unrope my boy, Pug. And look — treat these others well while they are in your hands or it'll be the worse for you.'

— Ах этого... Ваша светлость всегда выбирает все самое лучшее. Только этот мальчик мне самому пришелся по сердцу. Понравился. Я ведь человек такой мягкий, что мне вовсе не следовало заниматься этим делом. Но такому покупателю, как ваша светлость...

— Назови свою цену, подлец! Неужели ты думаешь, я стану слушать, как ты расписываешь свое грязное ремесло?

— Триста полумесяцев, милорд, только для вашей светлости, а кому-нибудь другому...

— Я дам тебе полтораста.

— Пожалуйста, прошу, — вмешалась Люси, — не разделяйте нас. Вы не знаете...

Она прикусила язык, заметив, что Каспиан не желает, чтобы знали, кто он, а мужчина сказал:

— Так значит, полтораста. Девочка, мне жаль, но я не могу купить вас всех. Отвяжи моего мальчика, Мопс. И смотри обращайся с остальными хорошо, пока они в твоих руках, или тебе плохо будет.

'Well!' said Pug. 'Now who ever heard of a gentle-man in my way of business who treated his stock better than what I do? Well? Why, I treat 'em like my own children.'

'That's likely enough to be true,' said the other grimly.

The dreadful moment had now come. Caspian was untied and his new master said, 'This way, lad,' and Lucy burst into tears and Edmund looked very blank. But Caspian looked over his shoulder and said, 'Cheer up. I'm sure it will come all right in the end. So long.'

'Now, missie,' said Pug. 'Don't you start taking on and spoiling your looks for the market tomorrow. You be a good girl and then you won't have nothing to cry *about*, see?'

Then they were rowed out to the slave-ship and taken below into a long, rather dark place, none too clean, where they found many other unfortunate prisoners; for Pug was of course a pirate and had just returned from cruising among the islands and capturing what he could. The children didn't meet anyone whom they knew; the prisoners were mostly Galmians and Terebinthians. And there they sat in the straw and wondered what was happening to Caspian and tried to stop Eustace talking as if everyone except himself was to blame.

Meanwhile Caspian was having a much more interesting time. The man who had bought him led him down a little lane between two of the village houses and so out into an open place behind the village. Then he turned and faced him.

— Ну а как же! Разве кто-нибудь может сказать, что джентльмен, промышляющий тем же, чем я, обращается со своим товаром лучше меня? Да я отношусь к ним как к собственным детям.

— Похоже на то, — мрачно сказал мужчина.

И вот настал ужасный момент. Каспиана развязали, и новый хозяин приказал ему:

— Иди туда, паренек.

Люси расплакалась, Эдмунд побледнел, но Каспиан обернулся и через плечо сказал им:

— Держитесь! Я уверен, что в конце концов все наладится. Пока.

— Эй, барышня, — сказал Мопс, — ну-ка перестаньте! Хотите на завтрашнем базаре быть некрасивой? Будете себя хорошо вести, и вам не придется плакать, поняли?

Лодка с пленниками подошла на веслах к посудине работорговца, и всех их спустили вниз, в длинный темный и довольно грязный трюм, где обнаружилось множество товарищей по несчастью. Разумеется, Мопс был пиратом и только что вернулся из рейса между островами, где захватил кого только удалось. Дети не знали никого из пленников, которые были по большей части из Гальмы и Теревинфии. Усевшись на солому, они гадали, как там Каспиан, и пытались заткнуть Юстаса, который винил в произошедшем всех, кроме себя.

Тем временем с Каспианом происходили куда более интересные события. Они вышли на лужайку позади деревни, и купивший его мужчина вдруг обернулся и, посмотрев на мальчика, сказал:

'You needn't be afraid of me, boy,' he said. 'I'll treat you well. I bought you for your face. You reminded me of someone.'

'May I ask of whom, my Lord?' said Caspian.

'You remind me of my master, King Caspian of Narnia.'

Then Caspian decided to risk everything on one stroke.

'My Lord,' he said, 'I am your master. I *am* Caspian, King of Narnia.'

'You make very free,' said the other. 'How shall I know this is true?'

'Firstly by my face,' said Caspian. 'Secondly because I know within six guesses who you are. You are one of those seven lords of Narnia whom my Uncle Miraz sent to sea and whom I have come out to look for — Argoz, Bern, Octesian, Restimar, Mavramorn, or — or — I have forgotten the other. And finally, if your Lordship will give me a sword I will prove on any man's body in clean battle that I am Caspian the son of Caspian, lawful king of Narnia, Lord of Cair Paravel, and Emperor of the Lone Islands.'

'By heaven,' exclaimed the man, 'it is his father's very voice and trick of speech. My liege — your majesty — ' And there in the field he knelt and kissed the King's hand.

'The moneys your Lordship disbursed for our person will be made good from our own treasury,' said Caspian.

'They're not in Pug's purse yet, Sire,' said the Lord Bern, for he it was. 'And never will be, I trust. I have moved his Sufficiency the Governor a hundred times to crush this vile traffic in man's flesh.'

— Не бойся, я буду обращаться с тобой хорошо. Да и купил я тебя потому, что твое лицо кое-кого мне напомнило.

— Могу я спросить, кого, милорд?

— Ты очень похож на моего господина Каспиана, короля Нарнии.

И Каспиан решил рискнуть:

— Милорд, я и есть ваш господин Каспиан, король Нарнии.

— Да ты не робок, как я погляжу. А как я узнаю, что это правда?

— Прежде всего по моему лицу, — сказал Каспиан. — А еще потому, что я догадался, кто вы: один из семи лордов, которых мой дядя Мираз отправил в плавание и которых я разыскиваю: Аргоз, Берн, Октезиан, Рестимар, Мавроморн и... и... не помню, как зовут остальных. И, наконец, если ваша светлость даст мне шпагу, я докажу в честной битве с любым противником, что я Каспиан, сын Каспиана, законный король Нарнии, правитель Кэр-Параваля, властитель Одиноких островов

— Боже! — воскликнул человек. — Это же голос его отца и его же манера говорить! Господин мой, ваше величество...

Он опустился на колено и поцеловал королю руку.

— Деньги, что вы заплатили за меня, вам вернут из моей казны, — пообещал Каспиан. — А теперь назовите ваше имя.

— Лорд Берн, сир. А деньги Мопсу я еще не отдавал и, надеюсь, не отдам. Сколько раз я говорил губернатору, что нужно прекратить эту отвратительную торговлю людьми.

'My Lord Bern,' said Caspian, 'we must talk of the state of these Islands. But first what is your Lordship's own story?'

'Short enough, Sire,' said Bern. 'I came thus far with my six fellows, loved a girl of the islands, and felt I had had enough of the sea. And there was no purpose in returning to Narnia while your Majesty's uncle held the reins. So I married and have lived here ever since.'

'And what is this governor, this Gumpas, like? Does he still acknowledge the King of Narnia for his lord?'

'In words, yes. All is done in the King's name. But he would not be best pleased to find a real, live King of Narnia coming in upon him. And if your Majesty came before him alone and unarmed — well, he would not deny his allegiance, but he would pretend to disbelieve you. Your Grace's life would be in danger. What following has your Majesty in these waters?'

'There is my ship just rounding the point,' said Caspian. 'We are about thirty swords if it came to fighting. Shall we not have my ship in and fall upon Pug and free my friends whom he holds captive?'

'Not by my counsel,' said Bern. 'As soon as there was a fight two or three ships would put out from Narrowhaven to rescue Pug. Your Majesty must work by a show of more power than you really have, and by the terror of the King's name. It must not come to plain battle. Gumpas is a chicken-hearted man and can be over-awed.'

After a little more conversation Caspian and Bern walked down to the coast a little west of the village and there Caspian winded his horn. (This was not the great

— Милорд Берн, мы обязательно поговорим о положении этих островов, но сначала расскажите вашу собственную историю.

— Она очень короткая, сир. Я прибыл сюда с моими шестью спутниками, полюбил девушку с островов и почувствовал, что с меня довольно моря. Возвращаться в Нарнию смысла не было, у власти стоял ваш дядя. И я женился и стал жить здесь.

— А что представляет собой здешний губернатор? Он все еще признает своим господином короля Нарнии?

— На словах да: все делается именем короля, — но вряд ли он обрадуется, обнаружив, что к нему явился настоящий, живой король Нарнии. И если ваше величество предстанет перед ним без сопровождения, безоружным — он не станет отрицать своей верности королю, но притворится, что не верит вам. Жизнь вашего величества окажется в опасности. Что вы делаете в этих водах?

— Мой корабль сейчас огибает этот мыс. И если дело дойдет до схватки, у нас около трех десятков шпаг. Может, нам стоит напасть на Мопса и освободить моих друзей, которых он захватил?

— Я бы не советовал, — сказал Берн. — Если будет схватка, из Узкой Гавани выйдут два-три корабля спасать Мопса. Ваше величество должны действовать, как будто у вас больше сил, чем на самом деле, и наводить ужас именем короля. До открытого сражения дело не должно дойти. Гумп трус, так что перепугается насмерть.

После недолгой беседы Каспиан и Берн спустились к берегу чуть западнее деревни, и здесь Каспиан протрубил в свой рог. (Это был не тот огромный

magic horn of Narnia, Queen Susan's Horn: he had left that at home for his regent Trumpkin to use if any great need fell upon the land in the King's absence.) Drinian, who was on the look-out for a signal, recognised the royal horn at once and the *Dawn Treader* began standing in to shore. Then the boat put off again and in a few moments Caspian and the Lord Bern were on deck explaining the situation to Drinian. He, just like Caspian, wanted to lay the *Dawn Treader* alongside the slave-ship at once and board her, but Bern made the same objection.

'Steer straight down this channel, captain,' said Bern, 'and then round to Avra where my own estates are. But first run up the King's banner, hang out all the shields, and send as many men to the fighting top as you can. And about five bowshots hence, when you get open sea on your port bow, run up a few signals.'

'Signals? To whom?' said Drinian.

'Why, to all the other ships we haven't got but which it might be well that Gumpas thinks we have.'

'Oh, I see,' said Drinian, rubbing his hands. 'And they'll read our signals. What shall I say? *Whole fleet found the South of Avra and assemble at* — ?'

'Bernstead,' said the Lord Bern. 'That'll do excellently. Their whole journey — if there *were* any ships — would be out of sight from Narrowhaven.'

Caspian was sorry for the others languishing in the hold of Pug's slave-ship, but he could not help finding the rest of that day enjoyable. Late in the afternoon (for

волшебный рог Нарнии, что принадлежал королеве Сьюзен. Он был оставлен правителю Траму, чтобы тот мог использовать его в отсутствие короля в случае возможного бедствия.) Дриниан, ожидавший сигнала, мгновенно узнал звук королевского рога, и «Покоритель зари» направился к берегу. Затем была спущена шлюпка, и через несколько минут Каспиан и лорд Берн оказались на палубе и объяснили Дриниану ситуацию. Он, как и Каспиан, захотел, чтобы «Покоритель зари» взял рабовладельческий корабль на абордаж, но Берн представил те же самые возражения и добавил:

— Идите прямо по этому проливу, капитан, затем поверните к Авре: там находится мое имение. Но сначала поднимите королевский штандарт, выставьте все ваши щиты и пошлите на палубу столько народу, сколько сможете. И когда окажетесь на расстоянии пяти полетов стрелы, подайте с левого борта несколько сигналов.

— Сигналов? Кому? — удивился Дриниан..

— Ну, всем кораблям, которые у нас якобы есть, — это для Гумпа.

— А, я понял, — сказал Дриниан, потирая руки. — И они прочитают наши сигналы. Что же сообщить? «Всем кораблям обогнуть с юга Авру и собраться у...»

— Бернстеда, — подсказал лорд Берн. — Это должно подействовать. Все передвижения кораблей — если бы они там были — из Узкой Гавани не видны.

Каспиана огорчало, что его друзья томятся на корабле Мопса, но все складывалось как нельзя лучше. Позже, ближе к вечеру (весь день пришлось

they had to do all by oar), having turned to starboard round the north-east end of Doorn and port again round the point of Avra, they entered into a good harbour on Avra's southern shore where Bern's pleasant lands sloped down to the water's edge. Bern's people, many of whom they saw working in the fields, were all freemen and it was a happy and prosperous fief. Here they all went ashore and were royally feasted in a low, pillared house overlooking the bay. Bern and his gracious wife and merry daughters made them good cheer. But after dark Bern sent a messenger over by boat to Doorn to order some preparations (he did not say exactly what) for the following day.

идти на веслах), обогнув северо-восточную оконечность Дорна и один из мысов Авры, они вошли в удобную гавань на южном берегу Авры, где до самой кромки воды спускались владения Берна. На полях работали люди, причем вовсе не рабы, и было видно, что поместье процветает. Все сошли на берег и были приняты в невысоком доме с колоннами по-королевски. Сам хозяин, его красавица жена и веселые дочери не давали гостям скучать ни минуты, а когда спустились сумерки, Берн послал человека на лодке на Дорн, чтобы совершить некие приготовления (какие именно, он не сказал) к завтрашнему дню.

Chapter 4

WHAT CASPIAN DID THERE

Next morning the Lord Bern called his guests early and after breakfast he asked Caspian to order every man he had into full armour. 'And above all,' he added, 'let everything be as trim and scoured as if it were the morning of the first battle in a great war between noble kings with all the world looking on.' This was done; and then in three boat-loads, Caspian and his people, and Bern with a few of his, put out for Narrowhaven. The king's flag flew in the stern of his boat and his trumpeter was with him.

When they reached the jetty at Narrowhaven, Caspian found a considerable crowd assembled to meet them. 'This is what I sent word about last night,' said Bern. 'They are all friends of mine and honest people.' And as soon as Caspian stepped ashore the crowd broke out into hurrahs and shouts of, 'Narnia! Narnia! Long live the king.' At the same moment — and this was also due to Bern's messengers — bells began ringing from many parts of the town. Then Caspian caused his banner to be advanced and his trumpet to blow and every man drew his sword and set his face into a joyful sternness, and they marched up the street so that the street shook, and their

Глава 4

ЧЕМ ЗАНИМАЛСЯ КАСПИАН НА ОСТРОВЕ

На следующее утро лорд Берн разбудил гостей на рассвете, а после завтрака предложил Каспиану отдать своим людям приказ надеть доспехи и добавил:

— И самое главное, пусть все будет подготовлено так тщательно, как будто сегодня первая битва в великой войне между благородными королями на глазах у всего мира.

Это предложение было принято, и на трех полностью загруженных шлюпках Каспиан со своими людьми и Берн с частью своих направились в сторону Узкой Гавани. На корме шлюпки Каспиана развевался королевский штандарт, при нем же находился и трубач.

Когда шлюпки достигли пристани в Узкой Гавани и Каспиан увидел толпу встречавших, Берн сказал:

— Вот с каким поручением я посылал вчера человека. Все эти люди мои друзья.

Как только Каспиан ступил на берег, толпа разразилась криками «ура!» и восклицаниями: «Нарния! Нарния! Да здравствует король!» В этот момент — тоже благодаря посланцу Берна — из разных частей города раздался колокольный звон. Каспиан приказал, чтобы первым шел знаменосец, за ним — трубач, а все его люди обнажили шпаги и смотрели весело и решительно. Вверх по улице они прошли так, что

armour shone (for it was a sunny morning) so that one could hardly look at it steadily.

At first the only people who cheered were those who had been warned by Bern's messenger and knew what was happening and wanted it to happen. But then all the children joined in because they liked a procession and had seen very few. And then all the schoolboys joined in because they also liked processions and felt that the more noise and disturbance there was the less likely they would be to have any school that morning. And then all the old women put their heads out of doors and windows and began chattering and cheering because it was a king, and what is a governor compared with that? And all the young women joined in for the same reason and also because Caspian and Drinian and the rest were so handsome. And then all the young men came to see what the young women were looking at, so that by the time Caspian reached the castle gates, nearly the whole town was shouting; and where Gumpas sat in the castle, muddling and messing about with accounts and forms and rules and regulations, he heard the noise.

At the castle gate Caspian's trumpeter blew a blast and cried, 'Open for the king of Narnia, come to visit his trusty and well-beloved servant the governor of the Lone Islands.' In those days everything in the islands was done in a slovenly, slouching manner. Only the little postern opened and out came a tousled fellow with a dirty old hat on his head instead of a helmet, and a rusty old pike in his hand. He blinked at the flashing figures before him. 'Cam — seez — fishansy,' he mumbled (which was his

под ними дрожала мостовая, а доспехи сверкали так (утро выдалось солнечным), что было больно глазам.

Сначала Каспиана приветствовали только те, кого предупредил посланец Берна: кто знал, что произошло, и радовался этому, — но затем к ним присоединились все ребятишки — им просто нравилась процессия, да и видеть таких не доводилось. Не остались в стороне и школьники, и не только потому, что им тоже нравилась процессия: они понимали, что чем больше шума и суматохи, тем меньше вероятность, что придется сидеть этим утром на уроках. Следом высунулись из дверей и окон старухи и принялись переговариваться, радуясь появлению короля, — ведь что такое губернатор по сравнению с его величеством? По той же причине присоединились к толпе молодые женщины и девушки. Не последнюю роль сыграло и то, что Каспиан и Дриниан, да и все остальные, были хороши собой. Их примеру последовали и молодые люди: подошли поближе, чтобы посмотреть, на кого это они любуются. Таким образом, к тому моменту, когда Каспиан дошел до ворот замка, приветствовать его собрались почти все горожане. Сидевший в замке Гумп, с трудом разбираясь со счетами, бланками, приказами и уставами, вдруг услышал шум.

У ворот замка звук трубы сменился голосом глашатая Каспиана:

— Открывай ворота королю Нарнии, выходи встречать его, верный и любящий слуга, губернатор Одиноких островов.

В те времена жизнь на островах текла медленно, неторопливо, поэтому сначала открылась лишь небольшая дверца, вышел взъерошенный парень в видавшей виды грязной шляпе вместо шлема, со ржа-

way of saying, 'You can't see his Sufficiency'). 'No inter-views without 'pointments 'cept 'tween nine 'n' ten p.m. second Saturday every month.'

'Uncover before Narnia, you dog,' thundered the Lord Bern, and dealt him a rap with his gauntleted hand which sent his hat flying from his head.

''Ere? Wot's it all about?' began the doorkeeper, but no one took any notice of him. Two of Caspian's men stepped through the postern and after some struggling with bars and bolts (for everything was rusty) flung both wings of the gate wide open. Then the king and his followers strode into the courtyard. Here a number of the governor's guards were lounging about and several more (they were mostly wiping their mouths) came tumbling out of various doorways. Though their armour was in a disgraceful condition, these were fellows who might have fought if they had been led or had known what was happening; so this was the dangerous moment. Caspian gave them no time to think.

'Where is the captain?' he asked.

'I am, more or less, if you know what I mean,' said a languid and rather dandified young person without any armour at all.

'It is our wish,' said Caspian, 'that our royal visitation to our realm of the Lone Islands should, if possible, be an occasion of joy and not of terror to our loyal subjects. If it were not for that, I should have something to say about the state of your men's armour and weapons. As it is, you are pardoned. Command a cask of wine to be opened that your men may drink our health. But at noon tomorrow I

вым копьем в руке, и удивленно заморгал, увидев перед воротами огромную толпу.

Не разобрав, что к чему, горе-стражник заученно забормотал:

— Губернатор не принимает. Никаких встреч без записи, кроме как с девяти до десяти во вторую субботу каждого месяца!

— Шляпу долой перед королем, пес! — громовым голосом скомандовал лорд Берн и так ударил его по плечу латной рукавицей, что шляпа слетела сама.

— Что это вы себе... — начал было привратник, но никто не обратил на него внимания.

Двое солдат Каспиана прошли в дверцу и, повозившись со ржавыми засовами и задвижками, настежь распахнули обе створки ворот. Король с сопровождающими вступил во двор, где праздно шатались несколько стражников губернатора, а потом еще несколько (по большей части утирая рты) выскочили из разных дверей. Доспехи их были в плачевном состоянии, но сражаться они бы смогли, если бы имели предводителя и понимали, что происходит. Момент был опасный, но Каспиан не дал им времени на размышления:

— Где ваш командир?

— Это я... в некотором роде, если вы понимаете, что я имею в виду, — томно отозвался щеголеватый молодой человек, совершенно безоружный.

— Мы очень надеемся, — сказал Каспиан, — что наш королевский визит в эту часть Одиноких островов станет радостным, а не ужасным событием для наших подданных. Если бы не это, я бы сказал вам несколько слов о состоянии доспехов и вооружения ваших людей. Но сейчас вы прощены. Прикажите открыть бочку вина, чтобы ваши люди могли выпить

wish to see them here in this courtyard looking like men at arms and not like vagabonds. See to it on pain of our extreme displeasure.'

The captain gaped but Bern immediately cried, 'Three cheers for the king', and the soldiers, who had understood about the cask of wine even if they understood nothing else, joined in. Caspian then ordered most of his own men to remain in the courtyard. He, with Bern and Drinian and four others, went into the hall.

Behind a table at the far end with various secretaries about him sat his Sufficiency, the governor of the Lone Islands. Gumpas was a bilious-looking man with hair that had once been red and was now mostly grey. He glanced up as the strangers entered and then looked down at his papers saying automatically, 'No interviews

за наше здоровье, а завтра в полдень я желаю видеть их всех в этом дворе, и чтобы выглядели не как бродяги. Проследите за этим, иначе мы разгневаемся.

Командир раскрыл от удивления рот, но Берн тут же скомандовал:

— Троекратное «ура!» королю!

И солдаты, которые, возможно, поняли только про бочку вина, поддержали его. Каспиан приказал большей части своего отряда остаться во дворе, а сам вместе с Берном, Дринианом и четырьмя солдатами вошел в зал.

За столом в дальнем конце зала в окружении секретарей сидел губернатор Одиноких островов Гумп, когда-то, очевидно, рыжеволосый, но теперь почти седой. Выглядел он весьма раздраженным. Посмотрев на вошедших, потом на разложенные бумаги, он машинально произнес:

without appointments except between nine and ten p.m. on second Saturdays.'

Caspian nodded to Bern and then stood aside. Bern and Drinian took a step forward and each seized one end of the table. They lifted it, and flung it on one side of the hall where it rolled over, scattering a cascade of letters, dossiers, ink-pots, pens, sealing-wax and documents. Then, not roughly but as firmly as if their hands were pincers of steel, they plucked Gumpas out of his chair and deposited him, facing it, about four feet away. Caspian at once sat down in the chair and laid his naked sword across his knees.

'My Lord,' said he, fixing his eyes on Gumpas, 'you have not given us quite the welcome we expected. We are the King of Narnia.'

'Nothing about it in the correspondence,' said the governor. 'Nothing in the minutes. We have not been notified of any such thing. All irregular. Happy to consider any applications — '

'And we are come to inquire into your Sufficiency's conduct of your office,' continued Caspian. 'There are two points especially on which I require an explanation. Firstly I find no record that the tribute due from these Islands to the crown of Narnia has been received for about a hundred and fifty years.'

'That would be a question to raise at the Council next month,' said Gumpas. 'If anyone moves that a commission of inquiry be set up to report on the financial history of the islands at the first meeting next year, why then...'

'I also find it very clearly written in our laws,' Caspian went on, 'that if the tribute is not delivered the whole

— Никаких встреч без записи, кроме как с девяти до десяти во вторую субботу каждого месяца!

Каспиан кивнул Берну и отошел в сторону, а Берн и Дриниан шагнули вперед, ухватились, каждый со своей стороны, за стол и отшвырнули его к стене, где он перевернулся и с него потоком посыпались письма, папки, ручки, чернильницы, сургуч и документы. Затем, не грубо, но твердо, словно железными клещами, они стащили Гумпа с его места и поставили футах в четырех перед креслом, в котором уже сидел Каспиан, положив на колени обнаженную шпагу.

— Милорд, вы не оказали нам гостеприимства, которого мы ожидали. Я король Нарнии, — заявил Каспиан, устремив на Гумпа жесткий взгляд.

— Об этом не было никаких сообщений. Ни малейшего упоминания. Я бы не пропустил такой новости. Все не как положено. С удовольствием рассмотрю ваше обращение...

— Мы приехали проверить, как вы, губернатор, справляетесь со своими обязанностями, — оборвал его Каспиан. — Я требую объяснений по двум вопросам. Во-первых, мои люди не обнаружили документов, которые свидетельствовали бы о том, что эти острова последние сто пятьдесят лет платили дань королю Нарнии.

— Этот вопрос будет рассмотрен на заседании совета в следующем месяце, — сказал секретарь Гумпа. — Если предложение пройдет, мы создадим комиссию, и она даст отчет о финансовой истории островов на первом же в следующем году заседании, и тогда...

— А также хочу напомнить, что в наших законах совершенно ясно написано, — продолжил Каспи-

debt has to be paid by the governor of the Lone Islands out of his private purse.'

At this Gumpas began to pay real attention. 'Oh, that's quite out of the question,' he said. 'It is an economic impossibility — er — your Majesty must be joking.'

Inside, he was wondering if there were any way of getting rid of these unwelcome visitors. Had he known that Caspian had only one ship and one ship's company with him, he would have spoken soft words for the moment, and hoped to have them all surrounded and killed during the night. But he had seen a ship of war sail down the straits yesterday and seen it signalling, as he supposed, to its consorts. He had not then known it was the king's ship for there was not wind enough to spread the flag out and make the golden lion visible, so he had waited further developments. Now he imagined that Caspian had a whole fleet at Bernstead. It would never have occurred to Gumpas that anyone would walk into Narrowhaven to take the islands with less than fifty men; it was certainly not at all the kind of thing he could imagine doing himself.

'Secondly,' said Caspian, 'I want to know why you have permitted this abominable and unnatural traffic in slaves to grow up here, contrary to the ancient custom and usage of our dominions.'

'Necessary, unavoidable,' said his Sufficiency. 'An essential part of the economic development of the islands, I assure you. Our present burst of prosperity depends on it.'

'What need have you of slaves?'

ан, — что, если дань не выплачена, весь долг должен уплатить губернатор Одиноких островов из своей собственной казны.

Тут Гумп вскинул брови и заявил:

— Об этом не может быть и речи! Это невозможно в силу экономических... э... причин. Ваше величество, должно быть, шутит.

Все это время он думал, есть ли какой-нибудь способ избавиться от нежданных гостей. Если бы Гумп знал, что в распоряжении Каспиана всего один корабль и несколько матросов, то сейчас проявил бы необычайную любезность, а ночью окружил бы его и всех перебил. Но он видел, как по проливу плыл корабль и подавал сигналы, как решил губернатор, своему сопровождению. Поначалу он не понял, что это королевский корабль, потому что стоял полный штиль, штандарт не развевался на ветру и золотого льва видно не было. Губернатор стал ждать дальнейших событий, и теперь он воображал, что Каспиан привел с собой в Бернстед целый флот. Он даже предположить не мог, что кому-то придет в голову явиться в Узкую Гавань и взять власть на островах с горсткой солдат. Сам он никогда бы на такое не решился.

— Во-вторых, — продолжил Каспиан, — я хочу знать, почему вы попустительствуете такому отвратительному и жестокому занятию, как работорговля. Это противоречит нашим древним традициям и обычаям.

— Но без этого невозможно, — возразил губернатор. — Это основа экономического развития островов, уверяю вас, и гарант их процветания.

— Зачем вам нужны рабы?

'For export, your Majesty. Sell 'em to Calormen mostly; and we have other markets. We are a great centre of the trade.'

'In other words,' said Caspian, 'you don't need them. Tell me what purpose they serve except to put money into the pockets of such as Pug?'

'Your Majesty's tender years,' said Gumpas, with what was meant to be a fatherly smile, 'hardly make it possible that you should understand the economic problem involved. I have statistics, I have graphs, I have — '

'Tender as my years may be,' said Caspian, 'I believe I understand the slave trade from within quite as well as your Sufficiency. And I do not see that it brings into the islands meat or bread or beer or wine or timber or cabbages or books or instruments of music or horses or armour or anything else worth having. But whether it does or not, it must be stopped.'

'But that would be putting the clock back,' gasped the governor. 'Have you no idea of progress, of development?'

'I have seen them both in an egg,' said Caspian. 'We call it Going Bad in Narnia. This trade must stop.'

'I can take no responsibility for any such measure,' said Gumpas.

'Very well, then,' answered Caspian, 'we relieve you of your office. My Lord Bern, come here.' And before Gumpas quite realised what was happening, Bern was kneeling with his hands between the King's hands and taking the oath to govern the Lone Islands in accordance with the old customs, rights, usages and laws of Narnia. And Caspian said, 'I think we have had enough of governors,' and made Bern a Duke, the Duke of the Lone Islands.

— На экспорт, ваше величество. Мы продаем их по большей части тархистанцам, но есть и другие покупатели. Здесь крупный центр этой торговли.

— Другими словами, вам они не нужны. А для какой еще цели они служат, кроме как набивать карманы таких, как Мопс?

— Ваше величество молоды, — произнес Гумп, пытаясь изобразить отеческую улыбку, — и вам трудно понять, с какими экономическими проблемами это связано. У меня есть статистика, диаграммы...

— Согласен, я молод, — сказал Каспиан, — но, столкнувшись с работорговлей изнутри, думаю, что понимаю в ней не меньше, чем вы. И не вижу, чтобы она приносила островам мясо или хлеб, пиво или вино, древесину, книги или музыкальные инструменты, лошадей, доспехи или что-то еще стóящее. Но, приносит или нет, работорговля должна быть прекращена.

— Нельзя же повернуть стрелки часов назад, — попытался спорить губернатор. — Разве вы не признаете прогресса, развития?

— Я видел их начало, — стоял на своем Каспиан. — У нас в Нарнии говорят о таких вещах «разложение». Эту торговлю, повторяю, следует прекратить.

— Я не могу взять на себя ответственность за такие меры.

— Что ж, хорошо. В таком случае своей властью мы освобождаем вас от занимаемой должности. Милорд Берн, подойдите ко мне.

И прежде чем Гумп до конца понял, что происходит, Берн опустился на одно колено, и, взяв руки короля в свои, дал клятву править Одинокими островами в соответствии с традициями, законами и обычаями Нарнии. И Каспиан сказал:

'As for you, my Lord,' he said to Gumpas, 'I forgive you your debt for the tribute. But before noon tomorrow you and yours must be out of the castle, which is now the Duke's residence.'

'Look here, this is all very well,' said one of Gumpas's secretaries, 'but suppose all you gentlemen stop play-acting and we do a little business. The question before us really is — '

'The question is,' said the Duke, 'whether you and the rest of the rabble will leave without a flogging or with one. You may choose which you prefer.'

When all this had been pleasantly settled, Caspian ordered horses, of which there were a few in the castle, though very ill groomed, and he with Bern and Drinian and a few others rode out into the town and made for the slave market. It was a long low building near the harbour and the scene which they found going on inside was very much like any other auction; that is to say, there was a great crowd and Pug, on a platform, was roaring out in a raucous voice:

'Now, gentlemen, lot twenty-three. Fine Terebinthian agricultural labourer, suitable for the mines or the galleys. Under twenty-five years of age. Not a bad tooth in his head. Good, brawny fellow. Take off his shirt, Tacks, and let the gentlemen see. There's muscle for you! Look at the chest on him. Ten crescents from the gentleman in the corner. You must be joking, sir. Fifteen! Eighteen! Eighteen is bidden for lot twenty-three. Any advance on eighteen? Twenty-one. Thank you, sir. Twenty-one is bidden — '

But Pug stopped and gaped when he saw the mail-clad figures who had clanked up to the platform.

— Думаю, хватит нам губернаторов: лорд Берн станет герцогом Одиноких островов, — распорядился Каспиан и обратился он к Гумпу: — Что касается вас, милорд, я прощаю вам долги, но до завтрашнего полудня вы и ваши люди должны освободить замок — теперь это резиденция герцога.

— Послушайте, — вмешался один из секретарей Гумпа, — давайте прекратим разыгрывать сцены и поговорим по-деловому. Вопрос, который перед нами стоит...

— Вопрос в том, — прервал его новый глава островов, — уберетесь ли вы отсюда со своим сбродом без порки или предпочтете ее дождаться. Выбирайте.

Когда все разрешилось, Каспиан приказал подать лошадей. В замке их было не много, и смотрели за ними плохо — это сразу было заметно. Каспиан вместе с Берном, Дринианом и еще несколькими людьми поскакал в город, прямо к рынку, где торговали рабами. Это было длинное низкое здание неподалеку от гавани, и то, что они застали, напоминало любые другие торги, то есть там собралась толпа, а Мопс, взобравшись на помост, сипло выкрикивал:

— Вот, господа, номер двадцать три. Крестьянин из Теревинфии. Может работать и в шахтах, и на галерах. Не больше двадцати пяти лет. Посмотрите, все зубы здоровые. А какие мускулы! Сними с него рубашку, Такс, пусть все посмотрят. Вот это мускулы! Вот это плечи! Десять полумесяцев от господина в углу. Вы, наверное, шутите, сэр. Пятнадцать! Восемнадцать! Восемнадцать за двадцать третий номер. Кто больше? Двадцать один. Благодарю вас, сэр. Двадцать один полумесяц за номер...

Тут Мопс замолчал и застыл в изумлении, увидев людей в кольчугах, продвигавшихся к помосту.

'On your knees, every man of you, to the King of Narnia,' said the Duke. Everyone heard the horses jingling and stamping outside and many had heard some rumour of the landing and the events at the castle. Most obeyed. Those who did not were pulled down by their neighbours. Some cheered.

'Your life is forfeit, Pug, for laying hands on our royal person yesterday,' said Caspian. 'But your ignorance is pardoned. The slave trade was forbidden in all our dominions quarter of an hour ago. I declare every slave in this market free.'

He held up his hand to check the cheering of the slaves and went on, 'Where are my friends?'

'That dear little gel and the nice young gentleman?' said Pug with an ingratiating smile. 'Why, they were snapped up at once — '

'We're here, we're here, Caspian,' cried Lucy and Edmund together and, 'At your service, Sire,' piped Reepicheep from another corner. They had all been sold but the men who had bought them were staying to bid for other slaves and so they had not been taken away yet. The crowd parted to let the three of them out and there was great hand-clasping and greeting between them and Caspian. Two merchants of Calormen at once approached. The Calormenes have dark faces and long beards. They wear flowing robes and orange-coloured turbans, and they are a wise, wealthy, courteous, cruel and ancient people. They bowed most politely to Caspian and paid him long compliments, all about the fountains of prosperity irrigating the gardens of prudence and

— Все на колени перед королем Нарнии! — приказал герцог.

Присутствующие слышали стук копыт и топот у входа в здание, а многие уже знали о появлении корабля и событиях в замке. Большинство повиновались приказу, а тем, кто не подчинился, помогли стоявшие рядом. Некоторые выкрикивали приветствия.

— Ты мог бы лишиться головы, Мопс, за то, что вчера твоя рука коснулась короля, — сказал Каспиан, — но прощен, потому что не подозревал об этом. Работорговля запрещена во всех наших владениях четверть часа назад, поэтому я объявляю всех рабов свободными.

Чтобы призвать к тишине выкрикивавших приветствия рабов, его величеству пришлось поднять руку.

— Где мои друзья? — спросил Каспиан у Мопса.

— Эта миленькая девочка и приятный молодой человек? — заискивающе улыбнулся тот. — Ну, их купили сразу же.

— Мы здесь, здесь, Каспиан, — крикнули в один голос Люси и Эдмунд, а из другого угла пискнул Рипичип:

— К вашим услугам, сир.

Все они были проданы, но те, кто их купил, собирались приобрести еще рабов, поэтому никуда не ушли. Толпа расступилась, пропуская троицу, и друзья радостно обнялись с Каспианом. Подошли два тархистанских купца. У них были смуглые лица и длинные бороды. Они носили развевающиеся одежды и оранжевые тюрбаны и были мудрым, богатым, любезным, жестоким и древним народом. Купцы низко поклонились Каспиану и наговорили ему цветистых комплиментов, предрекая благоденствие в садах

virtue — and things like that — but of course what they wanted was the money they had paid.

'That is only fair, sirs,' said Caspian. 'Every man who has bought a slave today must have his money back. Pug, bring out your takings to the last minim.' (A minim is the fortieth part of a crescent.)

'Does your good Majesty mean to beggar me?' whined Pug.

'You have lived on broken hearts all your life,' said Caspian, 'and if you are beggared, it is better to be a beggar than a slave. But where is my other friend?'

'Oh, *him*?' said Pug. 'Oh, take *him* and welcome. Glad to have him off my hands. I never see such a drug in the market in all my born days. Priced him at five crescents in the end and even so nobody'd have him. Threw him in free with other lots and still no one would have him Wouldn't touch him. Wouldn't look at him. Tacks, bring out Sulky.'

Thus Eustace was produced, and sulky he certainly looked; for though no one would want to be sold as a slave, it is perhaps even more galling to be a sort of utility slave whom no one will buy. He walked up to Caspian and said, 'I see. As usual. Been enjoying yourself somewhere while the rest of us were prisoners. I suppose you haven't even found out about the British Consul. Of course not.'

That night they had a great feast in the castle of Narrowhaven and then, 'Tomorrow for the beginning of our real adventures!' said Reepicheep when he had made his bows to everyone and went to bed. But it could not really be tomorrow or anything like it. For now they

рассудительности и добродетели и тому подобное, но, разумеется, им хотелось получить назад свои деньги.

— Это вполне справедливо, господа, — согласился с ними Каспиан. — Каждый, кто купил сегодня раба, получит свои деньги назад. Мопс, отдай им свою выручку.

— Ваше величество, вы хотите разорить меня? — заныл тот.

— Ты всю жизнь наживался и калечил судьбы, так что, если даже и разоришься, нищим быть лучше, чем рабом. — Тут Каспиан вспомнил про Юстаса. — А где еще один мой приятель?

— А, *этот*? О, заберите его, сделайте милость. Рад буду сбыть его с рук. Даже в самые худшие свои дни я не видел такого неходового товара. За пять полумесяцев его и то никто не взял. Предлагал его в придачу к другим, но все опять отказывались: не хотели ни брать, ни смотреть на него. Такс, приведи этого зануду.

Именно таким Юстас и был, каким выглядел, — занудой. Оказаться проданным в рабство никому не хочется, но, возможно, еще хуже, когда тебя даже купить никто не желает.

Как обычно, едва завидев Каспиана, он начал с претензий:

— Ну конечно. Все как всегда. Ты где-то развлекаешься, в то время как остальные сидят в тюрьме! Наверняка даже не пытался выяснить, есть ли здесь британский консул.

В этот вечер в замке Узкой Гавани было устроено пышное празднество.

— Настоящие приключения начнутся завтра, — сказал Рипичип, кланяясь всем присутствующим и отправляясь спать.

were preparing to leave all known lands and seas behind them and the fullest preparations had to be made. The *Dawn Treader* was emptied and drawn on land by eight horses over rollers and every bit of her was gone over by the most skilled shipwrights. Then she was launched again and victualled and watered as full as she could hold — that is to say, for twenty-eight days. Even this, as Edmund noticed with disappointment, only gave them a fortnight's eastward sailing before they had to abandon their quest.

While all this was being done Caspian missed no chance of questioning all the oldest sea captains whom he could find in Narrowhaven to learn if they had any knowledge or even any rumours of land further to the east. He poured out many a flagon of the castle ale to weather-beaten men with short grey beards and clear blue eyes, and many a tall yarn he heard in return. But those who seemed the most truthful could tell of no lands beyond the Lone Islands, and many thought that if you sailed too far east you would come into the surges of a sea without lands that swirled perpetually round the rim of the world — 'And that, I reckon, is where your Majesty's friends went to the bottom.' The rest had only wild stories of islands inhabited by headless men, floating islands, waterspouts, and a fire that burned along the water. Only one, to Reepicheep's delight, said, 'And beyond that, Aslan's country. But that's beyond the end of the world and you can't get there.' But when they questioned him he could only say that he'd heard it from his father.

Но ни на следующий день, ни через неделю ничего не произошло, потому что теперь, когда они собирались отправиться в неизвестные земли и моря, нужно было как следует подготовиться. «Покорителя зари» вытащили на берег на катках с помощью восьмерки лошадей, и корабельные плотники тщательнейшим образом обследовали каждый его уголок. Затем корабль снова спустили на воду и погрузили на него столько провизии и воды, сколько он мог взять, то есть примерно на двадцать восемь дней. Получается, с неудовольствием заметил Эдмунд, что они могут плыть на восток только две недели, а потом надо возвращаться.

Пока корабль приводили в порядок, Каспиан не упустил возможности расспросить всех старых капитанов, кого только сумел найти в Узкой Гавани, не известно ли им о каких-нибудь землях, лежащих дальше к востоку. Не один кувшин пива из подвалов замка ушел на угощение этих морских волков с обветренными лицами, аккуратными седыми бородками и ясными синими глазами, зато Каспиан услышал множество историй, одна интереснее другой. Но те, что казались самыми правдивыми, ничего не могли рассказать о землях, лежащих за Одинокими островами. Кое-кто из моряков и вовсе думал, что, если заплыть слишком далеко на восток, попадешь в волны моря, где нет островов, в волны, которые непрерывно образуют водовороты на краю земли.

— Как раз там, я думаю, друзья вашего величества и пошли ко дну, — заявил один из рассказчиков.

Bern could only tell them that he had seen his six companions sail away eastward and that nothing had ever been heard of them again. He said this when he and Caspian were standing on the highest point of Avra looking down on the eastern ocean. 'I've often been up here of a morning,' said the Duke, 'and seen the sun come up out of the sea, and sometimes it looked as if it were only a couple of miles away. And I've wondered about my friends and wondered what there really is behind that horizon. Nothing, most likely, yet I am always half ashamed that I stayed behind. But I wish your Majesty wouldn't go. We may need your help here. This closing the slave market might make a new world; war with Calormen is what I foresee. My liege, think again.'

'I have an oath, my lord Duke,' said Caspian. 'And anyway, what *could* I say to Reepicheep?'

Остальные рассказывали совсем уж дикие истории об островах, где живут безголовые люди, плавучих островах, о водяных смерчах и огне, который горит посреди волн. Лишь один, к удовольствию Рипичипа, сказал:

— А дальше лежит страна Аслана, но это за краем света и вы не сумеете туда попасть.

Рассказчика спросили, откуда ему это известно, и он сказал, что слышал от своего отца.

Берн мог сказать лишь то, что шестеро его спутников отплыли на восток и больше он о них ничего не слышал. В этот момент они с Каспианом стояли на самой высокой точке Авры и смотрели вниз, на Восточный океан.

— Я часто приходил сюда по утрам, — добавил герцог, — чтобы увидеть, как солнце поднимается из моря, и иногда казалось, что до него каких-нибудь пара миль. Здесь я вспоминал своих друзей и думал о том, что же находится за горизонтом. Скорее всего, ничего, но мне всегда было стыдно, что я остался здесь. Должен признаться, мне бы очень хотелось, чтобы ваше величество не уезжали. Возможно, нам понадобится помощь. Прекращение работорговли вскоре изменит местный уклад, и я предвижу возможную войну с Тархистаном. Господин мой, подумайте еще.

— Я дал клятву, герцог, — ответил Каспиан. — И потом, что бы я сказал Рипичипу?

Chapter 5

THE STORM
AND WHAT CAME OF IT

It was nearly three weeks after their landing that the *Dawn Treader* was towed out of Narrowhaven harbour. Very solemn farewells had been spoken and a great crowd had assembled to see her departure. There had been cheers, and tears too, when Caspian made his last speech to the Lone Islanders and parted from the Duke and his family, but as the ship, her purple sail still flapping idly, drew farther from the shore, and the sound of Caspian's trumpet from the poop came fainter across the water, everyone became silent. Then she came into the wind. The sail swelled out, the tug cast off and began rowing back, the first real wave ran up under the *Dawn Treader's* prow, and she was a live ship again. The men off duty went below, Drinian took the first watch on the poop, and she turned her head eastward round the south of Avra.

The next few days were delightful. Lucy thought she was the most fortunate girl in the world, as she woke each morning to see the reflections of the sunlit water dancing on the ceiling of her cabin and looked round on all the nice new things she had got in the Lone Island — sea-boots and buskins and cloaks and jerkins and scarves. And then she would go on deck and take a look from the forecastle at a sea which was a brighter blue each morning and drink in an air that was a little warmer day

Глава 5

ШТОРМ
И ЕГО ПОСЛЕДСТВИЯ

Прошло около трех недель с тех пор, как «Повелитель зари» причалил к Узкой Гавани, прежде чем он снова вышел в море. Прощание получилось торжественным: на берегу собралась огромная толпа, чтобы присутствовать при отплытии. Когда Каспиан произносил речь, обращенную к жителям Одиноких островов, и прощался с герцогом и его семьей, слышались возгласы сожаления, люди утирали слезы, но едва корабль, пурпурный парус которого все еще лениво хлопал о мачту, стал удаляться, а звук трубы с кормы слышался все слабее, наступила тишина. Тут корабль поймал ветер. Парус надулся, буксир был отцеплен и отправлен обратно. Первая настоящая волна подняла нос «Повелителя зари», и корабль снова ожил. Свободные от дежурства моряки спустились вниз, Дриниан встал на первую вахту, и судно направилось на восток, обогнув Авру с юга.

Следующие несколько дней прошли замечательно. Люси считала себя самой счастливой девочкой в мире, просыпаясь утром и наблюдая игру отражений освещенной солнцем воды на потолке каюты, глядя на новые вещи, подобранные на Одиноких островах: непромокаемые сапоги, высокие ботинки со шнуровкой, плащи, куртки и шарфы. Затем она шла на палубу, смотрела с полубака на море, которое по утрам было ярко-синим, и дышала морским воздухом, ко-

by day. After that came breakfast and such an appetite as one only has at sea.

She spent a good deal of time sitting on the little bench in the stern playing chess with Reepicheep. It was amusing to see him lifting the pieces, which were far too big for him, with both paws and standing on tiptoes if he made a move near the centre of the board. He was a good player and when he remembered what he was doing he usually won. But every now and then Lucy won because the Mouse did something quite ridiculous like sending a knight into the danger of a queen and castle combined. This happened because he had momentarily forgotten it was a game of chess and was thinking of a real battle and making the knight do what he would certainly have done in its place. For his mind was full of forlorn hopes, death or glory charges, and last stands.

But this pleasant time did not last. There came an evening when Lucy, gazing idly astern at the long furrow or wake they were leaving behind them, saw a great rack of clouds building itself up in the west with amazing speed. Then a gap was torn in it and a yellow sunset poured through the gap. All the waves behind them seemed to take on unusual shapes and the sea was a drab or yellowish colour like dirty canvas. The air grew cold. The ship seemed to move uneasily as if she felt danger behind her. The sail would be flat and limp one minute and wildly full the next. While she was noticing these things and wondering at a sinister change which had come over the very noise of the wind, Drinian cried, 'All hands on deck.' In a moment everyone be-

торый с каждым днем становился все теплее. После этого завтракала с таким аппетитом, какой бывает только на море.

Еще Люси пристрастилась играть с Рипичипом в шахматы. Они устраивались на скамейке на корме, и ее всегда забавляло, как он поднимает фигуры, которые были для него великоваты, двумя лапками и поднимается на цыпочки, если нужно сделать ход в центре доски. Верховный главнокомандующий был хорошим шахматистом и, если помнил свои ходы, как правило, выигрывал, но время от времени везло и Люси. Это случалось, когда Рипичип делал какие-то нелепые ходы, подставляя коня под совместную угрозу ферзя и ладьи. Так выходило, потому что он мог забыть, что играет в шахматы, и, будто в настоящей битве, заставлял коня действовать так, как поступил бы сам на его месте; потому что в мыслях его жили отчаянные надежды, смертельные атаки и последние рубежи обороны.

Это прекрасное время длилось недолго. В один из вечеров Люси, как обычно, стояла на корме и разглядывала длинную борозду — оставленный судном пенный след позади, как вдруг заметила на западе громоздившиеся друг на друга тучи, которые с удивительной быстротой неслись по небу. Потом в них образовалась брешь, и сквозь нее ядовито засветился желтый закат. Волны за кораблем приобрели какую-то необычную форму, и море сделалось то ли желтоватое, то ли желто-коричневое, похожее на грязный холст. Стало холодно. Казалось, что корабль движется с трудом, словно ощущает подступающую опасность. Парус то провисал, то мгновенно надувался. Глядя на все эти мрачные перемены под шум

came frantically busy. The hatches were battened down, the galley fire was put out, men went aloft to reef the sail. Before they had finished the storm struck them. It seemed to Lucy that a great valley in the sea opened just before their bows, and they rushed down into it, deeper down than she would have believed possible. A great grey hill of water, far higher than the mast, rushed to meet them; it looked certain death but they were tossed to the top of it. Then the ship seemed to spin round. A cataract of water poured over the deck; the poop and forecastle were like two islands with a fierce sea between them. Up aloft the sailors were lying out along the yard desperately trying to get control of the sail. A broken rope stood out sideways in the wind as straight and stiff as if it was a poker.

'Get below, Ma'am,' bawled Drinian. And Lucy, knowing that landsmen — and landswomen — are a nuisance to the crew, began to obey. It was not easy. The *Dawn Treader* was listing terribly to starboard and the deck sloped like the roof of a house. She had to clamber round to the top of the ladder, holding on to the rail, and then stand by while two men climbed up it, and then get down it as best she could. It was well she was already holding on tight for at the foot of the ladder another wave roared across the deck, up to her shoulders. She was already almost wet through with spray and rain but this was colder. Then she made a dash for the cabin door and got in and shut out for a moment the appalling sight of the speed with which they were rushing into the dark, but not of course the horrible confusion of creakings, groanings, snappings, clatterings, roarings and boomings

ветра, размышляя, что бы это значило, Люси вдруг услышала крик Дриниана:

— Свистать всех наверх!

Тут же на судне начался настоящий тарарам: задраивали люки, гасили огонь в печи на камбузе, матросы лезли наверх взять риф. Не успели они закончить, как налетел шторм. Люси казалось, что перед самым носом корабля разверзлась какая-то огромная водяная впадина и они плывут прямо туда, в самую глубину. Высокая серая масса воды, поднявшаяся гораздо выше мачты, неслась им навстречу, и казалось, что их ждет верная смерть, но судно вынесло на самый верх волны и закружило на месте. На палубу хлынул поток, полубак и полуют были словно два островка в свирепом море. Наверху матросы перемещались по реям, пытаясь справиться с парусом. Лопнувший канат, прямой как палка, относило ветром в сторону.

— Спускайтесь вниз, ваше величество! — крикнул Дриниан, и Люси, понимая, что пассажиры только помеха для команды, не посмела ослушаться.

Оказалось, что выполнить требование капитана не так-то просто. «Покоритель зари» страшно накренился на правый борт, а палуба поднялась кверху, словно крыша дома, так что пришлось вскарабкаться до трапа, держась за леер, затем остановиться, чтобы пропустить спешивших наверх матросов, и только потом наконец удалось спуститься. Хорошо еще, что Люси крепко держалась: у самого подножия трапа очередная волна прокатилась по палубе, вымочив ее с головы до ног. Хоть она уже порядком промокла, этот душ оказался ледяным. Люси бросилась к каюте, влетела внутрь и поспешила захлопнуть дверь, поэтому не видела, как с ужасающей скоростью корабль

which only sounded more alarming below than they had done on the poop.

And all next day and all the next it went on. It went on till one could hardly even remember a time before it had begun. And there always had to be three men at the tiller and it was as much as three could do to keep any kind of a course.

And there always had to be men at the pump. And there was hardly any rest for anyone, and nothing could be cooked and nothing could be dried, and one man was lost overboard, and they never saw the sun.

When it was over Eustace made the following entry in his diary.

'September 3. The first day for ages when I have been able to write. We had been driven before a hurricane for thirteen days and nights. I know that because I kept a careful count, though the others all say it was only twelve. *Pleasant* to be embarked on a dangerous voyage with people who can't even count right! I have had a ghastly time, up and down enormous waves hour after

ринулся во тьму, но жуткий скрежет, треск, рев и стон услышала — эти звуки вызывали здесь еще бо́льшую тревогу, чем на палубе.

Шторм продолжался весь следующий день, и следующий, и никак не кончался, и всем уже казалось, что он был всегда. На румпеле все время матросы стояли по трое, иначе не смогли бы удержать корабль на курсе. Постоянно приходилось помпой откачивать воду, не было возможности ни отдохнуть, ни поесть, ни обсушиться. Одного из матросов смыло за борт.

Когда шторм утих, Юстас взялся за свой дневник:

«3 сентября. Прошла вечность с тех пор, как я сделал последнюю запись. Ураган мотал нас тринадцать дней и ночей: я уверен в этом, потому что считал самым тщательным образом, — хотя все остальные говорят, что только двенадцать. Ничего себе удовольствие отправиться в опасное путешествие с людьми, которые даже считать как следует не умеют!

hour, usually wet to the skin, and not even an *attempt* at giving us proper meals. Needless to say there's no wireless or even a rocket, so no chance of signalling anyone for help. It all proves what I keep on telling them, the madness of setting out in a rotten little tub like this. It would be bad enough even if one was with decent people instead of fiends in human form. Caspian and Edmund are simply brutal to me. The night we lost our mast (there's only a stump left now), though I was *not at all* well they forced me to come on deck and work like a slave. Lucy shoved her oar in by saying that Reepicheep was longing to go only he was too small. I wonder she doesn't see that everything that little beast does is all for the sake of *showing off*. Even at her age she ought to have that amount of sense. To-day the beastly boat is level at last and the sun's out and we have all been jawing about what to do. We have food enough, pretty beastly stuff most of it, to last for sixteen days. (The poultry were all washed overboard. Even if they hadn't been, the storm would have stopped them laying.) The real trouble is water. Two casks seem to have got a leak knocked in them and are empty (Narnian efficiency again). On short rations, half a pint a day each, we've got enough for twelve days. (There's still lots of rum and wine but even *they* realise that would only make them thirstier.)

'If we could, of course, the sensible thing would be to turn west at once and make for Lone Islands. But it took us eighteen days to get where we are, running like mad with a gale behind us. Even if we got an east wind

Для меня это было ужасное время: громадные волны вздымались и опадали раз за разом, все промокли до нитки, и никто даже не подумал накормить нас по-настоящему. Излишне говорить, что здесь нет ни радио, ни даже сигнальной ракеты, поэтому не было никакой возможности попросить о помощи. Значит, я был прав, когда пытался их убедить, что плыть в этом маленьком корыте — безумие. Это опасно, даже будь рядом приличные люди, а не изверги в человеческом облике. Каспиан и Эдмунд со мной просто жестоки. В ту ночь, когда мы потеряли мачту (от нее остался какой-то обрубок), хотя я плохо себя чувствовал, они выгнали меня на палубу и заставили работать, как невольника. Да еще Люси влезла с заявлением, что Рипичип рвется помочь, но он слишком мал ростом. Интересно, неужели она не понимает, что это существо готово на что угодно — лишь бы покрасоваться? Даже в ее возрасте можно было бы сообразить. Сегодня эта посудина наконец-то идет ровно, и солнце появляется, и нам надо решить, что делать. Еды у нас, по большей части противной, хватит, чтобы продержаться шестнадцать дней. (Всех кур смыло за борт. А если бы и не смыло, из-за шторма они перестали бы нестись.) Но с чем беда, так это с водой. Две бочки, очевидно от удара, протекли, и теперь пустые. (Вот она, хваленая предприимчивость Нарнии!) С урезанным пайком и порцией в полпинты воды в день мы продержимся двенадцать дней. (Правда, есть ром и вино, но даже они понимают, что от этого еще больше захочется пить.)

Если бы было можно, то, конечно, самое разумное — взять курс на запад и двинуться к Одиноким островам, но нам понадобилось восемнадцать дней, чтобы доплыть сюда. При этом мы летели как сумас-

it might take us far longer to get back. And at present there's no sign of an east wind — in fact there's no wind at all. As for rowing back, it would take far too long and Caspian says the men couldn't row on half a pint of water a day. I'm pretty sure this is wrong. I tried to explain that perspiration really cools people down, so the men would need less water if they were working. He didn't take any notice of this, which is always his way when he can't think of an answer. The others all voted for going *on* in the hope of finding land. I felt it my duty to point out that we didn't know there *was* any land ahead and tried to get them to see the dangers of *wishful thinking*. Instead of producing a better plan they had the cheek to ask me what I proposed. So I just explained coolly and quietly that I had been kidnapped and brought away on this *idiotic* voyage without my consent, and it was hardly *my* business to get *them* out of their scrape.

'September 4. Still becalmed. Very short rations for dinner and I got less than anyone. Caspian is very clever at helping and thinks I don't see! Lucy for some reason tried to make up to me by offering me some of hers but that *interfering prig* Edmund wouldn't let her. Pretty hot sun. Terribly thirsty all evening.

'September 5. Still becalmed and very hot. Feeling rotten all day and am sure I've got a temperature. Of course they haven't the sense to keep a thermometer on board.

шедшие, подгоняемые ураганом. Даже если подует восточный ветер, обратный путь может затянуться. Сейчас восточного ветра нет и в помине — по правде говоря, вообще никакого нет. А если возвращаться на веслах, это будет гораздо дольше, к тому же Каспиан говорит, что, выпивая полпинты воды в день, люди грести не могут. Я уверен, что он не прав. Попытался было объяснить ему, что пот охлаждает тело, поэтому тем, кто работает, нужно меньше воды, но он не обратил на мои слова никакого внимания — как, впрочем, и всегда, когда не знает, что сказать. Все остальные высказались за то, чтобы плыть дальше в надежде обнаружить землю. Я считал своим долгом указать на то, что нам неизвестно, есть ли впереди земля, и пытался объяснить, как опасно принимать желаемое за действительное, но вместо того чтобы придумать план получше, они имели наглость спросить у меня, каковы мои предложения. Мне пришлось спокойно объяснить, что я был похищен и принял участие в этом дурацком путешествии не по своей воле, так что вряд ли должен искать выход из их затруднительного положения.

4 сентября. Штиль продолжается. Очень маленькие порции на обед, и я получил меньше, чем кто-либо другой. Каспиан очень ловко раздает еду и думает, что я ничего не замечаю! Люси почему-то решила подлизаться ко мне, предложив часть своей порции, но Эдмунд, который всегда лезет куда его не звали, ей не позволил. Солнце буквально обжигает. Жуткая жажда весь вечер.

5 сентября. Все еще штиль и жуткая жара. Весь день чувствовал себя разбитым. Не сомневаюсь, что у меня температура. И, разумеется, у них не хватило соображения взять на корабль термометр.

'*September 6.* A horrible day. Woke up in the night *knowing* I was feverish and *must* have a drink of water. Any doctor would have said so. Heaven knows I'm the last person to try to get any unfair advantage but I never *dreamed* that this water-rationing would be meant to apply to a sick man. In fact I would have woken the others up and asked for some only I thought it would be selfish to wake them. So I just got up and took my cup and tiptoed out of the Black Hole we sleep in, taking great care not to disturb Caspian and Edmund, for they've been sleeping badly since the heat and the short water began. I always try to consider others whether they are nice to me or not. I got out all right into the big room, if you can call it a room, where the rowing benches and the luggage are. The thing of water is at this end. All was going beautifully, but before I'd drawn a cupful who should catch me but that *little spy* Reep. I tried to explain that I was going on deck for a breath of air (the business about the water had nothing to do with him) and he asked me why I had a cup. He made such a noise that the whole ship was roused. They treated me scandalously. I asked, as I think anyone would have, why Reepicheep was sneaking about the water cask in the middle of the night. He said that as he was too small to be any use on deck, he did sentry over the water every night so that one more man could go to sleep. Now comes their rotten unfairness: they all believed *him.* Can you beat it?

'I had to apologise or the dangerous little brute would have been at me with his sword. And then Caspian showed up in his true colours as a brutal tyrant and said

6 сентября. Жуткий день. Проснулся среди ночи, *чувствуя*, что у меня температура и что я *должен* выпить воды. Любой доктор порекомендовал бы именно это. Бог свидетель, я последний человек, кто совершил бы нечестный поступок, но мне и в голову не приходило, что можно ограничивать в воде больного. Я бы мог разбудить кого-нибудь и попросить воды, но счел, что это слишком эгоистично, поэтому встал, взял свою кружку и на цыпочках выбрался из этой черной дыры, в которой мы спим, стараясь не побеспокоить Каспиана и Эдмунда, так как они плохо спят с тех пор, как началась жара и воду стали выдавать ограниченно. Я всегда стараюсь считаться с другими независимо от того, хорошо или плохо они ко мне относятся. Благополучно добравшись до большой каюты, если ее можно назвать каютой, где стоят скамьи для гребцов и сложен багаж и находится бочка с водой, я хотел было зачерпнуть воды, но меня кто-то схватил за руку. Разумеется, этот соглядатай, Рип. Я попробовал объяснить ему, что шел на палубу подышать (остальное его не касается), а он — вот наглец! — спросил, зачем у меня с собой кружка, и поднял такой шум, что перебудил весь корабль. Со мной обошлись возмутительно. Я спросил, потому что кто-то должен был задать этот вопрос, почему Рипичип шныряет около бочки с водой посреди ночи, а он ответил, что слишком мал, чтобы быть полезным на палубе, поэтому дежурит около воды каждую ночь, чтобы еще один человек мог выспаться. Вот тут проявилась их отвратительная несправедливость: все поверили ему. Можете себе представить?

Мне пришлось извиняться, или эта опасная тварь опять выхватила бы свою шпагу. А потом Каспиан проявил себя как настоящий тиран и громко сказал,

out loud for everyone to hear that anyone found 'stealing' water in future would 'get two dozen'. I didn't I know what this meant till Edmund explained to me. It comes in the sort of books those Pevensie kids read.

'After this cowardly threat Caspian changed his tune and started being *patronising*. Said he was sorry for me and that everyone felt just as feverish as I did and we must all make the best of it, etc., etc. Odious stuck-up prig. Stayed in bed all day today.

чтобы все слышали: если вдруг теперь кого-нибудь застанут за «кражей» воды, тот получит «две дюжины». Я не понимал, что это значит, пока Эдмунд не объяснил, — сам он узнал из книг, которые читают эти Певенси.

Высказав свою трусливую угрозу, Каспиан сменил пластинку и стал вести себя покровительственно: сказал, что понимает меня, потому что все, как и я, чувствуют себя так, словно у них температура, и что мы должны держаться, и так далее и тому подобное. Отвратительный высокомерный тип. Я пролежал в постели целый день.

'*September 7*. A little wind today but still from the west. Made a few miles eastward with part of the sail, set on what Drinian calls the jury-mast — that means the bowsprit set upright and tied (they call it 'lashed') to the stump of the real mast. Still terribly thirsty.

'*September 8*. Still sailing east. I stay in my bunk all day now and see no one except Lucy till the two *fiends* come to bed. Lucy gives me a little of her water ration. She says girls don't get as thirsty as boys. I had often thought this but it ought to be more generally known at sea.

'*September 9*. Land in sight; a very high mountain a long way off to the south-east.

'*September 10*. The mountain is bigger and clearer but still a long way off. Gulls again today for the first time since I don't know how long.

'*September 11*. Caught some fish and had them for dinner. Dropped anchor at about 7 p.m. in three fathoms of water in a bay of this mountainous island. That idiot Caspian wouldn't let us go ashore because it was getting dark and he was afraid of savages and wild beasts. Extra water ration tonight.'

What awaited them on this island was going to concern Eustace more than anyone else, but it cannot be told in his words because after September 11 he forgot about keeping his diary for a long time.

When morning came, with a low, grey sky but very hot, the adventurers found they were in a bay encircled by such cliffs and crags that it was like a Norwe-

7 сентября. Дует слабый ветерок, но все еще с запада. Мы прошли несколько миль к востоку, используя оставшуюся часть паруса, закрепленную на том, что Дриниан называет аварийной мачтой, — то есть на бушприте, поставленном вертикально и привязанном (они говорят «принайтовленном») к обломку мачты. Чудовищно хочется пить.

8 сентября. Все еще идем под парусом на восток. Я оставался целый день в койке и не видел никого, кроме Люси, пока эти два изверга не пришли спать. Люси поделилась со мной своей водой: говорит, девочкам не так хочется пить, как мальчикам. Я и сам так часто думал. Жаль, что не всякий моряк это знает.

9 сентября. Земля на горизонте — большая гора на юго-востоке.

10 сентября. Гора стала больше, видно ее лучше, но до нее все еще далеко. Видел чаек, впервые за много дней.

11 сентября. Поймали несколько рыб и приготовили на обед. Бросили якорь около семи часов вечера в трех саженях от побережья какого-то гористого острова. Этот дурак Каспиан не дал нам сойти на берег, потому что становилось темно, а он опасался дикарей и хищных животных. Сегодня дали добавочную порцию воды».

То, что путешественников ожидало на этом острове, коснулось Юстаса больше, чем кого другого, но рассказать об этом его собственными словами невозможно, потому что после 11 сентября он надолго забыл о своем дневнике.

Наступило утро. Серое небо буквально нависло над головой, стояла духота. Путешественники поняли, что находятся в заливе, окруженном скалами и

gian fjord. In front of them, at the head of the bay there was some level land heavily overgrown with trees that appeared to be cedars, through which a rapid stream came out. Beyond that was a steep ascent ending in a jagged ridge and behind that a vague darkness of mountains which ran up into dull-coloured clouds so that you could not see their tops. The nearer cliffs, at each side of the bay, were streaked here and there with lines of white which everyone knew to be waterfalls, though at that distance they did not show any movement or make any noise. Indeed the whole place was very silent and the water of the bay as smooth as glass. It reflected every detail of the cliffs. The scene would have been pretty in a picture but was rather oppressive in real life. It was not a country that welcomed visitors.

The whole ship's company went ashore in two boat-loads and everyone drank and washed deliciously in the river and had a meal and a rest before Caspian sent four men back to keep the ship, and the day's work began. There was everything to be done. The casks must be brought ashore and the faulty ones mended if possible and all refilled; a tree — a pine if they could get it — must be felled and made into a new mast; sails must be repaired; a hunting party organised to shoot any game the land might yield; clothes to be washed and mended; and countless small breakages on board to be set right. For the *Dawn Treader* herself — and this was more obvious now that they saw her at a distance — could hardly be recognised as the same gallant ship which had left Narrowhaven. She looked a crippled, discoloured hulk which anyone might have taken for a wreck. And her officers and crew were no better — lean, pale, red-eyed from lack of sleep, and dressed in rags.

утесами, похожем на норвежский фьорд. Впереди, за заливом, виднелась равнина, густо заросшая деревьями, напоминавшими кедры, между которыми журчала речушка. Позади поднималась зубчатая горная гряда, а еще дальше темнели сами горы, сливавшиеся с хмурыми облаками, так что вершин их было не разглядеть. Ближайшие утесы по обе стороны залива казались прочерченными белыми полосками, в которых все узнали водопады, хотя с такого расстояния движения воды не было заметно и звука не слышно. Стояла тишина, и вода в заливе была гладкой как стекло, так что утесы в ней отражались до мельчайших подробностей. Наверное, на картине этот вид выглядел бы красиво, но в жизни, пожалуй, действовал угнетающе. Этот край вообще трудно было назвать гостеприимным.

Весь экипаж судна отправился на берег в двух шлюпках, и каждый с удовольствием напился и умылся в реке, все поели и отдохнули, потом Каспиан послал четырех человек назад охранять корабль, и работа началась. Предстояло сделать многое: привезти на берег бочки и отремонтировать те, которые в этом нуждаются, а потом наполнить водой; срубить дерево — желательно сосну — и превратить в новую мачту; починить паруса; собрать группу охотников, чтобы настрелять дичи, если она тут водится; выстирать и заштопать одежду; исправить множество небольших повреждений на корабле: ведь в «Покорителе зари» — это стало еще заметнее, когда они увидели его на расстоянии, — едва ли теперь можно было узнать тот величавый корабль, что покинул Узкую Гавань. Судно выглядело как разбитая выцветшая развалина, да и капитан с командой не лучше: худые, бледные, в лохмотьях, с красными от недосы-

As Eustace lay under a tree and heard all these plans being discussed, his heart sank. Was there going to be no rest? It looked as if their first day on the longed-for land was going to be quite as hard work as a day at sea. Then a delightful idea occurred to him. Nobody was looking — they were all chattering about their ship as if they actually liked the beastly thing. Why shouldn't he simply slip away? He would take a stroll inland, find a cool, airy place up in the mountains, have a good long sleep, and not rejoin the others till the day's work was over. He felt it would do him good. But he would take great care to keep the bay and the ship in sight so as to be sure of his way back. He wouldn't like to be left behind in this country.

He at once put his plan into action. He rose quietly from his place and walked away among the trees, taking care to go slowly and in an aimless manner so that anyone who saw him would think he was merely stretching his legs. He was surprised to find how quickly the noise of conversation died away behind him and how very silent and warm and dark green the wood became. Soon he felt he could venture on a quicker and more determined stride.

This soon brought him out of the wood. The ground began sloping steeply up in front of him. The grass was dry and slippery but manageable if he used his hands as well as his feet, and though he panted and mopped his forehead a good deal, he plugged away steadily. This showed, by the way, that his new life, little as he suspected it, had already done him some good; the old Eustace, Harold's and Alberta's Eustace, would have given up the climb after about ten minutes.

па глазами. Юстас, лежа под деревом, слышал, как обсуждают все, что предстояло сделать, и сердце у него упало: неужели без отдыха? Похоже, их первый день на долгожданной земле будет не легче, чем на море. Тут ему в голову пришла чудесная мысль. Никто на него не смотрит — все только и говорят, что о своем корабле, словно и в самом деле жить не могут без этой посудины. Что, если просто улизнуть? Можно прогуляться в глубь острова, найти прохладное местечко где-нибудь повыше в горах, хорошенько выспаться и вернуться к остальным, когда дневная работа закончится. Это пойдет ему на пользу. Главное — все время поглядывать на залив и корабль, чтобы не заблудиться на обратном пути: оставаться здесь вовсе не хотелось.

И Юстас тут же приступил к осуществлению своего плана. Тихонько поднявшись на ноги, он направился к деревьям, стараясь не торопиться, будто просто захотел немного размяться. Удивительно, как скоро голоса стали не слышны и каким тихим, теплым и зеленым оказался лес.

Юстас почувствовал, что может перейти на более быстрый и решительный шаг, и вскоре вышел на опушку, оказавшись перед крутым склоном. Подниматься по сухой траве было трудно, но, действуя руками и ногами, пыхтя и то и дело утирая лоб, он продолжал путь. Кстати, это свидетельствует о том, что новая, непривычная для него жизнь пошла ему на пользу: прежний Юстас, который во всем полагался на родителей, сдался бы через десять минут.

Slowly, and with several rests, he reached the ridge. Here he had expected to have a view into the heart of the island, but the clouds had now come lower and nearer and a sea of fog was rolling to meet him. He sat down and looked back. He was now so high that the bay looked small beneath him and miles of sea were visible. Then the fog from the mountains closed in all round him, thick but not cold, and he lay down and turned this way and that to find the most comfortable position to enjoy himself.

But he didn't enjoy himself, or not for very long. He began, almost for the first time in his life, to feel lonely. At first this feeling grew very gradually. And then he began to worry about the time. There was not the slightest sound. Suddenly it occurred to him that he might have been lying there for hours. Perhaps the others had gone! Perhaps they had let him wander away on purpose simply in order to leave him behind! He leaped up in a panic and began the descent.

At first he tried to do it too quickly, slipped on the steep grass, and slid for several feet. Then he thought this had carried him too far to the left — and as he came up he had seen precipices on that side. So he clambered up again, as near as he could guess to the place he had started from, and began the descent afresh, bearing to his right. After that things seemed to be going better. He went very cautiously, for he could not see more than a yard ahead, and there was still perfect silence all around him. It is very unpleasant to have to go cautiously when there is a voice inside you saying all the time, 'Hurry, hurry, hurry.' For every moment the terrible idea of being left behind grew stronger. If he had understood Caspian and the Pevensies at all he would have known, of course, that there was not the least chance of their doing

Медленно, с несколькими остановками, он добрался до гребня, надеясь отсюда увидеть середину острова, но облака опустились ниже и кругом стелился густой туман. Он сел и посмотрел туда, откуда пришел. С такой высоты лежавший внизу залив казался крошечным, а море простиралось на многие мили кругом. Потом туман с гор приблизился и окружил его, плотный, но не холодный, и он улегся на траву поудобнее.

Уединение почему-то не принесло Юстасу радости, а если и принесло, то ненадолго. Он ощутил одиночество — наверное, впервые в жизни, — и это ощущение пришло к нему не вдруг, а постепенно, когда понял, что до него не долетает ни малейшего звука. Ему пришло в голову, что он мог пролежать так несколько часов. Вдруг все остальные уплыли! Вдруг они позволили ему уйти только для того, чтобы оставить здесь!

В панике он вскочил и стал спускаться, но поторопился, поскользнулся на сухой траве и съехал на несколько футов. Потом он решил, что слишком отклонился влево, а поднимаясь, он видел там пропасти. Он снова вскарабкался наверх, как можно ближе к тому месту, откуда, как ему казалось, начался его путь вниз, и пошел вниз по склону, стараясь держаться правее. После этого дело пошло веселее. Спуск был легче подъема, но все равно следовало соблюдать осторожность, потому что впереди ничего не видно дальше чем на ярд, а кругом по-прежнему царила тишина. Мало приятного в том, чтобы идти осторожно, когда внутри тебя все кричит: «Скорей, скорей, скорей!» С каждой минутой жуткая мысль, что его оставили на острове, все крепла. Если бы он

any such thing. But he had persuaded himself that they were all fiends in human form.

'At last!' said Eustace as he came slithering down a slide of loose stones (scree, they call it) and found himself on the level. 'And now, where are those trees? There *is* something dark ahead. Why, I do believe the fog is clearing.'

It was. The light increased every moment and made him blink. The fog lifted. He was in an utterly unknown valley and the sea was nowhere in sight.

хорошенько подумал, то понял бы, что ни Каспиан, ни брат и сестра Певенси ни в коем случае так бы не поступили, но Юстас давно уже убедил себя, что все они изверги в человеческом образе.

— Наконец-то! — воскликнул Юстас, скатившись по каменистому склону, который называют осыпью, и оказавшись в долине. — Ну и где же все эти деревья? Впереди вроде бы виднеется что-то темное. Вроде бы туман расходится.

И действительно посветлело, только радости Юстасу это не прибавило. Он оказался в совершенно незнакомом месте, а никакого моря не было и в помине.

Chapter 6

THE ADVENTURES OF EUSTACE

At that very moment the others were washing hands and faces in the river and generally getting ready for dinner and a rest. The three best archers had gone up into the hills north of the bay and returned laden with a pair of wild goats which were now roasting over a fire. Caspian had ordered a cask of wine ashore, strong wine of Archenland which had to be mixed with water before you drank it, so there would be plenty for all. The work had gone well so far and it was a merry meal. Only after the second helping of goat did Edmund say, 'Where's that blighter Eustace?'

Meanwhile Eustace stared round the unknown valley. It was so narrow and deep, and the precipices which surrounded it so sheer, that it was like a huge pit or trench. The floor was grassy though strewn with rocks, and here and there Eustace saw black burnt patches like those you see on the sides of a railway embankment in a dry summer. About fifteen yards away from him was a pool of clear, smooth water. There was, at first, nothing else at all in the valley; not an animal, not a bird, not an insect. The sun beat down and grim peaks and horns of mountains peered over the valley's edge.

Eustace realised of course that in the fog he had come down the wrong side of the ridge, so he turned at once to see about getting back. But as soon as he had looked

Глава 6

ПРИКЛЮЧЕНИЯ ЮСТАСА

В эту самую минуту все остальные умывались в реке, собираясь поужинать и отдохнуть. Три лучших лучника направились к холмам, видневшимся к северу от залива, и вернулись с парочкой диких коз, которых теперь жарили на костре. Каспиан приказал доставить на берег бочку вина, замечательного крепкого вина из Орландии, которое полагалось смешивать с водой и только потом пить, так что его должно было с избытком хватить на всех. Работа была сделана, и за ужином царило веселье. Только после второй порции козлятины Эдмунд спросил:

— А где же этот Юстас?

А Юстас в это время пытался понять, где оказался. Долина больше походила на огромный ров или траншею из-за крутых обрывов вокруг. Дно было покрыто растительностью, но там и сям торчали скалы, а кое-где Юстас заметил темные пятна выжженной травы, похожие на те, что можно увидеть в засушливое лето на железнодорожной насыпи. На расстоянии ярдов пятнадцати виднелся пруд с прозрачной неподвижной водой. На первый взгляд в долине никого не было: ни животных, ни птиц, ни насекомых. Солнце клонилось к закату, и на краю долины виднелись мрачные вершины и пики гор.

Юстас, разумеется, понял, что в тумане спустился по другому склону горы, поэтому сразу же стал осматривать окрестности, пытаясь отыскать об-

he shuddered. Apparently he had by amazing luck found the only possible way down — a long green spit of land, horribly steep and narrow, with precipices on either side. There was no other possible way of getting back. But could he do it, now that he saw what it was really like? His head swam at the very thought of it.

He turned round again, thinking that at any rate he'd better have a good drink from the pool first. But as soon as he had turned and before he had taken a step forward into the valley he heard a noise behind him. It was only a small noise but it sounded loud in that immense silence. It froze him dead still where he stood for a second. Then he slewed round his head and looked.

At the bottom of the cliff a little on his left hand was a low, dark hole — the entrance to a cave perhaps. And out of this two thin wisps of smoke were coming. And the loose stones just beneath the dark hollow were moving (that was the noise he had heard) just as if something were crawling in the dark behind them.

Something *was* crawling. Worse still, something was coming out. Edmund or Lucy or you would have recognised it at once, but Eustace had read none of the right books. The thing that came out of the cave was something he had never even imagined — a long lead-coloured snout, dull red eyes, no feathers or fur, a long lithe body that trailed on the ground, legs whose elbows went up higher than its back like a spider's, cruel claws, bat's wings that made a rasping noise on the stones, yards of tail. And the two lines of smoke were coming from its two nostrils. He never said the word *Dragon* to himself. Nor would it have made things any better if he had.

ратный путь. Оглянувшись назад, он содрогнулся. Похоже, ему повезло: он спустился по единственно возможному пути — длинной зеленой полоске земли, ужасно крутой и узкой, с отвесными обрывами по обеим сторонам. Другого пути выбраться отсюда не было. Юстас вздрогнул: удастся ли ему пройти этой дорогой сейчас, когда увидел, на что этот путь похож? При одной мысли об этом у него закружилась голова.

Он снова огляделся, решив, что по крайней мере вдоволь напьется из пруда, но, прежде чем успел сделать хоть шаг, за спиной послышался какой-то шорох. Звук был еле слышен, но в этой поистине мертвой тишине прозвучал как гром. На секунду он замер на месте, затем потихоньку обернулся.

У подножия утеса, чуть левее того места, где стоял Юстас, виднелась темная нора — похоже, вход в пещеру, — и оттуда поднимались две тонкие струйки дыма. Камни, валявшиеся перед норой, вдруг пошевелились (этот звук он и услышал), как будто кто-то прополз в темноте.

Он в ужасе понял, что там и правда кто-то *ползет*, даже хуже того — *выползает*. Эдмунд и Люси, а возможно, и вы, сразу узнали бы, кто это, но Юстас нужных книг не читал. То, что выползало из пещеры, ему не могло присниться даже в самом страшном сне. Это была длинная, свинцового цвета морда с тусклыми красными глазками. Ни меха, ни перьев, длинное тело волочится по земле, коленки торчат вверх, как у паука, крылья — как у летучей мыши, мощные когти царапают камни, хвост длиной в несколько ярдов. А струйки дыма выползали из ноздрей. Юстас не произнес слова «дракон»,

But perhaps if he had known something about dragons he would have been a little surprised at this dragon's behaviour. It did not sit up and clap its wings, nor did it shoot out a stream of flame from its mouth. The smoke from its nostrils was like the smoke of a fire that will not last much longer. Nor did it seem to have noticed Eustace. It moved very slowly towards the pool — slowly and with many pauses. Even in his fear Eustace felt that it was an old, sad creature. He wondered if he dared make a dash for the ascent. But it might look round if he made any noise. It might come more to life. Perhaps it was only shamming. Anyway, what was the use of trying to escape by climbing from a creature that could fly?

It reached the pool and slid its horrible scaly chin down over the gravel to drink: but before it had drunk there came from it a great croaking or clanging cry and after a few twitches and convulsions it rolled round on its side and lay perfectly still with one claw in the air. A little dark blood gushed from its wide-opened mouth. The smoke from its nostrils turned black for a moment and then floated away. No more came.

For a long time Eustace did not dare to move. Perhaps this was the brute's trick, the way it lured travellers to their doom. But one couldn't wait for ever. He took a step nearer, then two steps, and halted again. The dragon remained motionless; he noticed too that the red fire had gone out of its eyes. At last he came up to it. He was quite sure now that it was dead. With a shudder he touched it; nothing happened.

а если бы и сумел, лучше ему от этого вряд ли стало бы. Но, возможно, если бы он хоть что-то знал о драконах, его удивило бы поведение этого. Он не хлопал крыльями, не пускал из пасти пламя. Дым из его ноздрей напоминал дымок костра, который скоро погаснет. А кроме того, он, казалось, не обратил на Юстаса никакого внимания, а продолжил очень медленно, с частыми остановками ползти к пруду. Несмотря на охвативший его страх, Юстас понял, что перед ним дряхлое, жалкое существо, и подумал, не рискнуть ли выбраться отсюда, но побоялся привлечь к себе его внимание. Возможно, сейчас оно просто притворяется, но вдруг проявит больше живости? Да и какой смысл пытаться удрать ползком от существа, способного летать?

Оно тем временем добралось до пруда и вытянуло страшную чешуйчатую морду, явно собираясь напиться, но, прежде чем сделало глоток, что-то в нем захрипело или лязгнуло, по телу прошли волны, и, содрогнувшись, оно перекатилось на бок и замерло, вскинув когтистую лапу. Из широко открытой пасти струйкой вытекло что-то темное — похоже, кровь. Дым из ноздрей на мгновение стал черным, потом исчез и больше не появлялся.

Юстас долго не осмеливался шевельнуться. А вдруг эта тварь только прикидывается? Может, таким образом она подманивает путников, чтобы погубить. Но ждать вечно невозможно, поэтому он сделал шаг вперед, затем еще два и снова замер. Дракон по-прежнему не двигался. Юстас заметил, что красный огонек в его глазах погас, и решился наконец подойти. Теперь было совершенно ясно: дракон мертв. Брезгливо содрогнувшись, мальчик дотронулся до него, но ничего не произошло.

The relief was so great that Eustace almost laughed out loud. He began to feel as if he had fought and killed the dragon instead of merely seeing it die. He stepped over it and went to the pool for his drink, for the heat was getting unbearable. He was not surprised when he heard a peal of thunder. Almost immediately afterwards the sun disappeared and before he had finished his drink big drops of rain were falling.

The climate of this island was a very unpleasant one. In less than a minute Eustace was wet to the skin and half blinded with such rain as one never sees in Europe. There was no use trying to climb out of the valley as long as this lasted. He bolted for the only shelter in sight — the dragon's cave. There he lay down and tried to get his breath.

Облегчение было так велико, что Юстас чуть не расхохотался, почувствовав себя вдруг победителем дракона, а не просто свидетелем его смерти. Он переступил через мертвое тело, чтобы напиться из пруда: жара стояла невыносимая. Он нисколько не удивился, услышав раскат грома. Почти сразу же потемнело, и мальчик еще пил, когда упали первые крупные капли дождя.

Климат острова нельзя было назвать приятным. За минуту Юстас промок насквозь и почти перестал что-либо видеть. Таких дождей в Европе не бывает. Пока льет дождь, выбираться из долины было бессмысленно. Юстас бросился в единственное убежище, находившееся поблизости, — в пещеру дракона, лег там и попытался отдышаться.

Most of us know what we should expect to find in a dragon's lair, but, as I said before, Eustace had read only the wrong books. They had a lot to say about exports and imports and governments and drains, but they were weak on dragons. That is why he was so puzzled at the surface on which he was lying. Parts of it were too prickly to be stones and too hard to be thorns, and there seemed to be a great many round, flat things, and it all clinked when he moved. There was light enough at the cave's mouth to examine it by. And of course Eustace found it to be what any of us could have told him in advance — treasure. There were crowns (those were the prickly things), coins, rings, bracelets, ingots, cups, plates and gems.

Eustace (unlike most boys) had never thought much of treasure but he saw at once the use it would be in this new world which he had so foolishly stumbled into through the picture in Lucy's bedroom at home. 'They don't have any tax here,' he said. 'And you don't have to give treasure to the government. With some of this stuff I could have quite a decent time here — perhaps in Calormen. It sounds the least phoney of these countries. I wonder how much I can carry? That bracelet now — those things in it are probably diamonds — I'll slip that on my own wrist. Too big, but not if I push it right up here above my elbow. Then fill my pockets with diamonds — that's easier than gold. I wonder when this infernal rain's going to let up?' He got into a less uncomfortable part of the pile, where it was mostly coins, and settled down to wait. But a bad fright, when once it is over, and especially a bad fright

Большинство из нас знают, что можно обнаружить в логове дракона, но, как я уже говорил, Юстас не читал нужных книг. В тех, что он читал, говорилось об экспорте и импорте, о правительствах и канализации, но вряд ли было что-то о драконах. Поэтому Юстас не мог понять, на чем это он лежит. Эти предметы были слишком колючими, чтобы считаться камнями, но слишком твердыми, чтобы оказаться колючками. А кроме того, круглые и плоские, они звенели, стоило ему пошевелиться. У входа в пещеру было достаточно света, и, рассмотрев предметы, Юстас понял, что это сокровища, хотя любой из нас мог сказать ему об этом заранее. Чего здесь только не было: короны (это они кололись), монеты, перстни, браслеты, золотые слитки, бокалы, блюда, драгоценные камни...

Юстас, в отличие от большинства мальчишек, никогда не мечтал найти сокровища. Но он сразу же понял, какую пользу можно извлечь из них в этом новом мире, в который попал случайно, сквозь картину в спальне Люси.

«Здесь не может существовать никакой пошлины, — сказал он себе, — не надо отдавать сокровища государству. Даже небольшой части этого добра мне хватит, чтобы довольно прилично жить где угодно — например в Тархистане. Эта страна кажется наименее скверной. Интересно, сколько я смогу унести? Вот этот браслет (наверное, камешки на нем — бриллианты) можно надеть на руку. Великоват, но ничего — сдвину к плечу повыше локтя. Карманы лучше набить тоже бриллиантами — они легче золота, и больше влезет. Когда же прекратится этот чертов дождь?»

following a mountain walk, leaves you very tired. Eustace fell asleep.

By the time he was sound asleep and snoring the others had finished dinner and become seriously alarmed about him. They shouted, 'Eustace! Eustace! Coo-ee!' till they were hoarse and Caspian blew his horn.

'He's nowhere near or he'd have heard that,' said Lucy with a white face.

'Confound the fellow,' said Edmund. 'What on earth did he want to slink away like this for?'

'But we must do something,' said Lucy. 'He may have got lost, or fallen into a hole, or been captured by savages.'

'Or killed by wild beasts,' said Drinian.

'And a good riddance if he has, *I* say,' muttered Rhince.

'Master Rhince,' said Reepicheep, 'you never spoke a word that became you less. The creature is no friend of mine but he is of the Queen's blood, and while he is one of our fellowship it concerns our honour to find him and to avenge him if he is dead.'

'Of course we've got to find him (if we *can*),' said Caspian wearily. 'That's the nuisance of it. It means a search party and endless trouble. Bother Eustace.'

Meanwhile Eustace slept and slept — and slept. What woke him was a pain in his arm. The moon was shining in at the mouth of the cave, and the bed of treasures seemed to have grown much more comfortable: in fact

Отыскав на куче сокровищ местечко поудобнее, где были монеты и ничего не кололось, Юстас сел и принялся ждать, но страх, особенно после спуска с горы, так его утомил, что он уснул.

В то время как он крепко спал, похрапывая, все остальные закончили ужин и всерьез обеспокоились его отсутствием. Они звали его, до хрипоты кричали: «Юстас! Ау! Юстас!» — а Каспиан даже трубил в свой рог.

— Его поблизости нет — иначе услышал бы нас, — побледнев, заметила Люси.

— Черт бы его побрал! — воскликнул Эдмунд. — Чего ради его куда-то понесло?

— Надо что-то делать, — сказала Люси. — Может, он заблудился, или провалился в яму, или его поймали дикари.

— Или разорвали дикие звери, — вставил Дриниан.

— Я бы сказал, счастливое избавление, — пробормотал Ринс.

— Мастер Ринс, — заметил Рипичип, — вы никогда не произносили слов, которые принижали бы вас более этих. Хоть этот тип мне и не друг, но он родственник королевы. И, поскольку мы пришли сюда вместе, для нас дело чести найти его и, если он убит, отомстить.

— Конечно, мы должны его найти, если сумеем, — устало сказал Каспиан. — Досадно, потому что это означает опять поиски и тревогу. Как же он надоел, этот Юстас.

А Юстас тем временем проснулся от боли в левой руке. В отверстие пещеры светила луна, лежать на куче сокровищ стало гораздо удобнее, почти ничего не мешало. Сначала его удивила боль, но по-

he could hardly feel it at all. He was puzzled by the pain in his arm at first, but presently it occurred to him that the bracelet which he had shoved up above his elbow had become strangely tight. His arm must have swollen while he was asleep (it was his left arm).

He moved his right arm in order to feel his left, but stopped before he had moved it an inch and bit his lip in terror. For just in front of him, and a little on his right, where the moonlight fell clear on the floor of the cave, he saw a hideous shape moving. He knew that shape: it was a dragon's claw. It had moved as he moved his hand and became still when he stopped moving his hand.

'Oh, what a fool I've been,' thought Eustace. 'Of course, the brute had a mate and it's lying beside me.'

For several minutes he did not dare to move a muscle. He saw two thin columns of smoke going up before his eyes, black against the moonlight; just as there had been smoke coming from the other dragon's nose before it died. This was so alarming that he held his breath. The two columns of smoke vanished. When he could hold his breath no longer he let it out stealthily; instantly two jets of smoke appeared again. But even yet he had no idea of the truth.

Presently he decided that he would edge very cautiously to his left and try to creep out of the cave. Perhaps the creature was asleep — and anyway it was his only chance. But of course before he edged to the left he looked to the left. Oh horror! there was a dragon's claw on that side too.

No one will blame Eustace if at this moment he shed tears. He was surprised at the size of his own tears as he

том он догадался, что это давит браслет, который он подтянул к плечу. Наверное, во сне рука отекла.

Он шевельнул правой рукой, чтобы спустить на левой браслет пониже, но в ужасе застыл, едва подвинув ее на дюйм. Прямо перед ним, чуть справа, там, где на пол пещеры падал лунный свет, он заметил какое-то движение и в тот же миг узнал отвратительную лапу дракона. Она задвигалась, когда он шевельнул рукой, и замерла, когда застыл и он.

«Ох какой же я был идиот! — подумал Юстас. — Конечно же, здесь жили две твари, и оставшаяся сейчас лежит рядом».

Несколько минут он не решался шевельнуться, наблюдал за двумя тонкими струйками дыма, поднимавшимися у него перед глазами, казавшимися черными в лунном свете. Совершенно такие же выходили из ноздрей другого дракона, перед тем как он испустил дух. Это было так тревожно, что Юстас затаил дыхание. Струйки дыма исчезли, но как только он потихонечку выдохнул, тут же появились снова.

По-прежнему ни о чем не догадываясь, он решил отодвинуться влево и попытаться выползти из пещеры. А вдруг повезет и эта тварь спит. Впрочем, в любом случае это единственная возможность. И вот, конечно, прежде чем двинуться в левую сторону, он туда посмотрел и едва не завопил от ужаса: там тоже виднелась драконья лапа.

Вряд ли кто-нибудь осудит Юстаса за то, что он все-таки не выдержал и разрыдался. И слезы его не

saw them splashing on to the treasure in front of him. They also seemed strangely hot; steam went up from them.

But there was no good crying. He must try to crawl out from between the two dragons. He began extending his right arm. The dragon's foreleg and claw on his right went through exactly the same motion. Then he thought he would try his left. The dragon limb on that side moved too.

Two dragons, one on each side, mimicking whatever he did! His nerve broke and he simply made a bolt for it.

There was such a clatter and rasping, and clinking of gold, and grinding of stones, as he rushed out of the cave that he thought they were both following him. He daren't

были обычными: на сокровища, лежавшие перед ним, падали огромные и такие горячие капли, что от них поднимался пар.

Но что толку плакать — надо попытаться проползти между этими тварями. Юстас осторожно вытянул правую руку, и лапа дракона справа в точности повторила его движение. Тогда он решил попробовать вытянуть левую, и драконья лапа слева тоже двинулась. Два дракона в точности повторяли все его движения!

Нервы Юстаса не выдержали, и он рванулся вперед. Раздался грохот и скрежет, звон монет и стук камней. Выскочив из пещеры, он не посмел даже

look back. He rushed to the pool. The twisted shape of the dead dragon lying in the moonlight would have been enough to frighten anyone but now he hardly noticed it. His idea was to get into the water.

But just as he reached the edge of the pool two things happened. First of all it came over him like a thunderclap that he had been running on all fours — and why on earth had he been doing that? And secondly, as he bent towards the water, he thought for a second that yet another dragon was staring up at him out of the pool. But in an instant he realised the truth. That dragon face in the pool was his own reflection. There was no doubt of it. It moved as he moved: it opened and shut its mouth as he opened and shut his.

He had turned into a dragon while he was asleep. Sleeping on a dragon's hoard with greedy, dragonish thoughts in his heart, he had become a dragon himself.

That explained everything. There had been no two dragons beside him in the cave. The claws to right and left had been his own right and left claws. The two columns of smoke had been coming from his own nostrils. As for the pain in his left arm (or what had been his left arm) he could now see what had happened by squinting with his left eye. The bracelet which had fitted very nicely on the upper arm of a boy was far too small for the thick, stumpy foreleg of a dragon. It had sunk deeply into his scaly flesh and there was a throbbing bulge on each side of it. He tore at the place with his dragon's teeth but could not get it off.

In spite of the pain, his first feeling was one of relief. There was nothing to be afraid of any more. He was a terror himself now and nothing in the world but a

обернуться, опасаясь, что оба дракона преследуют его, и кинулся к пруду. Скрюченное тело мертвого дракона, освещенное луной, могло напугать любого, но Юстас едва обратил на него внимание, намереваясь броситься в воду.

Едва добравшись до берега пруда, он вдруг осознал — и это обрушилось на него словно гром, — что бежит на четвереньках, но страшнее оказалось другое: нагнувшись к воде, он увидел, что из пруда на него смотрит дракон. И в эту секунду Юстас все понял: драконья морда в пруду — его собственное отражение, вне всяких сомнений. Морда двигалась синхронно с ним: открывала и закрывала рот, когда это делал он, моргала, хмурилась как он.

Юстас, пока спал, превратился в дракона. А все из-за того, что уснул на драконьих сокровищах с жадными, драконьими мыслями.

Это все объясняло. В пещере рядом с ним никого не было, а драконьи когтистые лапы были его собственными. Две струйки дыма поднимались теперь из его ноздрей, а что касается боли в левой руке — то есть бывшей левой руке, — то причину ее он разглядел, скосив левый глаз. Браслет, который отлично сидел на мальчишеской тонкой руке, оказался слишком узок для толстой передней лапы дракона, поэтому глубоко врезался в чешуйчатую плоть, а сверху и снизу около него лапа распухла. Юстас чуть сдвинул его своими драконьими зубами, но содрать так и не сумел.

Несмотря на боль, первым его ощущением было облегчение. Теперь ему больше нечего бояться. Он сам может наводить ужас, и никто в мире, кроме

knight (and not all of those) would dare to attack him. He could get even with Caspian and Edmund now —

But the moment he thought this he realised that he didn't want to. He wanted to be friends. He wanted to get back among humans and talk and laugh and share things. He realised that he was a monster cut off from the whole human race. An appalling loneliness came over him. He began to see that the others had not really been fiends at all. He began to wonder if he himself had been such a nice person as he had always supposed. He longed for their voices. He would have been grateful for a kind word even from Reepicheep.

When he thought of this the poor dragon that had been Eustace lifted up its voice and wept. A powerful dragon crying its eyes out under the moon in a deserted valley is a sight and a sound hardly to be imagined.

At last he decided he would try to find his way back to the shore. He realised now that Caspian would never have sailed away and left him. And he felt sure that somehow or other he would be able to make people understand who he was.

He took a long drink and then (I know this sounds shocking, but it isn't if you think it over) he ate nearly all the dead dragon. He was half-way through it before he realised what he was doing; for, you see, though his mind was the mind of Eustace, his tastes and his digestion were dragonish. And there is nothing a dragon likes so well as fresh dragon. That is why you so seldom find more than one dragon in the same county.

Then he turned to climb out of the valley. He began the climb with a jump and as soon as he jumped he found that he was flying. He had quite forgotten about his wings

рыцаря (и то не каждого), не осмелится напасть на него. Теперь он посчитается и с Каспианом, и с Эдмундом...

Едва эта мысль пришла ему в голову, Юстас вдруг понял, что хочет вовсе не этого, а хочет дружить, хочет вернуться к людям, болтать и смеяться, участвовать во всех делах. Он осознал, что стал чудовищем. Это отделило его от людей — и он ощутил ужасное одиночество. Юстас начал понимать, что все остальные вовсе не были извергами, и стал думать, был ли он сам так хорош, как ему всегда казалось. И так он затосковал по их голосам, что был бы благодарен за доброе слово даже из уст Рипичипа.

От этих мыслей бедный дракон, который когда-то был Юстасом, заплакал. Мощный дракон, рыдающий в голос под луной в безлюдной долине, — такое зрелище трудно себе представить, а звуки — вообразить.

Наконец он решил попытаться найти обратную дорогу. Теперь он понимал, что Каспиан не уплывет без него, и был уверен, что тем или иным образом сумеет дать людям понять, кто он.

Как следует напившись, затем (я понимаю, для вас это ужасно, но если подумать — ничего особенного) он съел почти всего мертвого дракона, хотя и не сразу понял, что делает, потому что разум у него остался свой, Юстаса, а вкус и пищеварение стали драконьими. А кто читал нужные книжки, тот знает, что драконы больше всего любят свежее драконье мясо, поэтому где-либо редко можно встретить больше одного дракона.

Потом, решив выбраться из долины, он начал взбираться вверх прыжками и тут же обнаружил, что умеет летать. Он совершенно забыл о своих кры-

and it was a great surprise to him — the first pleasant surprise he had had for a long time. He rose high into the air and saw innumerable mountain-tops spread out beneath him in the moonlight. He could see the bay like a silver slab and the *Dawn Treader* lying at anchor and camp fires twinkling in the woods beside the beach. From a great height he launched himself down towards them in a single glide.

Lucy was sleeping very sound for she had sat up till the return of the search party in hope of good news about Eustace. It had been led by Caspian and had come back late and weary. Their news was disquieting. They had found no trace of Eustace but had seen a dead dragon in a valley. They tried to make the best of it and everyone assured everyone else that there were not likely to be more dragons about, and that one which was dead at about three o'clock that afternoon (which was when they had seen it) would hardly have been killing people a very few hours before.

'Unless it ate the little brat and died of him: he'd poison anything,' said Rhince. But he said this under his breath and no one heard it.

But later in the night Lucy was waked, very softly, and found the whole company gathered close together and talking in whispers.

'What is it?' said Lucy.

'We must all show great constancy,' Caspian was saying. 'A dragon has just flown over the tree-tops and lighted on the beach. Yes, I am afraid it is between us and the ship. And arrows are no use against dragons. And they're not at all afraid of fire.'

'With your Majesty's leave — ' began Reepicheep.

льях, и это стало для него сюрпризом — первым приятным сюрпризом за долгое время.

Дракон поднялся высоко в воздух и увидел внизу множество горных вершин, освещенных луной, увидел и залив, похожий на слиток серебра, и «Покорителя зари», стоявшего на якоре, и костры, мерцавшие в лесу рядом на побережье. Вот туда он и скользнул с большой высоты.

Люси крепко спала, потому что долго дожидалась, пока вернется поисковая группа, надеясь услышать добрые вести о Юстасе. Группу возглавлял Каспиан, вернулась она поздно, все совершенно измотались, но никаких следов Юстаса не обнаружили, хотя и видели в долине мертвого дракона. Они пытались держаться и объясняли друг другу, что вряд ли здесь есть еще драконы, а этот в три часа дня, когда они его увидели, был уже мертв и не сумел бы убить человека за несколько часов до собственной смерти.

— Если только он не сожрал этого паршивца и не сдох именно от этого: парень мог отравить кого угодно, — буркнул Ринс себе под нос, так что никто не услышал.

Поздно ночью Люси вдруг проснулась и увидела всю компанию: никто не спал, все сидели близко друг к другу и о чем-то перешептывались.

— Что-то случилось? — спросила Люси.

— Нам всем нужно сохранять спокойствие, — произнес Каспиан. — Только что над деревьями пролетел дракон и опустился на берег. Да, боюсь, что он оказался между нами и кораблем. Стрелы против дракона бесполезны, да и огня они совсем не боятся.

— Если ваше величество позволит... — начал Рипичип.

'No, Reepicheep,' said the King very firmly, 'you are not going to attempt a single combat with it. And unless you promise to obey me in this matter I'll have you tied up. We must just keep close watch and, as soon as it is light, go down to the beach and give it battle. I will lead. King Edmund will be on my right and the Lord Drinian on my left. There are no other arrangements to be made. It will be light in a couple of hours. In an hour's time let a meal be served out and what is left of the wine. And let everything be done silently.'

'Perhaps it will go away,' said Lucy.

'It'll be worse if it does,' said Edmund, 'because then we shan't know where it is. If there's a wasp in the room I like to be able to see it.'

The rest of the night was dreadful, and when the meal came, though they knew they ought to eat, many found that they had very poor appetites. And endless hours seemed to pass before the darkness thinned and birds began chirping here and there and the world got colder and wetter than it had been all night and Caspian said, 'Now for it, friends.'

They got up, all with swords drawn, and formed themselves into a solid mass with Lucy in the middle and Reepicheep on her shoulder. It was nicer than the waiting about and everyone felt fonder of everyone else than at ordinary times. A moment later they were marching. It grew lighter as they came to the edge of the wood. And there on the sand, like a giant lizard, or a flexible crocodile, or a serpent with legs, huge and horrible and humpy, lay the dragon.

But when it saw them, instead of rising up and blowing fire and smoke, the dragon retreated — you could almost say it waddled — back into the shallows of the bay.

— Нет! — очень твердо ответил король. — Даже не пытайся драться с ним. И если ты не дашь мне слово повиноваться, я прикажу связать тебя. Мы будем пристально за ним наблюдать, а как только рассветет, спустимся на берег и сразимся с ним. Я поведу. Король Эдмунд пойдет справа от меня, а лорд Дриниан — слева. Другого построения не будет. Часа через два рассветет, а через час будет подана еда и оставшееся вино. И все должно делаться бесшумно.

— Может, он улетит, — с надеждой сказала Люси.

— Это было бы хуже всего, — ответил Эдмунд, — потому что тогда мы не будем знать, где он. Если в комнате оса, я предпочитаю ее видеть.

Остаток ночи прошел ужасно, и когда был готов завтрак, все, хоть и знали, что необходимо подкрепиться, ели без аппетита. И потянулись бесконечные минуты до рассвета, пока не начали щебетать птицы, а воздух не стал более холодным и сырым, чем ночью.

— Пора, друзья! — наконец скомандовал Каспиан.

Все поднялись, обнажили шпаги и построились плотной группой, причем Люси поставили в середину, а Рипичип сидел у нее на плече. Наступать было лучше, чем ждать, и каждый из них испытывал нежность ко всем остальным. Через минуту они двинулись, а когда подошли к опушке леса, стало совсем светло. На песке, словно огромная ящерица, или гибкий крокодил, или змея с ногами, лежал дракон, огромный, ужасный и сгорбленный. И вот, увидев их, дракон, вместо того чтобы подняться и дохнуть на них огнем и дымом, отступил, можно сказать — вразвалочку, на мелководье залива.

'What's it wagging its head like that for?' said Edmund.

'And now it's nodding,' said Caspian.

'And there's something coming from its eyes,' said Drinian.

'Oh, can't you see,' said Lucy. 'It's crying. Those are tears.'

'I shouldn't trust to that, Ma'am,' said Drinian. 'That's what crocodiles do, to put you off your guard.'

'It wagged its head when you said that,' remarked Edmund. 'Just as if it meant "No". Look, there it goes again.'

'Do you think it understands what we're saying?' asked Lucy.

The dragon nodded its head violently.

Reepicheep slipped off Lucy's shoulder and stepped to the front.

'Dragon,' came his shrill voice, 'can you understand speech?'

The dragon nodded.

'Can you speak?'

It shook its head.

'Then,' said Reepicheep, 'it is idle to ask you your business. But if you will swear friendship with us raise your left foreleg above your head.'

It did so, but clumsily because that leg was sore and swollen with the golden bracelet.

'Oh look,' said Lucy, 'there's something wrong with its leg. The poor thing — that's probably what it was crying about. Perhaps it came to us to be cured like in *Androcles and the Lion*.'

— Что это он так качает головой? — удивился Эдмунд.

— А теперь кивает, — сказал Каспиан.

— И что-то течет у него из глаз, — добавил Дриниан.

— Разве вы не видите? — воскликнула Люси. — Он плачет. Это слезы.

— Я бы не доверял этому, госпожа, — предостерег Дриниан. — Крокодилы тоже плачут, чтобы усыпить нашу бдительность.

— Он покачал головой, когда вы говорили это, — заметил Эдмунд. — Как будто хотел сказать «нет». Посмотрите, вот опять.

— Может, он понимает, о чем мы говорим? — предположила Люси.

Дракон бешено закивал, а Рипичип соскользнул с плеча Люси, вышел вперед и высоким пронзительным голосом спросил:

— Дракон, ты понимаешь речь?

Дракон кивнул.

— И говорить можешь?

Он отрицательно покачал головой.

— В таком случае, — заключил Рипичип, — бессмысленно расспрашивать, что тебе нужно. Поклянись, что пришел с дружескими намерениями, и мы тебя не тронем. Если согласен, подними над головой левую лапу.

Дракон поднял лапу, но неуклюже, потому что она была опухшей и болела из-за золотого браслета.

— Посмотрите, — заметила Люси, — у него что-то с лапой. Бедняга. Наверное, поэтому он и плачет. Может, он пришел к нам, как лев к Андроклу, чтобы мы его вылечили?

'Be careful, Lucy,' said Caspian. 'It's a very clever dragon but it may be a liar.'

Lucy had, however, already run forward, followed by Reepicheep, as fast as his short legs could carry him, and then of course the boys and Drinian came, too.

'Show me your poor paw,' said Lucy, 'I might be able to cure it.'

The dragon-that-had-been-Eustace held out its sore leg gladly enough, remembering how Lucy's cordial had cured him of sea-sickness before he became a dragon. But he was disappointed. The magic fluid reduced the swelling and eased the pain a little but it could not dissolve the gold.

Everyone had now crowded round to watch the treatment, and Caspian suddenly exclaimed, 'Look!' He was staring at the bracelet.

— Осторожнее, Люси, — предупредил Каспиан. — Это очень умный дракон — может и обмануть.

Но Люси бросилась вперед, а за ней — Рипичип, едва поспевая на своих коротких ножках, а следом за ним, разумеется, мальчики и Дриниан.

— Покажи мне свою больную лапу, — попросила Люси. — Может, я сумею тебе помочь.

Дракон, который прежде был Юстасом, с радостью протянул ей лапу, потому что помнил, как целебный бальзам Люси вылечил его от морской болезни, но его ждало разочарование. Волшебная жидкость уменьшила опухоль и слегка облегчила боль, но растворить золото не смогла.

Все столпились вокруг, наблюдая за процессом, как вдруг Каспиан, разглядывавший браслет, воскликнул:

— Смотрите!

Chapter 7

HOW THE ADVENTURE ENDED

'Look at what?' said Edmund.

'Look at the device on the gold,' said Caspian.

'A little hammer with a diamond above it like a star,' said Drinian. 'Why, I've seen that before.'

'Seen it!' said Caspian. 'Why, of course you have. It is the sign of a great Narnian house. This is the Lord Octesian's arm-ring.'

'Villain,' said Reepicheep to the dragon, 'have you devoured a Narnian lord?' But the dragon shook his head violently.

'Or perhaps,' said Lucy, 'this is the Lord Octesian, turned into a dragon — under an enchantment, you know.'

'It needn't be either,' said Edmund. 'All dragons collect gold. But I think it's a safe guess that Octesian got no further than this island.'

'Are you the Lord Octesian?' said Lucy to the dragon, and then, when it sadly shook its head, 'Are you someone enchanted — someone human, I mean?'

Глава 7

ЧЕМ ЗАКОНЧИЛИСЬ
ПРИКЛЮЧЕНИЯ ЮСТАСА

— На что? — удивился Эдмунд.

— На эмблему на браслете, — пояснил Каспиан.

— Молоточек, а над ним бриллиант, словно звезда, — медленно проговорил Дриниан, словно вспоминая. — Да, я видел это раньше.

— Еще бы не видел! — воскликнул Каспиан. — Конечно, ты видел! Это эмблема славного нарнийского рода, а браслет принадлежал лорду Октезиану.

— Злодей! — накинулся Рипичип на дракона. — Это ты сожрал нарнийского лорда?

Но дракон что есть силы тряс головой, явно не соглашаясь с обвинением.

— А может, — предположила Люси, — это и есть лорд Октезиан, обращенный в дракона — с помощью волшебства, конечно.

— Необязательно, — возразил Эдмунд. — Всем известно, что драконы повсюду собирают золото. Но я думаю, было бы правильно предположить, что Октезиан добрался не дальше этого острова.

— Ты лорд Октезиан? — с надеждой обратилась Люси к дракону, а когда он печально покачал головой, спросила: — Может, ты заколдован? То есть, я хочу сказать, ты человек?

It nodded violently.

And then someone said — people disputed afterwards whether Lucy or Edmund said it first — 'You're not — not Eustace by any chance?'

And Eustace nodded his terrible dragon head and thumped his tail in the sea and everyone skipped back (some of the sailors with ejaculations I will not put down in writing) to avoid the enormous and boiling tears which flowed from his eyes.

Lucy tried hard to console him and even screwed up her courage to kiss the scaly face, and nearly everyone said 'Hard luck' and several assured Eustace that they would all stand by him and many said there was sure to be some way of disenchanting him and they'd have him as right as rain in a day or two. And of course they were all very anxious to hear his story, but he couldn't speak. More than once in the days that followed he attempted to write it for them on the sand. But this never succeeded. In the first place Eustace (never having read the right books) had no idea how to tell a story straight. And for another thing, the muscles and nerves of the dragon-claws that he had to use had never learned to write and were not built for writing anyway. As a result he never got nearly to the end before the tide came in and washed away all the writing except the bits he had already trodden on or accidentally swished out with his tail. And all that anyone had seen would be something like this — the dots are for the bits he had smudged out —

I WNET TO SLEE ... RGOS AGRONS I MEAN DRANGONS CAVE CAUSE ITWAS DEAD AND AINIG SO HAR ... WOKE UP AND COU ... GET OFFF MI ARM OH BOTHER .

Дракон неистово закивал, и кто-то вдруг спросил (потом все спорили кто: Люси или Эдмунд):

— А ты, случайно, не Юстас?

И Юстас, кивнув своей ужасной драконьей головой, так стукнул хвостом по воде, что все отскочили (кое-кто из матросов с такими восклицаниями, которые здесь приводить как-то неловко), чтобы не ошпариться огромными кипящими слезами, что катились из его глаз.

Люси изо всех сил старалась утешить его и даже поцеловала в покрытую чешуей морду, и каждый сказал «не повезло», и некоторые уверили, что готовы поддержать, а другие сказали, что уверены: Юстаса можно расколдовать — через день-два он станет прежним. И разумеется, всем не терпелось услышать его историю, но говорить он, к сожалению, не мог. Он не раз пытался написать о своих приключениях на песке, но и это никак не удавалось. Прежде всего Юстас не имел представления (он же не читал нужных книг) о том, как рассказать историю, а другая причина заключалась в том, что мышцы и нервы драконьих лап не были приспособлены для письма. В результате он никогда не добирался до конца, прежде чем начинался прилив и смывал все написанное, а часть слов он затаптывал сам или случайно стирал взмахом хвоста. И увидеть было можно только что-то наподобие (точки поставлены вместо тех слов, которые он смазал):

«Я вшел в пеще... ракон аркон то есть дркона пту-му что он умер и шел сильн ождь... проснулся и... рука болела...»

It was, however, clear to everyone that Eustace's character had been rather improved by becoming a dragon. He was anxious to help. He flew over the whole island and found that it was all mountainous and inhabited only by wild goats and droves of wild swine. Of these he brought back many carcases as provisions for the ship. He was a very humane killer too, for he could dispatch a beast with one blow of his tail so that it didn't know (and presumably still doesn't know) it had been killed. He ate a few himself, of course, but always alone, for now that he was a dragon he liked his food raw but he could never bear to let the others see him at his messy meals. And one day, flying slowly and wearily but in great triumph, he bore back to camp a great tall pine tree which he had torn up by the roots in a distant valley and which could be made into a capital mast. And in the evening if it turned chilly, as it sometimes did after the heavy rains, he was a comfort to everyone, for the whole party would come and sit with their backs against his hot sides and get well warmed and dried; and one puff of his fiery breath would light the most obstinate fire. Sometimes he would take a select party for a fly on his back, so that they could see wheeling below them the green slopes, the rocky heights, the narrow pit-like valleys, and far out over the sea to the eastward a spot of darker blue on the blue horizon which might be land.

The pleasure (quite new to him) of being liked and, still more, of liking other people, was what kept Eustace from despair. For it was very dreary being a dragon. He shuddered whenever he caught sight of his own reflection as he flew over a mountain lake. He hated the huge batlike wings, the saw-edged ridge on his back, and the cruel curved claws. He was almost afraid to be alone with himself and yet he was ashamed to be with the others.

Тем не менее никто не сомневался, что характер Юстаса, ставшего драконом, заметно улучшился. Теперь он всем готов был помочь. Облетев остров, он обнаружил, что в горах водятся дикие козы и кабаны, и стал притаскивать туши животных для путешественников и чтобы пополнить припасы на корабле. К тому же убивал он их очень гуманно, одним ударом хвоста, так что они ничего не успевали почувствовать. Разумеется, он и сам съедал несколько штук, но всегда в одиночестве: ведь теперь он дракон, а драконы предпочитают сырое мясо, — и допустить, чтобы кто-нибудь видел его неопрятную трапезу, не мог. Однажды он даже торжественно притащил в лагерь высокую сосну, которую вырвал с корнем в отдаленной долине, чтобы матросы изготовили новую мачту. А вечерами, когда становилось прохладно, как всегда бывает после сильных дождей, он брал на себя роль теплого одеяла для всех, потому что путешественники приходили погреться о его горячие бока и обсохнуть, а один его огненный выдох мог разжечь любой костер. Иногда он сажал нескольких человек к себе на спину и летал с ними по острову, давая возможность полюбоваться зелеными склонами, высокими скалами, узкими, похожими на рвы, долинами и далеко в море, на востоке, пятном темно-синего цвета на голубом горизонте, которое могло означать землю.

Удовольствие (совсем новое для него) нравиться людям и, даже в большей степени, ощущение, что и ему нравятся люди, удерживало Юстаса от отчаяния, потому что быть драконом оказалось печально. Он вздрагивал, случайно увидев свое отражение, когда пролетал над горным озером; терпеть не мог огромные крылья на спине, похожие на те, что у летучей мыши, и свои ужасные кривые когти; боялся оста-

On the evenings when he was not being used as a hot-water bottle he would slink away from the camp and lie curled up like a snake between the wood and the water. On such occasions, greatly to his surprise, Reepicheep was his most constant comforter. The noble Mouse would creep away from the merry circle at the camp-fire and sit down by the dragon's head, well to the windward to be out of the way of his smoky breath. There he would explain that what had happened to Eustace was a striking illustration of the turn of Fortune's wheel, and that if he had Eustace at his own house in Narnia (it was really a hole not a house and the dragon's head, let alone his body, would not have fitted in) he could show him more than a hundred examples of emperors, kings, dukes, knights, poets, lovers, astronomers, philosophers, and magicians, who had fallen from prosperity into the most distressing circumstances, and of whom many had recovered and lived happily ever afterwards. It did not, perhaps, seem so very comforting at the time, but it was kindly meant and Eustace never forgot it.

But of course what hung over everyone like a cloud was the problem of what to do with their dragon when they were ready to sail. They tried not to talk of it when he was there, but he couldn't help overhearing things like, 'Would he fit all along one side of the deck? And we'd have to shift all the stores to the other side down below so as to balance,' or, 'Would towing him be any good?' or 'Would he be able to keep up by flying?' and (most often of all), 'But how are we to feed him?' And poor Eustace realised more and more that since the first day he came on board he had been an unmitigated nuisance and that he was now a greater nuisance still. And this ate into his mind, just as that bracelet ate into his foreleg. He knew

ваться один, но при этом стыдился окружающих. По вечерам, если его не использовали как грелку, он потихоньку уходил из лагеря и сворачивался, словно змея, между лесом и водой. В таких случаях, что удивительно, утешать его чаще других приходил Рипичип. Благородная мышь покидала веселую компанию, сидевшую вокруг лагерного костра, и садилась около головы дракона, с наветренной стороны, чтобы не ощущать дыма из его ноздрей. В случившемся с Юстасом Рипичип видел поразительную иллюстрацию того, как может повернуться колесо Фортуны, и говорил, что если бы принимал его в своем доме в Нарнии (вообще-то это был не дом, а нора, куда не влезла бы даже голова дракона, не говоря уже о теле), то привел бы более сотни примеров, когда процветающие императоры, короли, герцоги, рыцари, поэты, любовники, астрономы, философы и волшебники попадали в самые неблагоприятные обстоятельства, но затем оправлялись и жили счастливо. Это, возможно, звучало не очень утешительно, но Юстас всегда помнил, что слова Рипичипа шли от самого сердца.

Разумеется, надо всеми, словно туча, висел вопрос, что делать с драконом, когда они будут готовы плыть дальше. Все старались не говорить при нем об этом, но иногда до него доносились фразы вроде: «Уместится ли он вдоль одного борта? Тогда придется перетащить весь наш багаж в трюме к другому борту для равновесия», — или: «Нельзя ли его тянуть на буксире?» — или: «А он не сможет все время лететь?» — но чаще всего говорили: «Как же мы его прокормим?» И бедняга Юстас все отчетливее понимал, что, оказавшись на корабле, он с самого первого дня был явной помехой для всех, а сейчас стал еще большей. И это въелось в его сознание, со-

that it only made it worse to tear at it with his great teeth, but he couldn't help tearing now and then, especially on hot nights.

About six days after they had landed on Dragon Island Edmund happened to wake up very early one morning. It was just getting grey so that you could see the tree-trunks if they were between you and the bay but not in the other direction. As he woke he thought he heard something moving, so he raised himself on one elbow and looked about him: and presently he thought he saw a dark figure moving on the seaward side of the wood. The idea that at once occurred to his mind was, 'Are we so sure there are no natives on this island after all?' Then he thought it was Caspian — it was about the right size — but he knew that Caspian had been sleeping next to him and could see that he hadn't moved. Edmund made sure that his sword was in its place and then rose to investigate.

He came down softly to the edge of the wood and the dark figure was still there. He saw now that it was too small for Caspian and too big for Lucy. It did not run away. Edmund drew his sword and was about to challenge the stranger when the stranger said in a low voice, 'Is that you, Edmund?'

'Yes. Who are you?' said he.

'Don't you know me?' said the other. 'It's me — Eustace.'

'By jove,' said Edmund, 'so it is. My dear chap — '

'Hush,' said Eustace and lurched as if he were going to fall.

'Hello!' said Edmund, steadying him. 'What's up? Are you ill?'

всем как браслет в лапу. Он знал, что, если теребить его огромными зубищами, будет только хуже, но не мог сдержаться и время от времени пытался стащить его, особенно жаркими ночами.

Через шесть дней после их высадки на Драконий остров Эдмунд проснулся неожиданно рано. Едва начало светать. Уже можно было различить стволы деревьев между лагерем и заливом, но в глубине острова еще было темно. А проснулся он потому, что вроде бы слышал какие-то шорохи, поэтому приподнялся на локте и осмотрелся. Через минуту ему почудилось, что по опушке леса двигается темная фигура. Он сразу подумал: «Может, неправда, что на этом острове нет аборигенов?» Затем решил, что это Каспиан — тот примерно того же роста, — хотя знал, что Каспиан рядом спит, на своем месте. Эдмунд прихватил шпагу и отправился на разведку.

Когда крадучись он подошел к лесу, темная фигура все еще была там. Сейчас Эдмунд хорошо видел, что этот человек меньше Каспиана, но больше Люси, и вовсе не собирается убегать. Со шпагой наготове он уже готов был бросить вызов незнакомцу, но тот вдруг тихо спросил:

— Это ты, Эдмунд?

— Да. А ты кто?

— Ты не узнаешь меня? Это я, Юстас..

— Боже! И правда ты. Как я рад...

— Тише, — прервал его Юстас и пошатнулся, словно его не держали ноги.

Эдмунд подскочил к нему и подставил плечо.

— Эй, что с тобой? Тебе плохо?

Eustace was silent for so long that Edmund thought he was fainting; but at last he said, 'It's been ghastly. You don't know ... but it's all right now. Could we go and talk somewhere? I don't want to meet the others just yet.'

'Yes, rather, anywhere you like,' said Edmund. 'We can go and sit on the rocks over there. I say, I *am* glad to see you — er — looking yourself again. You must have had a pretty beastly time.'

They went to the rocks and sat down looking out across the bay while the sky got paler and paler and the stars disappeared except for one very bright one low down and near the horizon.

'I won't tell you how I became a — a dragon till I can tell the others and get it all over,' said Eustace. 'By the way, I didn't even know it *was* a dragon till I heard you all using the word when I turned up here the other morning. I want to tell you how I stopped being one.'

'Fire ahead,' said Edmund.

'Well, last night I was more miserable than ever. And that beastly arm-ring was hurting like anything — '

'Is that all right now?'

Eustace laughed — a different laugh from any Edmund had heard him give before — and slipped the bracelet easily off his arm. 'There it is,' he said, 'and anyone who likes can have it as far as I'm concerned. Well, as I say, I was lying awake and wondering what on earth would become of me. And then — but, mind you, it may have been all a dream. I don't know.'

Юстас долго молчал, и Эдмунду уже показалось, что он потерял сознание, когда раздался наконец его голос:

— Это было страшно. Ты не поймешь... но теперь все в порядке. Мы можем куда-нибудь пойти поговорить? Мне пока не хочется встречаться с остальными.

— Да, конечно, куда угодно — да хоть вон на те скалы. И еще хочу сказать, что очень рад тебя видеть — ну, когда ты снова выглядишь как обычно. Наверное, это было трудное для тебя время.

Они направились к скалам и уселись там, глядя на залив и постепенно светлеющее небо с исчезающими одна за другой звездами. И только одна, яркая, лишь спустилась ниже к горизонту, но осталась светить.

— Я не стану рассказывать тебе одному, как стал... драконом, это потом, сразу всем, чтобы покончить с этим, — сказал Юстас. — Кстати, я даже не понимал, что я дракон, пока не услышал, когда вернулся сюда утром, как вы произносите это слово. А вот как снова обрел человечье обличье — расскажу.

— Начинай.

— В прошлую ночь я чувствовал себя несчастным больше, чем обычно. Да еще из-за этого чертова браслета все болело...

— А сейчас прошло?

Юстас засмеялся — совсем не так, как привык слышать Эдмунд, и браслет легко соскочил с его руки.

— Вот он, и любой, кому захочется, может забрать его себе. Я уже говорил, что лежал без сна и раздумывал, что же будет со мной дальше. И тогда... — Он помолчал, прежде чем продолжить: — Но имей в виду: это все мог быть просто сон. Я не знаю.

'Go on,' said Edmund, with considerable patience.

'Well, anyway, I looked up and saw the very last thing I expected: a huge lion coming slowly towards me. And one queer thing was that there was no moon last night, but there was moonlight where the lion was. So it came nearer and nearer. I was terribly afraid of it. You may think that, being a dragon, I could have knocked any lion out easily enough. But it wasn't that kind of fear. I wasn't afraid of it eating me, I was just afraid of *it* — if you can understand. Well, it came close up to me and looked straight into my eyes. And I shut my eyes tight. But that wasn't any good because it told me to follow it.'

'You mean it spoke?'

'I don't know. Now that you mention it, I don't think it did. But it told me all the same. And I knew I'd have to do what it told me, so I got up and followed it. And it led me a long way into the mountains. And there was always this moonlight over and round the lion wherever we went. So at last we came to the top of a mountain I'd never seen before and on the top of this mountain there was a garden — trees and fruit and everything. In the middle of it there was a well.

'I knew it was a well because you could see the water bubbling up from the bottom of it: but it was a lot bigger than most wells — like a very big, round bath with marble steps going down into it. The water was as clear as anything and I thought if I could get in there and bathe it would ease the pain in my leg. But the lion told me I must undress first. Mind you, I don't know if he said any words out loud or not.

— Давай дальше, — попросил Эдмунд, набираясь терпения.

— Ну что же, ладно. Я поднял взгляд и увидел то, чего совершенно не ожидал: ко мне медленно приближался огромный лев. К тому же была одна странность: ведь вчерашняя ночь выдалась безлунной, а лев казался серебристым, будто от лунного света. Он подходил все ближе, и я ужасно испугался. Ты, может, думаешь, что я, дракон, без труда мог бы справиться с любым львом, но это был другой страх, какой-то благоговейный. Я боялся не его зубов, а его самого — если ты понимаешь, о чем я. Он подошел ко мне совсем близко и посмотрел в глаза, а я крепко зажмурился, хотя это было ни к чему, потому что он приказал мне следовать за ним.

— То есть он говорил?

— Не знаю. Теперь, когда ты спросил, я думаю, что нет, но тем не менее приказал. И я знал, что должен повиноваться, поэтому встал и пошел. И он повел меня долгим путем в горы. Странно, но, где бы мы ни шли, всюду льва заливал лунный свет. И вот наконец мы оказались на вершине горы, которой я никогда раньше не видел. Там был сад — деревья, плоды и все прочее, — а в самом центре колодец. Я понял, что это колодец, потому что было видно, как вода бьет ключом с его дна, но этот оказался гораздо больше, чем другие, и походил на большую круглую ванну с мраморными ступенями, которые вели в его глубину. Вода была прозрачная, и я подумал, что, если окунусь в него, лапа перестанет болеть, но лев сказал, что мне нужно сначала раздеться. Не забудь: я не уверен, что он произнес хоть слово.

'I was just going to say that I couldn't undress because I hadn't any clothes on when I suddenly thought that dragons are snaky sort of things and snakes can cast their skins. Oh, of course, thought I, that's what the lion means. So I started scratching myself and my scales began coming off all over the place. And then I scratched a little deeper and, instead of just scales coming off here and there, my whole skin started peeling off beautifully, like it does after an illness, or as if I was a banana. In a minute or two I just stepped out of it. I could see it lying there beside me, looking rather nasty. It was a most lovely feeling. So I started to go down into the well for my bathe.

'But just as I was going to put my feet into the water I looked down and saw that they were all hard and rough and wrinkled and scaly just as they had been before. Oh, that's all right, said I, it only means I had another smaller suit on underneath the first one, and I'll have to get out of it too. So I scratched and tore again and this under skin peeled off beautifully and out I stepped and left it lying beside the other one and went down to the well for my bathe.

'Well, exactly the same thing happened again. And I thought to myself, oh dear, how ever many skins have I got to take off? For I was longing to bathe my leg. So I scratched away for the third time and got off a third skin, just like the two others, and stepped out of it. But as soon as I looked at myself in the water I knew it had been no good.

Я собирался объяснить, что не могу раздеться, потому что на мне нет одежды, но вдруг подумал, что драконы в родстве со змеями, а змеи могут сбрасывать кожу. Наверняка лев именно это и имел в виду. И я принялся царапать себя, засыпал все вокруг чешуей. Когда она наконец исчезла, я стал царапать чуть глубже, и вслед за чешуей с меня, словно с банана, полезла шкура. Через минуту-другую я вылез из нее совсем. Шкура лежала у моих ног и выглядела омерзительно. Чувство, которое я испытал, прежде чем направиться к колодцу, чтобы искупаться, не передать словами. Но когда я собрался окунуться, я увидел свое отражение. Шкура была такая же грубая, морщинистая, чешуйчатая. Ничего, подумал я, наверное, это еще одна, нижняя, сниму и ее. Я снова стал чесаться и скрестись, и нижняя шкура сошла не хуже верхней. Я положил ее рядом и снова двинулся по ступеням.

Собираясь опустить ноги в воду, я взглянул вниз и увидел, что они такие же костлявые, грубые, сморщенные и чешуйчатые, как были прежде. «Ну и ладно, — сказал я себе. — Это значит, что у меня внизу другая одежка, поменьше размером, и мне нужно сбросить и ее». Я снова принялся царапать и рвать, и эта нижняя шкура тоже сползла, я вылез из нее, оставил лежать рядом с первой и пошел к колодцу.

И все повторилось. Тогда я подумал: сколько же еще шкур придется содрать, прежде чем я смогу погрузить в воду свою лапу? Содрал и сбросил я и третью шкуру, но, взглянув на себя в воде, понял, что это не помогло.

'Then the lion said — but I don't know if it spoke — "You will have to let me undress you." I was afraid of his claws, I can tell you, but I was pretty nearly desperate now. So I just lay flat down on my back to let him do it.

'The very first tear he made was so deep that I thought it had gone right into my heart. And when he began pulling the skin off, it hurt worse than anything I've ever felt. The only thing that made me able to bear it was just the pleasure of feeling the stuff peel off. You know — if you've ever picked the scab of a sore place. It hurts like billy-oh but it *is* fun to see it coming away.'

'I know exactly what you mean,' said Edmund.

'Well, he peeled the beastly stuff right off — just as I thought I'd done it myself the other three times, only they hadn't hurt — and there it was lying on the grass: only ever so much thicker, and darker, and more knobbly-looking than the others had been. And there was I as smooth and soft as a peeled switch and smaller than I had been. Then he caught hold of me — I didn't like that much for I was very tender underneath now that I'd no skin on — and threw me into the water. It smarted like anything but only for a moment. After that it became perfectly delicious and as soon as I started swimming and splashing I found that all the pain had gone from my arm. And then I saw why. I'd turned into a boy again. You'd think me simply phoney if I told you how I felt about my own arms. I know they've no muscle and are pretty mouldy compared with Caspian's, but I was so glad to see them.

'After a bit the lion took me out and dressed me —'

'Dressed you? With his paws?'

Тогда лев сказал (хотя я и не уверен, что он произносил эти слова): «Ты должен позволить мне раздеть тебя». Должен признаться, я жутко боялся его когтей, но поскольку был близок к отчаянию, все же лег на спину и приготовился терпеть адскую боль.

Первый рывок был такой глубокий, словно когти льва ухватили меня за сердце. И когда он начал сдирать с меня шкуру, от боли я едва не терял сознание. Единственное, что давало мне силы вынести это, — осознание, что кожа сдирается. Знаешь, это как сдирать корку с заживающей ранки: больно, но в то же время забавно видеть, как появляется новая нежная кожица.

— Я тебя понимаю, — сказал Эдмунд.

— Да, он содрал всю эту ужасную шкуру — так же как я сам сдирал три раза, только тогда не было больно, — и вот она лежала на траве, толще, темнее и узловатее, чем те, прежние. А я был гладкий, как ободранный прутик, и даже стал, кажется, меньше ростом, чем себя помнил. Затем он схватил меня — что мне не понравилось, потому что, лишившись шкуры, я стал очень чувствительным, — и бросил в воду. В первый момент я почувствовал жгучую боль, а потом вода стала просто восхитительной, и я плавал и плескался, и чувствовал, что боль из руки уходит, и тут увидел почему: я снова стал мальчиком. Ты не можешь представить, как я обрадовался, увидев собственные руки. Я понимал, что на них совсем нет мускулов, что они никуда не годятся по сравнению с руками Каспиана, но все равно был так рад увидеть их! Немного погодя лев вытащил меня из воды и одел...

— Одел? Своими лапами?

'Well, I don't exactly remember that bit. But he did somehow or other: in new clothes — the same I've got on now, as a matter of fact. And then suddenly I was back here. Which is what makes me think it must have been a dream.'

'No. It wasn't a dream,' said Edmund.

'Why not?'

'Well, there are the clothes, for one thing. And you have been — well, un-dragoned, for another.'

'What do you think it was, then?' asked Eustace.

'I think you've seen Aslan,' said Edmund.

'Aslan!' said Eustace. 'I've heard that name mentioned several times since we joined the *Dawn Treader*. And I felt — I don't know what — I hated it. But I was hating everything then. And by the way, I'd like to apologise. I'm afraid I've been pretty beastly.'

'That's all right,' said Edmund. 'Between ourselves, you haven't been as bad as I was on my first trip to Narnia. You were only an ass, but I was a traitor.'

'Well, don't tell me about it, then,' said Eustace. 'But who is Aslan? Do you know him?'

'Well — he knows me,' said Edmund. 'He is the great Lion, the son of the Emperor over Sea, who saved me and saved Narnia. We've all seen him. Lucy sees him most often. And it may be Aslan's country we are sailing to.'

Neither said anything for a while. The last bright star had vanished and though they could not see the sunrise because of the mountains on their right they knew it was going on because the sky above them and the bay before them turned the colour of roses. Then some bird of the

— Ну, я точно не помню, но каким-то образом я оказался вот в этой новой одежде, а потом внезапно очутился здесь. Мне потому и кажется, что это мог быть сон...

— Нет, это не был сон, — возразил Эдмунд.

— Почему ты так уверен?

— Во-первых, на тебе другая одежда, а во-вторых — ты больше не дракон.

— И что это было, как ты думаешь? — спросил Юстас.

— Думаю, ты видел Аслана.

— Аслан! — воскликнул Юстас. — Я уже не раз слышал это имя с тех пор, как мы очутились на «Покорителе зари», и почему-то терпеть его не мог. Впрочем, я тогда много чего терпеть не мог. Кстати, хотелось бы извиниться перед всеми: боюсь, я был довольно противным.

— Все в порядке, — успокоил его Эдмунд. — Между нами говоря, ты был не так плох, как я в свое первое путешествие в Нарнию: если ты был просто ослом, то я — предателем.

— Не хочу слышать об этом! Расскажи лучше, кто такой Аслан. Ты его знаешь?

— Скорее он меня знает. Это Великий лев, Лесной царь, сын императора страны, что за морем, который спас Нарнию и спас меня. Мы все его видели, но чаще всех Люси. И возможно, мы сейчас плывем в его страну.

Некоторое время они оба молчали. Последняя яркая звезда исчезла. И хотя увидеть восход мешали горы, высившиеся справа, мальчики знали, что рассветает, потому что небо и залив окрасились в розовый цвет. Затем какая-то птица по-попугаячьи

parrot kind screamed in the wood behind them, they heard movements among the trees, and finally a blast on Caspian's horn. The camp was astir.

Great was the rejoicing when Edmund and the restored Eustace walked into the breakfast circle round the camp-fire. And now of course everyone heard the earlier part of his story. People wondered whether the other dragon had killed the Lord Octesian several years ago or whether Octesian himself had been the old dragon. The jewels with which Eustace had crammed his pockets in the cave had disappeared along with the clothes he had then been wearing: but no one, least of all Eustace himself, felt any desire to go back to that valley for more treasure.

In a few days now the *Dawn Treader,* re-masted, re-painted, and well stored, was ready to sail. Before they embarked Caspian caused to be cut on a smooth cliff facing the bay the words:

DRAGON ISLAND
DISCOVERED BY CASPIAN X,
KING OF NARNIA, ETC.
IN THE FOURTH
YEAR OF HIS REIGN.
HERE, AS WE SUPPOSE,
THE LORD OCTESIAN
HAD HIS DEATH

It would be nice, and fairly nearly true, to say that 'from that time forth Eustace was a different boy'. To be strictly accurate, he began to be a different boy.

вскрикнула где-то в лесу, потом послышались шорохи между деревьями, и, наконец, раздался звук рога Каспиана. Лагерь просыпался.

Не передать словами, как все обрадовались, увидев Эдмунда с Юстасом, который опять стал человеком! Мальчики направлялись к костру, где остальные собирались завтракать, но сначала, конечно, все хотели услышать историю Юстаса. Оставалось неясным, убил ли старый дракон лорда Октезиана несколько лет назад или Октезиан сам превратился в дракона. Драгоценности из Драконьей пещеры, которыми Юстас набил карманы, исчезли вместе с одеждой, и никто, в том числе и он сам, не имел ни малейшего желания спускаться в долину за оставшимися сокровищами.

Через несколько дней «Покоритель зари», с новой мачтой, заново покрашенный, с полными трюмами припасов, был готов продолжить путешествие. До отплытия Каспиан дал приказ выбить на гладком утесе, обращенном к заливу, надпись:

ДРАКОНИЙ ОСТРОВ
ОТКРЫТ КАСПИАНОМ X,
КОРОЛЕМ НАРНИИ И ПР. И ПР.,
НА ЧЕТВЕРТОМ
ГОДУ ЕГО ПРАВЛЕНИЯ.
ЗДЕСЬ, КАК МЫ ПОЛАГАЕМ,
ВСТРЕТИЛ СВОЮ СМЕРТЬ
ЛОРД ОКТЕЗИАН.

Приятно заметить, к тому же это чистая правда, что с тех пор Юстас сделался совершенно другим человеком. Если уж быть совсем точным, он им стано-

He had relapses. There were still many days when he could be very tiresome. But most of those I shall not notice. The cure had begun.

The Lord Octesian's arm-ring had a curious fate. Eustace did not want it and offered it to Caspian, and Caspian offered it to Lucy. She did not care about having it. 'Very well, then, catch as catch can,' said Caspian and flung it up in the air. This was when they were all standing looking at the inscription. Up went the ring, flashing in the sunlight, and caught, and hung, as neatly as a well-thrown quoit, on a little projection in the rock. No one could climb up to get it from below and no one could climb down to get it from above. And there, for all I know, it is hanging still and may hang till that world ends.

вился: иногда у него случались рецидивы и порой он бывал невыносим. Но на это можно закрыть глаза. Он выздоравливал.

С браслетом лорда Октезиана случилась странная история. Юстас не хотел оставлять его у себя и предложил Каспиану, а тот в свою очередь решил отдать его Люси, но и она не пожелала им владеть. «Хорошо, пусть тогда достанется тому, кто его поймает», — сказал Каспиан и подбросил вещицу в воздух. В это время все разглядывали надпись на скале. Браслет взлетел вверх, блеснул на солнце и повис на небольшом выступе скалы, причем в таком месте, что ни снизу подобраться, ни сверху за ним спуститься. И насколько мне известно, браслет висит там и по сей день, а скорее всего, будет висеть до конца света.

ДИКИЕ ЗЕМЛИ СЕВЕРА
Мьюл
Алая Гава
Брэн
НАРНИЯ
ЗАЛИВ ТАРХИСТАН
ГАЛЬМА
Кэр-Параваль
ТЕРЕВИНФИЯ
ОРЛАНДИЯ
ТАРХИСТАН

...РОВОВ

Первая часть
ПУТЕШЕСТВИЯ

Здесь началось путешествие
Эдмунда, Люси и Юстаса

...ОКИЕ ОСТРОВА

Фелимат
Дорн
Авра

...ИКИЙ ВОСТОЧНЫЙ ОКЕАН

Chapter 8

TWO NARROW ESCAPES

Everyone was cheerful as the *Dawn Treader* sailed from Dragon Island. They had fair wind as soon as they were out of the bay and came early next morning to the unknown land which some of them had seen when flying over the mountains while Eustace was still a dragon. It was a low green island inhabited by nothing but rabbits and a few goats, but from the ruins of stone huts, and from blackened places where fires had been, they judged that it had been peopled not long before. There were also some bones and broken weapons.

'Pirates' work,' said Caspian.

'Or the dragon's,' said Edmund.

The only other thing they found here was a little skin boat or coracle on the sands. It was made of hide stretched over a wicker framework. It was a tiny boat, barely four feet long, and the paddle which still lay in it was in proportion. They thought that either it had been made for a child or else that the people of that country had been Dwarfs. Reepicheep decided to keep it, as it was just the right size for him; so it was taken on board. They called that land Burnt Island and sailed away before noon.

For some five days they ran before a south-south-east wind, out of sight of all lands and seeing neither fish nor gull. Then they had a day that rained hard till the af-

Глава 8

ДВА ЧУДЕСНЫХ СПАСЕНИЯ

Все радовались, когда «Повелитель зари» отошел от Драконьего острова. Как только судно покинуло залив, подул попутный ветер, и на следующее утро они подошли к неизвестной земле, которую кое-кто видел и раньше, когда летал над горами в бытность Юстаса драконом. Это был низменный зеленый остров, на котором обитали только кролики и несколько коз, хотя, судя по развалинам каменных хижин и подпалинам на земле, явно от костров, совсем недавно здесь жили и люди. Мореплаватели обнаружили также кости и неисправное оружие.

— Похоже, работа пиратов, — сказал Каспиан.

— Или дракона, — отозвался Эдмунд.

Еще они нашли там, на песке, небольшую, едва ли в четыре фута длиной, рыбачью лодку с плетеной из ивняка рамой, обтянутой кожей. На дне ее все еще лежало весло. Судя по размерам, ее либо сделали для ребенка, либо в этих краях жили гномы. Рипичип попросил отдать суденышко ему — он единственный смог бы там поместиться, — и лодочку подняли на борт. Этот остров путешественники назвали Горелым и покинули около полудня.

Дней пять ветер гнал их на юго-юго-восток, где не было не только никакой земли, но даже рыб и чаек. На шестой день зарядил дождь и лил до самого

ternoon. Eustace lost two games of chess to Reepicheep and began to get rather like his old and disagreeable self again, and Edmund said he wished they could have gone to America with Susan. Then Lucy looked out of the stern windows and said:

'Hello! I do believe it's stopping. And what's *that*?'

They all tumbled up on to the poop at this and found that the rain had stopped and that Drinian, who was on watch, was also staring hard at something astern. Or rather, at several things. They looked a little like smooth rounded rocks, a whole line of them with intervals of about forty feet in between.

'But they can't be rocks,' Drinian was saying, 'because they weren't there five minutes ago.'

'And one's just disappeared,' said Lucy.

'Yes, and there's another one coming up,' said Edmund.

'And nearer,' said Eustace.

'Hang it!' said Caspian. 'The whole thing is moving this way.'

'And moving a great deal quicker than we can sail, Sire,' said Drinian. 'It'll be up with us in a minute.'

They all held their breath, for it is not at all nice to be pursued by an unknown something either on land or sea. But what it turned out to be was far worse than anyone had suspected. Suddenly, only about the length of a cricket pitch from their port side, an appalling head reared itself out of the sea. It was all greens and vermilions with purple blotches — except where shellfish clung to it — and shaped rather like a horse's, though without ears. It had enormous eyes, eyes made for star-

вечера. Юстас проиграл две партии в шахматы Рипичипу и сделался похож на себя прежнего, а Эдмунд посетовал, что лучше было бы поехать в Америку вместе со Сьюзен. Люси выглянула в окошко на корме и сказала:

— Эй! По-моему, дождь перестал. Ой, а это что такое?

Все выбежали на корму. Дождь действительно кончился. Дриниан, стоявший на вахте, явно заметил что-то необычное за кормой, как и Люси. Остальные, всмотревшись повнимательнее, решили, что это гладкие, отшлифованные водой камни, уложенные в ряд с интервалом футов сорок.

— Но это никак не могут быть камни, — сказал Дриниан, — потому что еще пять минут назад их здесь не было.

— А один только что исчез, — заметила Люси.

— Да, а вон еще один вылезает! — воскликнул Эдмунд.

— И он ближе, — добавил Юстас.

— Черт возьми! — выкрикнул Каспиан. — Да они все движутся сюда.

— И гораздо быстрее, чем мы плывем, сир, — добавил Дриниан. — Через минуту они нас догонят.

Все затаили дыхание: мало приятного ощущать себя объектом охоты неизвестного существа — неважно, на земле или в море. Но действительность оказалась гораздо хуже, чем можно было ожидать. Внезапно на расстоянии крикетного броска от их левого борта из моря высунулась ужасная голова, зелено-пунцовая, с фиолетовыми пятнами и прилипшими моллюсками, с мордой, похожей на лошадиную, только без ушей. У твари были громадные

ing through the dark depths of the ocean, and a gaping mouth filled with double rows of sharp fish-like teeth. It came up on what they first took to be a huge neck, but as more and more of it emerged everyone knew that this was not its neck but its body and that at last they were seeing what so many people have foolishly wanted to see — the great Sea Serpent. The folds of its gigantic tail could be seen far away, rising at intervals from the surface. And now its head was towering up higher than the mast.

Every man rushed to his weapon, but there was nothing to be done, the monster was out of reach. 'Shoot! Shoot!' cried the Master Bowman, and several obeyed, but the arrows glanced off the Sea Serpent's hide as if it was iron-plated. Then, for a dreadful minute, everyone was still, staring up at its eyes and mouth and wondering where it would pounce.

But it didn't pounce. It shot its head forward across the ship on a level with the yard of the mast. Now its head was just beside the fightingtop. Still it stretched and stretched till its head was over the starboard bulwark. Then down it began to come — not onto the crowded deck but into the water, so that the whole ship was under an arch of serpent. And almost at once that arch began to get smaller: indeed on the starboard the Sea Serpent was now almost touching the *Dawn Treader's* side.

Eustace (who had really been trying very hard to behave well, till the rain and the chess put him back) now did the first brave thing he had ever done. He was wearing a sword that Caspian had lent him. As soon as the serpent's body was near enough on the starboard side he jumped up on the bulwark and began hacking

глаза, явно привыкшие смотреть из темных глубин океана, и огромная разинутая пасть с двойным рядом острых, как у рыб, зубов. Голова венчала, как им сначала показалось, длинную шею, но по мере того как существо высовывалось из воды, все поняли, что это не шея, а тело, и осознали, что видят огромного морского змея, на которого многие по глупости хотели бы посмотреть. Изгибы гигантского хвоста виднелись вдали, время от времени появляясь на поверхности, а голова теперь возвышалась над мачтой.

Все схватились было за оружие, но поняли, что это бесполезно: чудовище было слишком далеко.

— Ну же. Стреляйте! — кричал командир лучников, и ему повиновались, но стрелы отскакивали от шкуры морского змея словно от брони.

Затем на мгновение все застыли с раскрытыми ртами, ожидая, куда змей бросится, но он не бросился, а вытянул шею поперек палубы, так что голова его прошла на ярд выше мачты и теперь оказалась рядом с марсом. Змей все тянул шею, и вот его голова уже поднялась над правым фальшбортом, а потом стала опускаться, но не на палубу, где толпились люди, а в воду, так что над кораблем будто повисла арка. Вдруг арка стала сужаться — справа морской змей почти касался борта «Покорителя зари».

Юстас, который очень старался быть хорошим, пока из-за дождя и проигрыша в шахматы не вернулся к прежнему поведению, совершил первый в жизни решительный поступок. Как только тело змея почти коснулась правого борта, он прыгнул на фальшборт и что есть сил стал наносить чудовищу удары

at it with all his might. It is true that he accomplished nothing beyond breaking Caspian's second-best sword into bits, but it was a fine thing for a beginner to have done.

Others would have joined him if at that moment Reepicheep had not called out, 'Don't fight! Push!' It was so unusual for the Mouse to advise anyone not to fight that, even in that terrible moment, every eye turned to him. And when he jumped up on the bulwark, forward of the snake, and set his little furry back against its huge scaly, slimy back, and began pushing as hard as he could, quite a number of people saw what he meant and rushed to both sides of the ship to do the same. And when, a moment later, the Sea Serpent's head appeared again, this time on the port side, and this time with its back to them, then everyone understood.

The brute had made a loop of itself round the *Dawn Treader* and was beginning to draw the loop tight. When it got quite tight — snap! — there would be floating matchwood where the ship had been and it could pick them out of the water one by one. Their only chance was to push the loop backward till it slid over the stern; or else (to put the same thing another way) to push the ship forward out of the loop.

шпагой, которую дал ему Каспиан. Правду сказать, он ничего не добился, только сломал шпагу, но для начала это был смелый шаг.

Остальные собирались последовать его примеру, но тут Рипичип закричал:

— Не колите его! Толкайте!

Было странно услышать от мышиного рыцаря призыв не колоть, и даже в такой момент все посмотрели на него. А когда он вспрыгнул на фальшборт, вплотную к змею, и стал своей маленькой меховой спинкой изо всех сил толкать огромное чешуйчатое и скользкое тело назад, многие поняли, о чем он говорил, и бросились к обоим бортам, чтобы сделать то же самое, а когда через минуту голова морского змея появилась снова, на этот раз с левого борта, затылком к ним, тут уже поняли все.

Змей петлей обвился вокруг «Покорителя зари» и принялся ее сжимать, намереваясь сдавить корабль. Как только судно развалится, змей переловит их в воде всех до одного. Единственная возможность спастись — это толкать «петлю» назад, пока не соскользнет с кормы.

Reepicheep alone had, of course, no more chance of doing this than of lifting up a cathedral, but he had nearly killed himself with trying before others shoved him aside. Very soon the whole ship's company except Lucy and the Mouse (which was fainting) was in two long lines along the two bulwarks, each man's chest to the back of the man in front, so that the weight of the whole line was in the last man, pushing for their lives. For a few sickening seconds (which seemed like hours) nothing appeared to happen. Joints cracked, sweat dropped, breath came in grunts and gasps. Then they felt that the ship was moving. They saw that the snake-loop was further from the mast than it had been. But they also saw that it was smaller. And now the real danger was at hand. Could they get it over the poop, or was it already too tight? Yes. It would just fit. It was resting on the poop rails. A dozen or more sprang up on the poop. This was far better. The Sea Serpent's body was so low now that they could make a line across the poop and push side by side. Hope rose high till everyone remembered the high carved stern, the dragon tail, of the *Dawn Treader*. It would be quite impossible to get the brute over that.

'An axe,' cried Caspian hoarsely, 'and still shove.' Lucy, who knew where everything was, heard him where she was standing on the main deck staring up at the poop. In a few seconds she had been below, got the axe, and was rushing up the ladder to the poop. But just as she reached the top there came a great crashing noise like a tree coming down and the ship rocked and darted forward.

For at that very moment, whether because the Sea Serpent was being pushed so hard, or because it foolishly decided to draw the noose tight, the whole of the carved stern broke off and the ship was free.

Рипичип в одиночку, разумеется, с таким же успехом мог пытаться приподнять огромный собор и уморил бы себя насмерть, если бы его не оттащили в сторону. Очень скоро все, кроме них с Люси, выстроились вдоль обоих фальшбортов, причем каждый вплотную к тому, кто был впереди, чтобы общими усилиями противостоять змею. Несколько жутких секунд, которые показались им часами, ничего не происходило: трещали суставы, капал пот, все дышали с трудом, — но вот они почувствовали, что корабль движется, и увидели, что петля змеиного тела отодвинулась от мачты. Но радоваться было рано: она сжалась. Угроза была реальной. Получится ли протолкнуть корму сквозь петлю, пока та не стала слишком тугой? Петля лежала на ограждении полуюта, и это было не так уж плохо. Тело морского змея нависало так низко, что они смогли выстроиться поперек полуюта и протолкнули его. Вспыхнувшая было надежда тут же погасла, когда вспомнили о высокой резной корме «Покорителя зари» в виде хвоста дракона: протолкнуть чудовище над ней невозможно.

— Топор! — прохрипел Каспиан. — И продолжайте толкать.

Люси, знавшая, где что лежит, услышала и через несколько секунд оказалась уже внизу, схватила топор и кинулась по трапу вверх, но когда почти добежала, раздался громкий треск, будто дерево упало, и корабль рванулся вперед. Оказалось, что то ли змея толкнули слишком сильно, то ли сам он решил потуже затянуть петлю, но резная корма оторвалась и корабль освободился.

The others were too exhausted to see what Lucy saw. There, a few yards behind them, the loop of Sea Serpent's body got rapidly smaller and disappeared into a splash. Lucy always said (but of course she was very excited at the moment, and it may have been only imagination) that she saw a look of idiotic satisfaction on the creature's face. What is certain is that it was a very stupid animal, for instead of pursuing the ship it turned its head round and began nosing all along its own body as if it expected to find the wreckage of the *Dawn Treader* there. But the *Dawn Treader* was already well away, running before a fresh breeze, and the men lay and sat panting and groaning all about the deck, till presently they were able to talk about it, and then to laugh about it. And when some rum had been served out they even raised a cheer; and everyone praised the valour of Eustace (though it hadn't done any good) and of Reepicheep.

After this they sailed for three days more and saw nothing but sea and sky. On the fourth day the wind changed to the north and the seas began to rise; by the afernoon it had nearly become a gale. But at the same time they sighted land on their port bow.

'By your leave, Sire,' said Drinian, 'we will try to get under the lee of that country by rowing and lie in harbour, maybe, till this is over.' Caspian agreed, but a long row against the gale did not bring them to the land before evening. By the last light of that day they steered into a natural harbour and anchored, but no one went ashore that night. In the morning they found themselves in the green bay of a rugged, lonely-looking country which

Все остальные были слишком измучены и не видели того, что рассмотрела Люси. В нескольких ярдах от корабля петля морского змея мгновенно стала меньше и с плеском исчезла. Люси всегда говорила потом (но, разумеется, в тот момент она была потрясена и это могло быть только игрой воображения), что видела выражение дурацкого удовлетворения на морде чудовища. Определенно змей не отличался умом: вместо того чтобы преследовать корабль, повернул голову и принялся осматривать свое тело, словно надеялся обнаружить там обломки «Покорителя зари». А корабль тем временем, подхваченный свежим бризом, был уже довольно далеко. Путешественники и члены команды, пытаясь отдышаться и с трудом приходя в себя, лежали и сидели по всей палубе, а когда наконец обрели вновь дар речи, всех охватило веселье. Очень кстати оказался ром, даже захлопали в ладоши. Все оценили доблесть Юстаса, пусть она ни к чему и не привела, и героизм Рипичипа.

Следующие три дня мореплаватели не видели ничего, кроме моря и неба, а на четвертый похолодало, подул северный ветер, море начало волноваться, и после полудня собрался едва ли не шторм, но тогда же по левому борту показалась земля.

— С вашего позволения, сир, — сказал Дриниан, — мы попробуем подойти с подветренной стороны на веслах и переждать шторм там.

Каспиан согласился, но из-за непогоды скорость была минимальной, так что причалили только к вечеру. В последних лучах солнца корабль вошел в гавань и встал на якорь, но на берег никто не сошел до утра. Когда рассвело, стало ясно, что это

sloped up to a rocky summit. From the windy north beyond that summit clouds came streaming rapidly. They lowered the boat and loaded her with any of the water casks which were now empty.

'Which stream shall we water at, Drinian?' said Caspian as he took his seat in the stern-sheets of the boat. 'There seem to be two coming down into the bay.'

'It makes little odds, Sire,' said Drinian. 'But I think it's a shorter pull to that on the starboard — the eastern one.'

'Here comes the rain,' said Lucy.

'I should think it does!' said Edmund, for it was already pelting hard. 'I say, let's go to the other stream. There are trees there and we'll have some shelter.'

'Yes, let's,' said Eustace. 'No point in getting wetter than we need.'

But all the time Drinian was steadily steering to the starboard, like tiresome people in cars who continue at forty miles an hour while you are explaining to them that they are on the wrong road.

'They're right, Drinian,' said Caspian. 'Why don't you bring her head round and make for the western stream?'

'As your Majesty pleases,' said Drinian a little shortly. He had had an anxious day with the weather yesterday, and he didn't like advice from landsmen. But he altered course; and it turned out afterwards that it was a good thing he did.

By the time they had finished watering, the rain was over and Caspian, with Eustace, the Pevensies, and Reepicheep, decided to walk up to the top of the hill and

какой-то гористый остров со скалистой вершиной и, похоже, необитаемый. Когда спустили шлюпку с бочками для воды, Каспиан спросил, заняв свое место на корме:

— Здесь в бухту впадают два ручья. Из какого наберем?

— Разница невелика, сир, — ответил Дриниан. — Но я думаю, ближе тот, что по правому борту, восточный.

— Дождь начинается, — заметила Люси.

— Скорее усиливается, — отозвался Эдмунд, потому что дождь барабанил уже вовсю. — Давайте к другому ручью: там есть деревья, под которыми можно будет укрыться.

— Да, а то вымокнем до нитки, — поддержал его Юстас.

Но Дриниан их не слышал и продолжал править к ручью по правому борту подобно упрямому автомобилисту, который ведет машину со скоростью сорок миль в час, в то время как вы пытаетесь ему объяснить, что это не та дорога.

— Они ведь правы, Дриниан, — вмешался тогда и Каспиан. — Почему ты не хочешь повернуть к западному ручью?

— Как пожелает ваше величество, — резковато ответил капитан. Накануне выдался неспокойный из-за непогоды день, к тому же он не любил слушать советы людей, ничего не смысливших в морском деле. Но курс все же переменил и, как потом выяснилось, правильно сделал.

К тому времени как бочки были наполнены, дождь кончился, и Каспиан, Юстас, Люси, Эдмунд и Рипичип решили подняться на вершину холма

see what could be seen. It was a stiffish climb through coarse grass and heather and they saw neither man nor beast, except sea-gulls. When they reached the top they saw that it was a very small island, not more than twenty acres; and from this height the sea looked larger and more desolate than it did from the deck, or even the fightingtop of the *Dawn Treader*.

'Crazy, you know,' said Eustace to Lucy in a low voice, looking at the eastern horizon. 'Sailing on and on into *that* with no idea what we may get to.' But he only said it out of habit, not really nastily as he would have done at one time.

It was too cold to stay long on the ridge for the wind still blew freshly from the north.

'Don't let us go back the same way,' said Lucy as they turned; 'let's go along a bit and come down by the other stream, the one Drinian wanted to go to.'

Everyone agreed to this and after about fifteen minutes they were at the source of the second river. It was a more interesting place than they had expected; a deep little mountain lake, surrounded by cliffs except for a narrow channel on the seaward side out of which the water flowed. Here at last they were out of the wind, and all sat down in the heather above the cliff for a rest.

All sat down, but one (it was Edmund) jumped up again very quickly.

'They go in for sharp stones on this island,' he said, groping about in the heather. 'Where is the wretched thing? ... Ah, now I've got it.... Hullo! It wasn't a stone, at all, it's a sword-hilt. No, by jove, it's a whole sword; what the rust has left of it. It must have lain here for ages.'

'Narnian, too, by the look of it,' said Caspian, as they all crowded round.

и осмотреться. Подъем по жесткой траве и зарослям вереска не был легким, и по пути им никто не попался навстречу: ни человек, ни зверь, — чаек только и видели. Поднявшись на вершину, путешественники поняли, что остров невелик, акров двадцать, не больше, а море отсюда казалось еще более пустынным, чем с палубы или даже марса «Покорителя зари».

— Знаешь, это ведь безумие — плыть все дальше и дальше, не имея понятия куда, — шепнул Юстас Люси, поглядывая на восток, но совсем не так злобно, как раньше, а скорее по привычке.

Наверху было значительно холоднее, с севера по-прежнему тянуло свежим ветром.

— Давайте спустимся другой дорогой, — предложила Люси. — Пройдем немного и выйдем к тому ручью, куда хотел подплыть Дриниан.

Все согласились и минут через пятнадцать оказались у истока другого ручья. Место оказалось интереснее, чем они ожидали: это было глубокое горное озерцо, окруженное скалами, с узким протоком, по которому вода текла к морю. Тут не было ветра, и они присели отдохнуть на поросший вереском камень. Только все уселись, как Эдмунд тут же вскочил и принялся шарить по вереску.

— Какие-то тут острые камни, на этом острове! Где же это... А, вот... Эй! Да это никакой не камень, а рукоять меча. Нет, даже не рукоять, а меч целиком, только весь проржавевший. Должно быть, лежит тут лет сто.

— Судя по виду, нарнийский, — заметил Каспиан, когда все столпились вокруг.

'I'm sitting on something too,' said Lucy. 'Something hard.' It turned out to be the remains of a mail-shirt. By this time everyone was on hands and knees, feeling in the thick heather in every direction. Their search revealed, one by one, a helmet, a dagger, and a few coins; not Calormen crescents but genuine Narnian 'Lions' and 'Trees' such as you might see any day in the market place of Beaversdam or Beruna.

'Looks as if this might be all that's left of one of our seven lords,' said Edmund.

'Just what I was thinking,' said Caspian. 'I wonder which it was. There's nothing on the dagger to show. And I wonder how he died.'

'And how we are to avenge him,' added Reepicheep.

Edmund, the only one of the party who had read several detective stories, had meanwhile been thinking.

'Look here,' he said, 'there's something very fishy about this. He can't have been killed in a fight.'

'Why not?' asked Caspian.

'No bones,' said Edmund. 'An enemy might take the armour and leave the body. But who ever heard of a chap who'd won a fight carrying away the body and leaving the armour?'

'Perhaps he was killed by a wild animal,' Lucy suggested.

'It'd be a clever animal,' said Edmund, 'that would take a man's mail-shirt off.'

'Perhaps a dragon?' said Caspian.

'Nothing doing,' said Eustace. 'A dragon couldn't do it. I ought to know.'

— Я тоже сижу на чем-то твердом, — сказала Люси.

Выяснилось, что это остатки кольчуги. Вся компания опустилась на четвереньки и принялась ощупывать заросли вереска. Один за другим нашлись шлем, кинжал и несколько монет: не тархистанские полумесяцы, а нарнийские львы и деревья, какие можно увидеть на ярмарке в Биверсдаме или Беруне.

— Похоже, это все, что осталось от одного из наших семи лордов, — вздохнул Эдмунд.

— Я тоже так считаю, — согласился Каспиан. — И все думаю, кто бы это мог быть: на кинжале не разглядеть герба, — а также пытаюсь понять, как он погиб.

— И как мы можем отомстить за него, — добавил Рипичип.

Эдмунд, единственный среди них любитель детективных историй, задумчиво произнес:

— Что-то тут не так. Он не мог погибнуть в бою.

— Почему? — удивился Каспиан.

— Нет останков, — ответил Эдмунд. — Враг мог взять оружие и оставить тело, но вы когда-нибудь слышали, чтобы случалось наоборот: тело забирали, а оружие оставляли?

— Возможно, на него напал какой-нибудь зверь, — предположила Люси.

— Умный, однако, зверь! — хмыкнул Эдмунд. — Снять с человека кольчугу надо суметь.

— Может, дракон? — предположил Каспиан.

— Ничего подобного, — возразил Юстас. — Дракон на такое не способен — уж мне-то это известно.

'Well, let's get away from the place, anyway,' said Lucy. She had not felt like sitting down again since Edmund had raised the question of bones.

'If you like,' said Caspian, getting up. 'I don't think any of this stuff is worth taking away.'

They came down and round to the little opening where the stream came out of the lake, and stood looking at the deep water within the circle of cliffs. If it had been a hot day, no doubt some would have been tempted to bathe and everyone would have had a drink. Indeed, even as it was, Eustace was on the very point of stooping down and scooping up some water in his hands when Reepicheep and Lucy both at the same moment cried, 'Look', so he forgot about his drink and looked.

The bottom of the pool was made of large greyish-blue stones and the water was perfectly clear, and on the bottom lay a life-size figure of a man, made apparently of gold. It lay face downwards with its arms stretched out above its head. And it so happened that as they looked at it, the clouds parted and the sun shone out. The golden shape was lit up from end to end. Lucy thought it was the most beautiful statue she had ever seen.

'Well!' whistled Caspian. 'That was worth coming to see! I wonder, can we get it out?'

'We can dive for it, Sire,' said Reepicheep.

'No good at all,' said Edmund. 'At least, if it's really gold — solid gold — it'll be far too heavy to bring up. And that pool's twelve or fifteen feet deep if it's an inch. Half a moment, though. It's a good thing I've brought a hunting spear with me. Let's see what the depth *is* like.

— Давайте лучше уйдем отсюда.

После того как Эдмунд упомянул про останки, Люси больше не хотелось тут сидеть.

— Вы как хотите, — заметил Каспиан, поднимаясь, — но мне кажется, не сто́ит ничего отсюда уносить.

Друзья спустились вниз, обошли место, где ручей вытекал из озерца, и остановились полюбоваться зеркальной гладью в окружении скал. Если бы было жарко, кто-нибудь из них, безусловно, захотел бы искупаться, и каждый — напиться. Юстас уже нагнулся набрать воды в ладони, когда Люси и Рипичип одновременно воскликнули:

— Посмотрите!

На дне озера в окружении серовато-голубых камней, валунов, хорошо видных в совершенно прозрачной воде, лежала человеческая фигура в натуральную величину — по-видимому, золотая. Мужчина лежал лицом вниз, с закинутыми за голову руками. Как раз в этот момент облака разошлись, выглянуло солнце, и золотая фигура засияла во всей красе. Люси подумала, что это самая красивая статуя, какую она когда-либо видела.

— Вот это да! — присвистнул Каспиан. — Стоило прийти сюда, чтобы увидать это! Как думаете, мы сумеем ее достать?

— Можно попробовать нырнуть, сир, — сказал Рипичип.

— Не годится, — возразил Эдмунд. — Во всяком случае, если это действительно золото — чистое золото, — то статуя слишком тяжелая, а глубина здесь приличная: футов двенадцать-пятнадцать. Хотя погодите. Я взял с собой охотничье копье, так что мож-

Hold on to my hand, Caspian, while I lean out over the water a bit.' Caspian took his hand and Edmund, leaning forward, began to lower his spear into the water.

Before it was half-way in Lucy said, 'I don't believe the statue is gold at all. It's only the light. Your spear looks just the same colour.'

'What's wrong?' asked several voices at once; for Edmund had suddenly let go of the spear.

'I couldn't hold it,' gasped Edmund, 'it seemed so *heavy*.'

'And there it is on the bottom now,' said Caspian, 'and Lucy is right. It looks just the same colour as the statue.'

But Edmund, who appeared to be having some trouble with his boots — at least he was bending down and looking at them — straightened himself all at once and shouted out in the sharp voice which people hardly ever disobey:

'Get back! Back from the water. All of you. At once!!'

They all did and stared at him.

'Look,' said Edmund, 'look at the toes of my boots.'

'They look a bit yellow,' began Eustace.

'They're gold, solid gold,' interrupted Edmund. 'Look at them. Feel them. The leather's pulled away from it already. And they're as heavy as lead.'

'By Aslan!' said Caspian. 'You don't mean to say — ?'

'Yes, I do,' said Edmund. 'That water turns things into gold. It turned the spear into gold, that's why it got

но прикинуть глубину озера. Держи меня за руку, Каспиан, а я попробую измерить.

Каспиан крепко ухватил Эдмунда за руку, и тот, подавшись вперед, стал погружать копье в воду, но тут Люси заметила:

— Не думаю, что статуя из золота. Это всего лишь отблеск, твое копье такое же. Смотри!

И тут Эдмунд внезапно выпустил копье.

— Что случилось? — раздались встревоженные голоса.

— Не смог удержать... Оно почему-то стало чудовищно тяжелым.

— Теперь оно на дне, — сказал Каспиан. — А Люси права: оно совсем такое же, как статуя.

А Эдмунд почему-то, нагнувшись, разглядывал свои ботинки, но вдруг выпрямился и громко крикнул:

— Отойдите! Прочь от воды! Все. Немедленно!

В испуге все отпрянули и непонимающе уставились на него.

— Посмотрите на носки моих ботинок, — сказал Эдмунд.

— Желтоватые... — начал Юстас, но его перебил Эдмунд:

— Они золотые, из чистого золота! Можете потрогать. Кожи как не было. И они стали страшно тяжелые.

— Клянусь Асланом! — воскликнул Каспиан. — Не хочешь ли ты сказать, что...

— Да, хочу. Эта вода все превращает в золото. Копье стало золотым, поэтому так потяжелело. Я на-

so heavy. And it was just lapping against my feet (it's a good thing I wasn't barefoot) and it turned the toe-caps into gold. And that poor fellow on the bottom — well, you see.'

'So it isn't a statue at all,' said Lucy in a low voice.

'No. The whole thing is plain now. He was here on a hot day. He undressed on top of the cliff — where we were sitting. The clothes have rotted away or been taken by birds to line nests with; the armour's still there. Then he dived and — '

'Don't,' said Lucy. 'What a horrible thing.'

'And what a narrow shave *we've* had,' said Edmund.

'Narrow indeed,' said Reepicheep. 'Anyone's finger, anyone's foot, anyone's whisker, or anyone's tail, might have slipped into the water at any moment.'

'All the same,' said Caspian, 'we may as well test it.' He stooped down and wrenched up a spray of heather. Then, very cautiously, he knelt beside the pool and dipped it in. It was heather that he dipped; what he drew out was a perfect model of heather made of the purest gold, heavy and soft as lead.

'The King who owned this island,' said Caspian slowly, and his face flushed as he spoke, 'would soon be the richest of all the Kings of the world. I claim this land for ever as a Narnian possession. It shall be called Goldwater Island. And I bind all you to secrecy. No one must know of this. Not even Drinian — on pain of death, do you hear?'

'Who are you talking to?' said Edmund. 'I'm no subject of yours. If anything it's the other way round. I am one of the four ancient sovereigns of Narnia and you are under allegiance to the High King my brother.'

мочил ботинки — хорошо еще, что не ноги, — и их носки стали золотыми. А этот бедняга на дне — сами видите.

— Значит, это вовсе не статуя! — прошептала Люси.

— Да. Теперь все ясно. Он оказался здесь в жаркий день, разделся на вершине холма — там, где мы сидели, — нырнул и... Одежда сгнила, или ее растащили птицы для своих гнезд, а оружие осталось.

— Как страшно... — всхлипнула Люси.

— Это просто чудо, что мы уцелели, — заметил Эдмунд.

— И правда чудо, — подхватил Рипичип. — Любой мог сунуть в воду палец, ногу, усы или хвост.

— Тем не менее давайте проверим, — предложил Каспиан, сорвал стебель вереска, очень осторожно встал на колени и опустил его в воду, а когда вытащил, это была точная копия вереска, только из чистого золота, тяжелая и изящная.

— Тот, кто станет владеть этим островом, — медленно произнес Каспиан, и щеки его вспыхнули румянцем, — будет самым богатым в мире. Я объявляю этот остров собственностью Нарнии и даю ему название «Земля Золотой Воды». Но помните: вы должны хранить эту тайну, никто никогда не узнает об этом — даже Дриниан — под страхом смерти!

— Кто ты такой, чтобы мне приказывать? — возмутился Эдмунд. — Я не твой подданный. Если на то пошло, я один из четырех древних правителей Нарнии, а ты вассал Верховного короля, моего брата.

'So it has come to that, King Edmund, has it?' said Caspian, laying his hand on his sword-hilt.

'Oh, stop it, both of you,' said Lucy. 'That's the worst of doing anything with boys. You're all such swaggering, bullying idiots — oooh! — ' Her voice died away into a gasp. And everyone else saw what she had seen.

Across the grey hillside above them — grey, for the heather was not yet in bloom — without noise, and without looking at them, and shining as if he were in bright sunlight though the sun had in fact gone in, passed with slow pace the hugest lion that human eyes have ever seen. In describing the scene Lucy said afterwards, 'He was the size of an elephant,' though at another time she only said, 'The size of a cart-horse.' But it was not the size that mattered. Nobody dared to ask what it was. They knew it was Aslan.

And nobody ever saw how or where he went. They looked at one another like people waking from sleep.

'What were we talking about?' said Caspian. 'Have I been making rather an ass of myself?'

'Sire,' said Reepicheep, 'this is a place with a curse on it. Let us get back on board at once. And if I might have the honour of naming this island, I should call it Deathwater.'

'That strikes me as a very good name, Reep,' said Caspian, 'though now that I come to think of it, I don't know why. But the weather seems to be settling and I dare say Drinian would like to be off. What a lot we shall have to tell him.'

But in fact they had not much to tell him for the memory of the last hour had all become confused.

'Their Majesties all seemed a bit bewitched when they came aboard,' said Drinian to Rhince some hours

— Значит, так, король Эдмунд? — с угрозой проговорил Каспиан, опуская ладонь на эфес шпаги.

— Да перестаньте вы! — вмешалась Люси. — Невозможно иметь дело с мальчишками. Вы оба самодовольные задиры и дураки...

Тут она вскрикнула и замолчала, и все остальные увидели то же, что и она. По склону горы над ними — серой, потому что вереску цвести было еще рано, — бесшумно, не глядя на них и сияя, словно его озаряли лучи солнца, которое к тому времени уже закатилось, медленно шел лев, такой огромный, что равных ему никто никогда не видел. Впоследствии, описывая эту сцену, Люси говорила: «Он был размером со слона», — а в другой раз сказала «с ломовую лошадь». Но все это неважно, никому ничего не надо было объяснять, все понимали: это Аслан.

Никто не заметил, куда он ушел, — просто исчез. Друзья переглядывались, словно только что очнулись от сна, и Каспиан спросил:

— О чем мы спорили? Я нес какую-то чушь?

— Сир, — отозвался Рипичип, — это место прóклятое, давайте вернемся на корабль. И если бы меня удостоили чести назвать этот остров, он носил бы имя острова Мертвой Воды.

— Мне кажется, это очень верное название, Рип, — сказал Каспиан. — Хотя я не понимаю почему. Но, мне кажется, погода установилась и Дриниан, наверное, хотел бы отплыть. Сколько же мы расскажем ему!

Но на самом деле они могли рассказать не так много, потому что события последнего часа стерлись у всех из памяти.

— Похоже, что их величества вернулись на корабль под властью чар, — сказал Дриниан Ринсу

later when the *Dawn Treader* was once more under sail and Deathwater Island already below the horizon. 'Something happened to them in that place. The only thing I could get clear was that they think they've found the body of one of these lords we're looking for.'

'You don't say so, Captain,' answered Rhince. 'Well, that's three. Only four more. At this rate we might be home soon after the New Year. And a good thing too. My baccy's running a bit low. Good night, Sir.'

несколько часов спустя, когда «Покоритель зари» снова шел под парусами, а остров Мертвой Воды уже скрылся за горизонтом. — Что-то с ними там произошло. Единственное, что я понял, — они думают, будто обнаружили тело одного из лордов, которых мы ищем.

— Что ж, капитан, — отозвался Ринс, — выходит, трое. Осталось всего четверо. Так мы к Новому году, глядишь, домой вернемся, что неплохо, а то у меня табак кончается. Спокойной ночи, сэр.

Chapter 9

THE ISLAND OF THE VOICES

And now the winds which had so long been from the north-west began to blow from the west itself and every morning when the sun rose out of the sea the curved prow of the *Dawn Treader* stood up right across the middle of the sun. Some thought that the sun looked larger than it looked from Narnia, but others disagreed. And they sailed and sailed before a gentle yet steady breeze and saw neither fish nor gull nor ship nor shore. And stores began to get low again, and it crept into their hearts that perhaps they might have come to a sea which went on for ever. But when the very last day on which they thought they could risk continuing their eastward voyage dawned, it showed, right ahead between them and the sunrise, a low land lying like a cloud.

They made harbour in a wide bay about the middle of the afternoon and landed. It was a very different country from any they had yet seen. For when they had crossed the sandy beach they found all silent and empty as if it were an uninhabited land, but before them there were level lawns in which the grass was as smooth and short as it used to be in the grounds of a great English house where ten gardeners were kept. The trees, of which there were many, all stood well apart from one another, and there were no broken branches and no leaves lying on the ground. Pigeons sometimes cooed but there was no other noise.

Глава 9

ОСТРОВ ГОЛОСОВ

Теперь ветер, который так долго дул с северо-запада, стал западным, и каждое утро, когда солнце поднималось из моря, резной нос «Покорителя зари» оказывался обращенным к солнцу. Некоторым казалось, что солнце стало больше, чем в Нарнии, другие с ними не соглашались. Путешественники плыли и плыли, подгоняемые не сильным, но постоянным бризом, и на глаза им не попадалась ни рыба, ни чайка, ни корабль, ни берег. Запасы уменьшались, и в души людей стала закрадываться мысль, что, возможно, они попали в море, которому не будет конца. Но в самый последний день, когда все начали сомневаться, стоит ли продолжать плыть на восток, между ними и восходящим солнцем показалась низкая земля, похожая на облако.

В середине дня корабль вошел в широкий залив. Остров был разительно непохож на те, что им встречались раньше: когда путешественники пересекали песчаную полосу берега, он казался тихим и пустынным, словно был необитаем, но впереди расстилались ровно подстриженные лужайки, похожие на газоны хорошего английского дома, в котором держат дюжину садовников. Многочисленные деревья были явно посажены, на земле вокруг них не было ни листьев, ни кустарника, ни сорняков. Иногда слышалось воркование голубей, но больше не доносилось ни единого звука.

Presently they came to a long, straight, sanded path with not a weed growing on it and trees on either hand. Far off at the other end of this avenue they now caught sight of a house — very long and grey and quiet-looking in the afernoon sun.

Almost as soon as they entered this path Lucy noticed that she had a little stone in her shoe. In that unknown place it might have been wiser for her to ask the others to wait while she took it out. But she didn't; she just dropped quietly behind and sat down to take off her shoe. Her lace had got into a knot.

Before she had undone the knot the others were a fair distance ahead. By the time she had got the stone out and was putting the shoe on again she could no longer hear them. But almost at once she heard something else. It was not coming from the direction of the house.

What she heard was a thumping. It sounded as if dozens of strong workmen were hitting the ground as hard as they could with great wooden mallets. And it was very quickly coming nearer. She was already sitting with her back to a tree, and as the tree was not one she could climb, there was really nothing to do but to sit dead still and press herself against the tree and hope she wouldn't be seen.

Thump, thump, thump ... and whatever it was must be very close now for she could feel the ground shaking. But she could see nothing. She thought the thing — or things — must be just behind her. But then there came a thump on the path right in front of her. She knew it was on the path not only by the sound but because she saw the sand scatter as if it had been struck a heavy blow. But she could see nothing that had struck it. Then all the thumping noises drew together about twenty feet away from her and suddenly ceased. Then came the Voice.

Они вышли на длинную прямую песчаную дорожку без единой травинки, по обе стороны которой ровными рядами стояли деревья, и вдали, на другом конце, увидели в лучах полуденного солнца дом — очень длинный и безмолвный.

Едва ступив на дорожку, Люси ощутила, что ей в ботинок попал камешек. В незнакомом месте, наверное, стоило попросить остальных подождать и вытряхнуть его, но она не попросила, а просто отстала и села, чтобы снять ботинок. Шнурок затянулся в узел, и пока Люси его развязывала, остальные ушли далеко вперед, так что, когда снова надела ботинок, больше их уже не слышала, зато услышала кое-что другое.

Это были тяжелые удары, и раздавались они не со стороны дома. Похоже на то, как если бы десятки крепких рабочих изо всех сил ударяли по земле огромными деревянными молотками. Стук быстро приближался. Люси сидела под деревом, но влезть на него ей было не под силу, поэтому ничего не оставалось, кроме как сидеть тихо и вжиматься в ствол в надежде, что ее не заметят.

«Бум-бум-бум...» Что бы это ни было, оно было совсем близко: Люси чувствовала, как дрожит земля, но ничего не видела, и подумала, что это находится где-то у нее за спиной. Вдруг стук раздался на дорожке прямо перед ней, но поняла она это не только по звуку: словно от сильного удара, посыпался песок, только кто мог его нанести — непонятно. Затем звуки отдалились футов на двадцать и внезапно прекратились, зато послышался голос.

It was really very dreadful because she could still see nobody at all. The whole of that park-like country still looked as quiet and empty as it had looked when they first landed. Nevertheless, only a few feet away from her, a voice spoke. And what it said was:

'Mates, now's our chance.'

Instantly a whole chorus of other voices replied, 'Hear him. Hear him. Now's our chance, he said. Well done, Chief. You never said a truer word.'

'What I say,' continued the first voice, 'is, get down to the shore between them and their boat, and let every mother's son look to his weapons. Catch 'em when they try to put to sea.'

Это было страшно, потому что она все еще никого не видела. Весь этот пейзаж, напоминающий парк, выглядел таким же мирным и пустынным, как в самом начале. Тем не менее всего в нескольких футах от нее раздался голос:

— Ну, друзья, это удача.

Ему вторил целый хор голосов:

— Слушайте, слушайте! Он говорит «это удача»! Верно, предводитель, так и есть.

— Надо преградить им дорогу к лодке, — продолжил тот, кто, видимо, был у них главным. — Всем приготовить оружие. Мы их перехватим, когда попытаются пройти к морю.

'Eh, that's the way,' shouted all the other voices. 'You never made a better plan, Chief. Keep it up, Chief. You couldn't have a better plan than that.'

'Lively, then, mates, lively,' said the first voice. 'Off we go.'

'Right again, Chief,' said the others. 'Couldn't have a better order. Just what we were going to say ourselves. Off we go.'

Immediately the thumping began again — very loud at first but soon fainter and fainter, till it died out in the direction of the sea.

Lucy knew there was no time to sit puzzling as to what these invisible creatures might be. As soon as the thumping noise had died away she got up and ran along the path after the others as quickly as her legs would carry her. They must at all costs be warned.

While this had been happening the others had reached the house. It was a low building — only two stories high — made of a beautiful mellow stone, many windowed, and partially covered with ivy. Everything was so still that Eustace said, 'I think it's empty,' but Caspian silently pointed to the column of smoke which rose from one chimney.

They found a wide gateway open and passed through it into a paved courtyard. And it was here that they had their first indication that there was something odd about this island. In the middle of the courtyard stood a pump, and beneath the pump a bucket. There was nothing odd about that. But the pump handle was moving up and down, though there seemed to be no one moving it.

'There's some magic at work here,' said Caspian.

'Machinery!' said Eustace. 'I do believe we've come to a civilised country at last.'

— Отличный план! — подхватили голоса. — Его и будем держаться. Лучше не придумаешь.

— Тогда живее, друзья! — поторопил предводитель. — Вперед!

— Верно, верно! — откликнулись остальные. — Так и поступим. Вперед!

В тот же миг снова раздался стук — сначала оглушительный, потом все слабее и слабее, пока не замер где-то ближе к побережью.

Люси понимала, что раздумывать, кто эти невидимки, некогда, и, как только стук затих, вскочила и что есть духу понеслась предупредить остальных.

Остальные тем временем дошли до дома. Это было невысокое здание, всего в два этажа, из желтоватого старого камня и со множеством окон, полускрытое разросшимся плющом. Кругом было так тихо, что Юстас сказал:

— Похоже, здесь никого нет.

Каспиан лишь покачал головой и молча указал на дым, поднимающийся из трубы.

Широкие ворота были открыты, и вся компания вошла в мощеный двор. Тут же всем стало ясно, что на этом острове творится что-то странное. Посреди двора стоял насос, под ним ведро: в этом ничего странного не было, — но вот рукоятка насоса двигалась вверх-вниз, хотя никого не было видно рядом.

— Чертовщина какая-то, — проговорил Каспиан.

— Механизмы! — воскликнул Юстас. — Думаю, мы наконец-то попали в цивилизованную страну.

At that moment Lucy, hot and breathless, rushed into the courtyard behind them. In a low voice she tried to make them understand what she had overheard. And when they had partly understood it even the bravest of them did not look very happy.

'Invisible enemies,' muttered Caspian. 'And cutting us off from the boat. This is an ugly furrow to plough.'

'You've no idea what *sort* of creatures they are, Lu?' asked Edmund.

'How can I, Ed, when I couldn't see them?'

'Did they sound like humans from their footsteps?'

'I didn't hear any noise of feet — only voices and this frightful thudding and thumping — like a mallet.'

'I wonder,' said Reepicheep, 'do they become visible when you drive a sword into them?'

'It looks as if we shall find out,' said Caspian. 'But let's get out of this gateway. There's one of these gentry at that pump listening to all we say.'

They came out and went back into the path where the trees might possibly make them less conspicuous. 'Not that it's any good *really*,' said Eustace, 'trying to hide from people you can't see. They may be all round us.'

'Now, Drinian,' said Caspian. 'How would it be if we gave up the boat for lost, went down to another part of the bay, and signalled to the *Dawn Treader* to stand in and take us aboard?'

'Not depth for her, Sire,' said Drinian.

'We could swim,' said Lucy.

'Your Majesties all,' said Reepicheep, 'hear me. It is folly to think of avoiding an invisible enemy by any

В этот момент Люси, потная и запыхавшаяся, вбежала во двор и, понизив голос, принялась сбивчиво, перескакивая с пятого на десятое, пересказывать им то, что слышала. И когда друзья наконец поняли, в чем дело, даже самые храбрые задумались.

— Враги-невидимки, — пробормотал Каспиан. — Собираются отрезать нас от шлюпки. Это скверно.

— И ты даже не представляешь, какие они? — спросил Эдмунд.

— Я же их не видела.

— А если судить по шагам, то на людей они похожи?

— Я не слышала никаких шагов — только голоса и звук ударов — как будто молотком.

— Я вот думаю, — сказал Рипичип, — будут ли они видны, если проткнуть их шпагой?

— Похоже, придется это выяснить, — ответил Каспиан. — Только давайте уйдем отсюда: ведь один из них, что при насосе, все слышит.

Решив, что на дорожке будут не так заметны среди деревьев, друзья свернули туда.

— Не понимаю, — заметил Юстас, — какой смысл прятаться от тех, кого ты не видишь: они могут быть везде...

— Ну, Дриниан, — предложил Каспиан, — что, если мы пожертвуем шлюпкой, дойдем до другого края залива и дадим знак «Покорителю зари» подойти поближе и забрать нас?

— Недостаточно глубоко, сир, — ответил Дриниан.

— Можно до корабля и вплавь... — предложила Люси.

— Ваши величества, — сказал Рипичип, — послушайте. Глупо думать, что можно избежать неви-

amount of creeping and skulking. If these creatures mean to bring us to battle, be sure they will succeed. And whatever comes of it I'd sooner meet them face to face than be caught by the tail.'

'I really think Reep is in the right this time,' said Edmund.

'Surely,' said Lucy, 'if Rhince and the others on the *Dawn Treader* see us fighting on the shore they'll be able to do *something*.'

'But they won't see us fighting if they can't see any enemy,' said Eustace miserably. 'They'll think we're just swinging our swords in the air for fun.'

There was an uncomfortable pause.

'Well,' said Caspian at last, 'let's get on with it. We must go and face them. Shake hands all round — arrow on the string, Lucy — swords out, everyone else — and now for it. Perhaps they'll parley.'

It was strange to see the lawns and the great trees looking so peaceful as they marched back to the beach. And when they arrived there, and saw the boat lying where they had left her, and the smooth sand with no one to be seen on it, more than one doubted whether Lucy had not merely imagined all she had told them. But before they reached the sand, a voice spoke out of the air.

'No further, masters, no further now,' it said. 'We've got to talk with you first. There's fifty of us and more here with weapons in our fists.'

'Hear him, hear him,' came the chorus. 'That's our Chief. You can depend on what he says. He's telling you the truth, he is.'

димого врага, если пробираться тайком. Если эти невидимки хотят биться с нами, то наверняка станут. Ну а коли дело дойдет до боя, я предпочел бы встретиться с ними лицом к лицу, а не быть пойманным за хвост.

— Думаю, на этот раз Рип прав, — заметил Эдмунд.

— Конечно, — подхватила Люси, — если Ринс и остальные, те, кто на «Покорителе зари», увидят, как мы сражаемся на берегу, они сумеют что-нибудь предпринять.

— Но они не увидят, как мы сражаемся, если не смогут разглядеть врагов, — печально заметил Юстас, — и решат, что шпагами машем для забавы.

Повисла тревожная тишина.

— Ну, — сказал наконец Каспиан, — решено: нужно встретиться с ними лицом к лицу. Давайте пожмем друг другу руки! Люси, готовь лук к бою. Всем остальным обнажить шпаги — и вперед. Возможно, они начнут переговоры.

Было удивительно смотреть на такие мирные лужайки и огромные деревья, маршируя к берегу. Добравшись до места, друзья увидели шлюпку там, где ее оставили, и гладкий песок, на котором не было никаких следов. Тогда некоторые усомнились в рассказе Люси, решив, что, может, ей все это показалось, но не успели они дойти до песка, как раздался голос — вроде как ниоткуда:

— Нет, господа, ни шагу дальше! Сначала нам нужно поговорить с вами. Нас здесь больше пятидесяти, и все вооружены.

— Слушайте, слушайте его! — вторил хор голосов. — Это наш главный. Вы можете верить каждому его слову.

'I do not see these fifty warriors,' observed Reepi-cheep.

'That's right, that's right,' said the Chief Voice. 'You don't see us. And why not? Because we're invisible.'

'Keep it up, Chief, keep it up,' said the Other Voices. 'You're talking like a book. They couldn't ask for a better answer than that.'

'Be quiet, Reep,' said Caspian, and then added in a louder voice, 'You invisible people, what do you want with us? And what have we done to earn your enmity.'

'We want something that little girl can do for us,' said the Chief Voice. (The others explained that this was just what they would have said themselves.)

'Little girl!' said Reepicheep. 'The lady is a queen.'

'We don't know about queens,' said the Chief Voice. ('No more we do, no more we do,' chimed in the others.) 'But we want something she can do.'

'What is it?' said Lucy.

'And if it is anything against her Majesty's honour or safety,' added Reepicheep, 'you will wonder to see how many we can kill before we die.'

'Well,' said the Chief Voice. 'It's a long story. Suppose we all sit down?'

The proposal was warmly approved by the other voices but the Narnians remained standing.

'Well,' said the Chief Voice. 'It's like this. This island has been the property of a great magician time out of mind. And we all are — or perhaps in a manner of speaking, I might say, we were — his servants. Well, to cut a long story short, this magician that I was speaking about,

— Что-то я не вижу здесь пятидесяти воинов, — заметил Рипичип.

— Верно, верно, — произнес тот же голос. — Вы не можете видеть нас. Почему? Потому что мы невидимы.

— Продолжай! — подхватили остальные голоса. — Ты говоришь как по писаному — лучше не придумаешь.

— Тише, Рип, — предупредил Каспиан и добавил погромче: — И чего же вы, невидимки, хотите от нас? И чем мы настроили вас против себя?

— Мы хотим, чтобы маленькая девочка сделала для нас одну вещь, — сказал главный, и остальные голоса подтвердили это.

— Маленькая девочка! — воскликнул Рипичип возмущенно. — Это же королева.

— Мы ничего не знаем про королев, — сказал главный.

— И мы не знаем, не знаем тоже, — повторили остальные, — но нам нужно то, что она может сделать.

— Что же это? — удивилась Люси.

— И если это угрожает чести или безопасности ее величества, — добавил Рипичип, — вам не понравится исход сражения.

— Ну, — произнес главный, — это долгая история. Тогда, может быть, сядем?

Это предложение было с радостью принято остальными голосами, но нарнийцы остались стоять.

— Да, — начал главный, — дело было так. В незапамятные времена этим островом владел величайший волшебник. А мы все — его слуги, хотя правильнее было бы сказать — были. Ну, короче говоря, волшебник, о котором я рассказывал, велел

he told us to do something we didn't like. And why not? Because we didn't want to. Well, then, this same magician he fell into a great rage; for I ought to tell you he owned the island and he wasn't used to being crossed. He was terribly downright, you know. But let me see, where am I? Oh yes, this magician then, he goes upstairs (for you must know he kept all his magic things up there and we all lived down below), I say he goes upstairs and puts a spell on us. An uglifying spell. If you saw us now, which in my opinion you may thank your stars you can't, you wouldn't believe what we looked like before we were uglified. You wouldn't really. So there we all were so ugly we couldn't bear to look at one another. So then what did we do? Well, I'll tell you what we did. We waited till we thought this same magician would be asleep in the afternoon and we creep upstairs and go to his magic book, as bold as brass, to see if we can do anything about this uglification. But we were all of a sweat and a tremble, so I won't deceive you. But, believe me or believe me not, I do assure you that we couldn't find anything in the way of a spell for taking off the ugliness. And what with time getting on and being afraid that the old gentleman might wake up any minute — I was all of a muck sweat, so I won't deceive you — well, to cut a long story short, whether we did right or whether we did wrong, in the end we see a spell for making people invisible. And we thought we'd rather be invisible than go on being as ugly as all that. And why? Because we'd like it better. So my little girl, who's just about your little girl's age, and a sweet child she was before she was uglified, though now — but least said soonest mended — I say, my little girl she says the spell, for it's got to be a little girl or else the magician himself, if you see my meaning, for otherwise it won't

нам сделать то, чего мы не хотели. И тогда он ужасно разгневался. Должен вам сказать, островом владел он и не привык, чтобы ему противоречили. Так вот: волшебник поднялся на верхний этаж (именно там держал он все свои волшебные принадлежности, в то время как все мы жили внизу) и наложил на нас заклятие, чтобы мы стали страшными. Если бы вы сейчас нас увидели — думаю, вы должны благодарить свою звезду, что это невозможно, — то не поверили бы, что мы выглядели так же, как вы, пока не стали такими страшилами. Правда-правда. Когда мы просто не могли смотреть друг на друга, знаете, что мы сделали? Сейчас я вам скажу что. Мы подождали, когда он уснет после обеда и, набравшись смелости, прокрались наверх, к его волшебной книге, чтобы посмотреть, можно ли как-то отделаться от своего безобразия. От страха мы потели и дрожали, поверьте, но так и не смогли отыскать заклятие, которое сняло бы прежнее. А время шло, и старый волшебник мог проснуться в любую минуту — я весь дрожал как в лихорадке, правда-правда. Ну, если в двух словах, то в конце концов мы нашли заклятие, которое делает людей невидимыми, и решили, что лучше быть такими, чем безобразными. И моя маленькая дочь — примерно того же возраста, что и ваша девочка, очень хорошенькая до этого, — прочитала заклятие, потому что его должна была читать либо девочка, либо сам волшебник, иначе не подействует. Ничего не получится. Моя Клипси прочла заклятие — а я должен сказать, она чудесно читает, — и мы все стали невидимыми, как вы уже поняли. И, скажу я вам, было большим облегчением не видеть чужих лиц. Во всяком случае,

work. And why not? Because nothing happens. So my Clipsie says the spell, for I ought to have told you she reads beautifully, and there we all were as invisible as you could wish to see. And I do assure you it was a relief not to see one another's faces. At first, anyway. But the long and the short of it is we're mortal tired of being invisible. And there's another thing. We never reckoned on this magician (the one I was telling you about before) going invisible too. But we haven't ever seen him since. So we don't know if he's dead, or gone away, or whether he's just sitting upstairs being invisible, and perhaps coming down and being invisible there. And, believe me, it's no manner of use listening because he always did go about with his bare feet on, making no more noise than a great big cat. And I'll tell all you gentlemen straight, it's getting more than what our nerves can stand.'

Such was the Chief Voice's story, but very much shortened, because I have left out what the other voices said. Actually he never got out more than six or seven words without being interrupted by their agreements and encouragements, which drove the Narnians nearly out of their minds with impatience. When it was over there was a very long silence.

'But,' said Lucy at last, 'what's all this got to do with us? I don't understand.'

'Why, bless me, if I haven't gone and left out the whole point,' said the Chief Voice.

'That you have, that you have,' roared the Other Voices with great enthusiasm. 'No one couldn't have left it out cleaner and better. Keep it up, Chief, keep it up.'

'Well, I needn't go over the whole story again,' began the Chief Voice.

'No. Certainly not,' said Caspian and Edmund.

поначалу. Но со временем мы смертельно устали от того, что стали невидимы. И еще одно. Мы не думали, что тот волшебник станет невидимым тоже. Но с тех пор мы его не видели. И значит, не знаем, жив он, или умер, или ушел, или просто сидит невидимый у себя наверху, а может, спустился и ходит здесь. А прислушиваться нет никакого смысла, потому что он ходит босой. И шума от него не больше, чем от кота. И я должен вам прямо сказать, господа: это невыносимо.

Такую историю рассказал их главный, но я ее изрядно сократил, выпустив то, что говорили другие голоса. Ему давали произнести не больше шести-семи слов, чтобы не перебить, не выразить свое согласие и поддержку, отчего нарнийцы чуть не сошли с ума. Когда рассказ закончился, наступило долгое молчание, которое в конце концов нарушила Люси:

— Но какое все это имеет отношение к нам?

— Как же, неужели я упустил самое главное? — удивился предводитель невидимок.

— Упустил! — подтвердили голоса. — Никто не мог бы сделать это лучше. Продолжай, продолжай.

— Не рассказывать же всю историю заново...

— Нет! Конечно, нет, — хором поспешили сказать Каспиан и Эдмунд.

'Well, then, to put it in a nutshell,' said the Chief Voice, 'we've been waiting for ever so long for a nice little girl from foreign parts, like it might be you, Missie — that would go upstairs and go to the magic book and find the spell that takes off the invisibleness, and say it. And we all swore that the first strangers as landed on this island (having a nice little girl with them, I mean, for if they hadn't it'd be another matter) we wouldn't let them go away alive unless they'd done the needful for us. And that's why, gentlemen, if your little girl doesn't come up to scratch, it will be our painful duty to cut all your throats. Merely in the way of business, as you might say, and no offence, I hope.'

'I don't see all your weapons,' said Reepicheep. 'Are they invisible too?' The words were scarcely out of his mouth before they heard a whizzing sound and next moment a spear had stuck, quivering, in one of the trees behind them.

'That's a spear, that is,' said the Chief Voice.

'That it is, Chief, that it is,' said the others. 'You couldn't have put it better.'

'And it came from my hand,' the Chief Voice continued. 'They get visible when they leave us.'

'But why do you want *me* to do this?' asked Lucy. 'Why can't one of your own people? Haven't you got any girls?'

'We dursen't, we dursen't,' said all the Voices. 'We're not going upstairs again.'

'In other words,' said Caspian, 'you are asking this lady to face some danger which you daren't ask your own sisters and daughters to face!'

'That's right, that's right,' said all the Voices cheerfully. 'You couldn't have said it better. Eh, you've had some education, you have. Anyone can see that.'

— Ну тогда самую суть, — согласился предводитель. — Мы все это время ждали, чтобы девочка из чужой страны, вроде вас, барышня, поднялась по лестнице наверх, нашла в волшебной книге заклятие, от которого мы перестали бы быть невидимыми, и произнесла его. И все мы поклялись, что первым же чужестранцам, которые причалят к этому острову (я хочу сказать, если среди них будет девочка), мы не дадим уйти живыми, пока они не сделают того, что нам нужно. Вот почему, господа, если ваша девочка откажется, нашим неприятным долгом будет перерезать вам всем горло. Не в обиду вам, но дело есть дело.

— Что-то я не вижу вашего оружия, — сказал Рипичип. — Оно тоже невидимо?

Не успел он договорить, как все услышали свист, а в следующую секунду копье вонзилось в одно из деревьев позади них.

— Вот оно, копье, — сказал главный.

— Да, верно, — подтвердили остальные.

— Когда я отпускаю его, оно становится видимым.

Люси спросила:

— Но почему вы хотите, чтобы это сделала именно я? Почему не одна из ваших девочек?

— Мы не смеем, не смеем! — раздались голоса. — Мы больше никогда не поднимемся наверх.

— Другими словами, — подвел итог Каспиан, — вы не хотите подвергать опасности своих сестер и дочерей, поэтому решили использовать эту даму.

— Да, да, верно! — с готовностью подхватили голоса. — Лучше не скажешь. Да, сразу видно, что вы получили образование. Каждому понятно.

'Well, of all the outrageous — ' began Edmund, but Lucy interrupted.

'Would I have to go upstairs at night, or would it do in daylight?'

'Oh, daylight, daylight, to be sure,' said the Chief Voice. 'Not at night. No one's asking you to do that. Go upstairs in the dark? Ugh.'

'All right, then, I'll do it,' said Lucy. 'No,' she said, turning to the others, 'don't try to stop me. Can't you see it's no use? There are dozens of them there. We can't fight them. And the other way there *is* a chance.'

'But a magician!' said Caspian.

'I know,' said Lucy. 'But he mayn't be as bad as they make out. Don't you get the idea that these people are not very brave?'

'They're certainly not very clever,' said Eustace.

'Look here, Lu,' said Edmund. 'We really can't let you do a thing like this. Ask Reep, I'm sure he'll say just the same.'

'But it's to save my own life as well as yours,' said Lucy. 'I don't want to be cut to bits with invisible swords any more than anyone else.'

'Her Majesty is in the right,' said Reepicheep. 'If we had any assurance of saving *her* by battle, our duty would be very plain. It appears to me that we have none. And the service they ask of her is in no way contrary to her Majesty's honour, but a noble and heroical act. If the Queen's heart moves her to risk the magician, I will not speak against it.'

— Ну, из всех самых отвратительных... — начал было Эдмунд, но Люси перебила его:

— Когда я должна туда пойти: ночью или днем?

— Да, днем, днем, не сомневайтесь, — раздался голос их главного. — Не среди ночи. Конечно, нет! Никто не просит вас об этом. Идти наверх в темноте? Нет-нет.

— Хорошо, я согласна, — сказала Люси и обернулась к своим: — Даже не пытайтесь меня останавливать. Неужели вы не понимаете, что это бессмысленно? Их тут десятки. Мы не можем с ними сражаться. А так, во всяком случае, есть шанс.

— Но там волшебник! — воскликнул Каспиан.

— Я помню, — отозвалась Люси. — Но, возможно, он не такой плохой, как они думают. Вам не кажется, что эти люди не очень храбрые?

— Насчет храбрости не знаю, а вот что не очень умные — без сомнения, — сказал Юстас.

— Послушай, Люси, мы не можем рисковать, — попытался отговорить сестру Эдмунд. — Спроси Рипа: я уверен, что он со мной согласен.

— Но ведь иначе всем нам грозит смерть, — возразила Люси. — Я не больше вашего хочу, чтобы мне перерезали горло невидимые монстры.

— Ее величество права, — сказал Рипичип. — Будь у нас уверенность, что, вступив в бой, мы их одолеем, все было бы предельно ясно, но, мне кажется, такой уверенности у нас нет. А то, о чем ее просят, не противоречит королевской чести — напротив: это благородное и героическое деяние. И если отважное сердце королевы велит ей пойти к волшебнику, я не стану ее отговаривать.

As no one had ever known Reepicheep to be afraid of anything, he could say this without feeling at all awkward. But the boys who had all been afraid quite often, grew very red. None the less, it was such obvious sense that they had to give in. Loud cheers broke from the invisible people when their decision was announced, and the Chief Voice (warmly supported by all the others) invited the Narnians to come to supper and spend the night. Eustace didn't want to accept, but Lucy said, 'I'm sure they're not treacherous. They're not like that at all,' and the others agreed. And so, accompanied by an enormous noise of thumpings (which became louder when they reached the flagged and echoing courtyard) they all went back to the house.

Все знали, что Рипичип никогда ничего не боится, поэтому мог сказать это, не чувствуя неловкости, но мальчики, которые часто испытывали страх, густо покраснели. Тем не менее смысл речи Рипичипа был всем ясен, и с ним нельзя было не согласиться. Решение Люси невидимки приветствовали восторженными криками, а их предводитель (горячо поддержанный всеми остальными) пригласил нарнийцев поужинать и провести вечер вместе. Юстас был против, но Люси сказала:

— Я уверена, что это совершенно безопасно.

Все с ней согласились и, сопровождаемые ужасным топотом (который стал еще громче, когда вся толпа вывалилась на мощеный двор), вернулись в дом.

Chapter 10

THE MAGICIAN'S BOOK

The invisible people feasted their guests royally. It was very funny to see the plates and dishes coming to the table and not to see anyone carrying them. It would have been funny even if they had moved along level with the floor, as you would expect things to do in invisible hands. But they didn't. They progressed up the long dining-hall in a series of bounds or jumps. At the highest point of each jump a dish would be about fifteen feet up in the air; then it would come down and stop quite suddenly about three feet from the floor. When the dish contained anything like soup or stew the result was rather disastrous.

'I'm beginning to feel very inquisitive about these people,' whispered Eustace to Edmund. 'Do you think they're human at all? More like huge grasshoppers or giant frogs, I should say.'

'It does look like it,' said Edmund. 'But don't put the idea of the grasshoppers into Lucy's head. She's not too keen on insects; especially big ones.'

The meal would have been pleasanter if it had not been so exceedingly messy, and also if the conversation had not consisted entirely of agreements. The invisible people agreed about everything. Indeed most of their remarks were the sort it would not be easy to disagree with: 'What I always say is, when a chap's hungry, he likes some victuals,' or 'Getting dark now; always does at night,'

Глава 10

ВОЛШЕБНАЯ КНИГА

Невидимки принимали гостей по-царски. Было забавно видеть, как появляются на столе тарелки и блюда, которые как будто никто и не приносил. Было бы забавно, даже если бы они двигались на таком расстоянии от пола, словно их несут невидимые руки, но тарелки передвигались по длинному обеденному залу прыжками. Блюдо то взлетало до пятнадцати футов над полом, затем вдруг опускалось и останавливалось на уровне трех футов, и если в нем было что-то жидкое, результат оказывался плачевным.

— Вот интересно, — шепнул Юстас Эдмунду, — эти невидимки люди, или что-то вроде огромных кузнечиков, или гигантские лягушки, как ты думаешь?

— Вряд ли люди, — сказал Эдмунд. — Только не делись этими соображениями с Люси: она не слишком жалует насекомых, особенно больших.

Трапеза могла быть куда приятнее, если бы не пролитые блюда и не беседа, состоявшая из одних поддакиваний. Эти невидимки только и делали, что все одобряли. Бо́льшая часть их реплик была из тех, с чем нельзя не согласиться: «Я всегда говорю: если человек голодный, неплохо бы ему что-нибудь съесть», или: «Становится темно — значит, ночь

or even 'Ah, you've come over the water. Powerful wet stuff, ain't it?' And Lucy could not help looking at the dark yawning entrance to the foot of the staircase — she could see it from where she sat — and wondering what she would find when she went up those stairs next morning. But it was a good meal otherwise, with mushroom soup and boiled chickens and hot boiled ham and gooseberries, red currants, curds, cream, milk, and mead. The others liked the mead but Eustace was sorry afterwards that he had drunk any.

When Lucy woke up next morning it was like waking up on the day of an examination or a day when you are going to the dentist. It was a lovely morning with bees buzzing in and out of her open window and the lawn outside looking very like somewhere in England. She got up and dressed and tried to talk and eat ordinarily at breakfast. Then, afer being instructed by the Chief Voice about what she was to do upstairs, she bid goodbye to the others, said nothing, walked to the bottom of the stairs, and began going up them without once looking back.

It was quite light, that was one good thing. There was, indeed, a window straight ahead of her at the top of the first flight. As long as she was on that flight she could hear the *tick-tock-tick-tock* of a grandfather clock in the hall below. Then she came to the landing and had to turn to her left up the next flight; after that she couldn't hear the clock any more.

Now she had come to the top of the stairs. Lucy looked and saw a long, wide passage with a large window at the far end. Apparently the passage ran the whole

наступает», или даже: «А, ты переходил через реку. Вода ужасно мокрая, правда?» А Люси, не в силах удержаться, все поглядывала на зияющий темный вход и начало лестницы — с ее места это было видно — и раздумывала, что увидит, когда на следующее утро поднимется по ступенькам. Угощение, однако, было выше всяческих похвал: грибной суп, вареная курица, горячий окорок, крыжовник, красная смородина, сливки, молоко, творог и мед, который не едят, а пьют. Мед всем понравился, а Юстас так много выпил, что потом жалел.

Люси проснулась на следующее утро с таким чувством, будто ей предстоял экзамен или визит к стоматологу. Утро выдалось чудесное: пчелы с жужжанием влетали и вылетали в открытое окно, а от вида подстриженных лужаек так тепло становилось на душе, будто ты в Англии. Поднявшись и одевшись, Люси постаралась за завтраком вести себя как обычно. Потом, выслушав указания предводителя невидимок относительно того, что ей предстоит сделать наверху, она попрощалась со всеми, молча подошла к лестнице и стала, не оглядываясь, подниматься по ступенькам.

Хорошо, что совсем светло. На площадке после первого пролета лестницы прямо перед ней оказалось окно. Поднимаясь по лестнице, Люси слышала, как тикают большие напольные часы в комнате внизу. Затем, пройдя площадку, она повернула налево, на следующий пролет, и тиканья часов здесь уже не было слышно.

Добравшись до самого верха лестницы, Люси увидела длинный широкий коридор, украшенный резными панелями, в дальнем конце которого све-

length of the house. It was carved and panelled and carpeted and very many doors opened off it on each side. She stood still and couldn't hear the squeak of a mouse, or the buzzing of a fly, or the swaying of a curtain, or anything — except the beating of her own heart.

'The last doorway on the left,' she said to herself. It did seem a bit hard that it should be the last. To reach it she would have to walk past room after room. And in any room there might be the magician — asleep, or awake, or invisible, or even dead. But it wouldn't do to think about that. She set out on her journey. The carpet was so thick that her feet made no noise.

'There's nothing whatever to be afraid of yet,' Lucy told herself. And certainly it was a quiet, sunlit passage; perhaps a bit too quiet. It would have been nicer if there had not been strange signs painted in scarlet on the doors — twisty, complicated things which obviously had a meaning and it mightn't be a very nice meaning either. It would have been nicer still if there weren't those masks hanging on the wall. Not that they were exactly ugly — or not so very ugly — but the empty eye-holes did look queer, and if you let yourself you would soon start imagining that the masks were doing things as soon as your back was turned to them.

After about the sixth door she got her first real fright. For one second she felt almost certain that a wicked little bearded face had popped out of the wall and made a grimace at her. She forced herself to stop and look at it. And it was not a face at all. It was a little mirror just the size and shape of her own face, with hair on the top of it and a beard hanging down from it, so that when you looked in the mirror your own face fitted into the hair and beard and it looked as if they belonged

тилось окно, а на полу лежал ковер. Слева и справа виднелись двери. Люси замерла. Было так тихо, что не слышалось ни писка мыши, ни жужжания пчелы, ни шуршания шторы — ничего, кроме биения ее собственного сердца.

«Последняя дверь слева», — сказала она себе. Жаль, что последняя. Чтобы добраться до нее, предстояло пройти мимо множества комнат, и в любой из них мог находиться волшебник: спящий, бодрствующий, невидимый или даже мертвый, — но об этом не стоит думать.

«Пока бояться нечего», — сказала себе Люси и пошла вперед. Толстый ковер заглушал шаги. И в самом деле, в залитом солнечным светом коридоре было очень тихо — возможно, даже слишком. Лучше бы здесь не было странных знаков алой краской на дверях — извилистые переплетенные линии, которые определенно что-то значили, и явно не очень хорошее. Лучше бы на стенах не висели маски. Они не были страшными — или не казались такими уж страшными, — но пустые глазницы выглядели подозрительно, и если позволить себе, то легко можно было вообразить, что они начнут корчить рожи, как только ты повернешься к ним спиной.

Проходя мимо шестой двери, Люси впервые по-настоящему испугалась. В первую секунду она была уверена, что на нее смотрит со стены и корчит ей гримасы чье-то маленькое бородатое личико, поэтому заставила себя остановиться и приглядеться. Это было вовсе не лицо, а маленькое зеркало, размером и формой действительно как ее собственное лицо, только с космами волос наверху и бородой внизу, отчего, если смотреться в него, волосы и боро-

to you. 'I just caught my own reflection with the tail of my eye as I went past,' said Lucy to herself. 'That was all it was. It's quite harmless.' But she didn't like the look of her own face with that hair and beard, and went on. (I don't know what the Bearded Glass was for because I am not a magician.)

Before she reached the last door on the left Lucy was beginning to wonder whether the corridor had grown longer since she began her journey and whether this was part of the magic of the house. But she got to it at last. And the door was open.

It was a large room with three big windows and it was lined from floor to ceiling with books; more books than Lucy had ever seen before, tiny little books, fat and dumpy books, and books bigger than any church Bible you have ever seen, all bound in leather and smelling old and learned and magical. But she knew from her instructions that she need not bother about any of these. For *the* Book, the Magic Book, was lying on a reading-desk in the very middle of the room. She saw she would have to read it standing (and anyway there were no chairs) and also that she would have to stand with her back to the door while she read it. So at once she turned to shut the door.

It wouldn't shut.

Some people may disagree with Lucy about this, but I think she was quite right. She said she wouldn't have minded if she could have shut the door, but that it was unpleasant to have to stand in a place like that with an open doorway right behind your back. I should have felt just the same. But there was nothing else to be done.

One thing that worried her a good deal was the size of the Book. The Chief Voice had not been able to give her any idea whereabouts in the Book the spell for mak-

да кажутся твоими собственными. «Я просто увидела краем глаза свое отражение, проходя мимо, — сказала себе Люси. — Вот и все. Это совершенно безопасно». Но такое вот лицо — с космами и бородой — ей не понравилось. (Не знаю, зачем нужно бородатое зеркало — я же не волшебник.)

Еще не дойдя до последней двери слева, Люси подумала, не стал ли коридор длиннее за то время, что она по нему идет, и нет ли в этом волшебства, но тут как раз увидела нужную дверь, гостеприимно открытую.

Это была большая комната с тремя широкими окнами, от пола до потолка уставленная книгами. Столько книг Люси никогда в жизни не видела: маленькие книжечки, толстые книги больше Библии, все в кожаных переплетах, от которых исходил аромат древности и учености, аромат волшебства. Но она знала из полученных указаний, что ей даже и думать об этих книгах не нужно, потому что книга, волшебная книга, лежала на столе, стоявшем посреди комнаты. Люси поняла, что читать придется стоя (здесь не было стульев), к тому же спиной к двери, поэтому пошла ее закрыть. Но дверь не закрывалась.

Может, кто-нибудь не согласится с Люси, но я думаю, она была совершенно права, когда сказала, что ее не смущала бы закрытая дверь, только неприятно, когда в таком месте открытая дверь как раз за твоей спиной. Я бы чувствовал то же самое. Но делать было нечего.

Еще ее беспокоили размеры книги. Предводитель невидимок не мог сказать, как найти в книге заклятие, которое делает людей видимыми, даже удивил-

ing things visible came. He even seemed rather surprised at her asking. He expected her to begin at the beginning and go on till she came to it; obviously he had never thought that there was any other way of finding a place in a book. 'But it might take me days and weeks!' said Lucy, looking at the huge volume, 'and I feel already as if I'd been in this place for hours.'

She went up to the desk and laid her hand on the book; her fingers tingled when she touched it as if it were full of electricity. She tried to open it but couldn't at first; this, however, was only because it was fastened by two leaden clasps, and when she had undone these it opened easily enough. And what a book it was!

It was written, not printed; written in a clear, even hand, with thick downstrokes and thin upstrokes, very large, easier than print, and so beautiful that Lucy stared at it for a whole minute and forgot about reading it. The paper was crisp and smooth and a nice smell came from it; and in the margins, and round the big coloured capital letters at the beginning of each spell, there were pictures.

There was no title page or title; the spells began straight away, and at first there was nothing very important in them. They were cures for warts (by washing your hands in moonlight in a silver basin) and toothache and cramp, and a spell for taking a swarm of bees. The picture of the man with toothache was so lifelike that it would have set your own teeth aching if you looked at it too long, and the golden bees which were dotted all round the fourth spell looked for a moment as if they were really flying.

ся ее вопросу, потому что считал, что она начнет с самого начала и дойдет до нужного места. Понятно, что он никогда не думал, что можно искать что-то в книге по-другому. «Но это займет у меня несколько дней, а то и недель! — мысленно воскликнула Люси, разглядывая огромный том. — Мне и так кажется, что я провела здесь целую вечность!»

Люси подошла к столу и, положив руку на книгу, почувствовала, как пальцы стало покалывать, как будто книга наэлектризована. Попытка открыть ее не увенчалась успехом, но только потому, что переплет был застегнут на две свинцовые застежки, а когда она расстегнула их, книга легко открылась. Ах что это была за книга!

Не напечатанная, а рукописная, с четкими буквами, утолщавшимися книзу и тонкими вверху, крупными, легко читаемыми и такими красивыми, что Люси на несколько минут даже забыла про чтение. От бумаги, гладкой и похрустывавшей, шел дивный запах, перед каждым заклинанием имелась картинка, а текст начинался с изукрашенной буквицы.

Здесь не было ни титульной страницы, ни названия: заклинания начинались сразу и поначалу не содержали ничего важного: средства от бородавок (вымыть руки лунным светом в серебряном тазу); средство от зубной боли и колик, затем заклятие, с помощью которого можно получить пчелиный рой. Мужчина с больным зубом был изображен настолько живо, что при взгляде на него начинало казаться, что и у тебя болит зуб, а золотые пчелы, нарисованные рядом с соответствующим заклинанием, казались живыми.

Lucy could hardly tear herself away from that first page, but when she turned over, the next was just as interesting. 'But I must get on,' she told herself. And on she went for about thirty pages which, if she could have remembered them, would have taught her how to find buried treasure, how to remember things forgotten, how to forget things you wanted to forget, how to tell whether anyone was speaking the truth, how to call up (or prevent) wind, fog, snow, sleet or rain, how to produce enchanted sleeps and how to give a man an ass's head (as they did to poor Bottom). And the longer she read the more wonderful and more real the pictures became.

Then she came to a page which was such a blaze of pictures that one hardly noticed the writing. Hardly — but she *did* notice the first words. They were, *An infallible spell to make beautiful her that uttereth it beyond the lot of mortals.* Lucy peered at the pictures with her face close to the page, and though they had seemed crowded and muddlesome before, she found she could now see them quite clearly. The first was a picture of a girl standing at a reading-desk reading in a huge book. And the girl was dressed exactly like Lucy. In the next picture Lucy (for the girl in the picture was Lucy herself) was standing up with her mouth open and a rather terrible expression on her face, chanting or reciting something. In the third picture the beauty beyond the lot of mortals had come to her. It was strange, considering how small the pictures had looked at first, that the Lucy in the picture now seemed quite as big as the real Lucy; and they looked into each other's eyes and the real Lucy looked away after a few minutes because she was dazzled by the beauty of the other Lucy; though she could still see a sort of likeness to

Люси никак не могла оторваться от первой страницы, но когда наконец перевернула ее, увидела, что и вторая не менее интересна. «Мне нельзя задерживаться», — напомнила она себе... и пролистала страниц тридцать. Если бы она запомнила, о чем они, то знала бы, как найти клад; как вспомнить забытое; как забыть то, что хочешь забыть; как узнать, говорят ли тебе правду; как призвать (или усмирить) ветер, туман, снег или дождь; как наслать колдовской сон и как превратить человеческую голову в ослиную (как случилось с бедным ткачом Основой). И чем дальше она читала, тем удивительнее и реалистичнее становились картинки.

Наконец Люси дошла до страницы, где было такое множество великолепных рисунков, что текст читался с трудом, но она все же разобрала: «Надежное заклятие сделаться красавицей, каких мало в мире». Склонившись над книгой, Люси принялась рассматривать картинки, и хотя прежде их было слишком много и не все понятные, сейчас она ясно видела, что на них нарисовано. Сначала шла картинка, на которой девочка стояла с огромной книгой в руках, одетая в точности как Люси. На следующей картинке Люси (потому что та девочка действительно была Люси) стояла с открытым ртом и что-то читала или пела. На третьей картинке она стала такой красавицей, «каких мало мире». Было удивительно, что картинки словно выросли: теперь стали величиной с настоящую Люси. Девочки несколько минут смотрели друг на друга, и настоящая Люси первой отвела взгляд, ослепленная красотой другой Люси, хотя прекрасно видела сходство ее лица со своим. Теперь картинки перед ней замелькали: вот она восседает на

herself in that beautiful face. And now the pictures came crowding on her thick and fast. She saw herself throned on high at a great tournament in Calormen and all the Kings of the world fought because of her beauty. After that it turned from tournaments to real wars, and all Narnia and Archenland, Telmar and Calormen, Galma and Terebinthia, were laid waste with the fury of the kings and dukes and great lords who fought for her favour. Then it changed and Lucy, still beautiful beyond the lot of mortals, was back in England. And Susan (who had always been the beauty of the family) came home from America. The Susan in the picture looked exactly like the real Susan only plainer and with a nasty expression. And Susan was jealous of the dazzling beauty of Lucy, but that didn't matter a bit because no one cared anything about Susan now.

'I *will* say the spell,' said Lucy. 'I don't care. I will.' She said I *don't care* because she had a strong feeling that she mustn't.

But when she looked back at the opening words of the spell, there in the middle of the writing, where she felt quite sure there had been no picture before, she found the great face of a lion, of The Lion, Aslan himself, staring into hers. It was painted such a bright gold that it seemed to be coming towards her out of the page; and indeed she never was quite sure afterwards that it hadn't really moved a little. At any rate she knew the expression on his face quite well. He was growling and you could see most of his teeth. She became horribly afraid and turned over the page at once.

A little later she came to a spell which would let you know what your friends thought about you. Now Lucy had wanted very badly to try the other spell, the one that made

троне на большом турнире в Тархистане, а все короли мира сражаются за право назвать ее своей Прекрасной Дамой. После этого турниры сменились настоящими войнами, и вся Нарния и Орландия, Тельмар и Тархистан, Гальма и Теревинфия были опустошены из-за яростных битв королей, герцогов и лордов, сражавшихся за ее благосклонность. Затем картинки сменились, и Люси, все еще прекрасная, как мало кто в мире, вернулась в Англию. И Сьюзен (самая красивая в их семье) как раз приехала из Америки. Сьюзен на картинке выглядела совсем как настоящая, только не такая хорошенькая и со злым выражением лица. Сьюзен завидовала ослепительной красоте младшей сестры, но это не имело особого значения, потому что теперь никому не было до Сьюзен дела.

«Я *произнесу* это заклятие, — сказала себе Люси. — Мне все равно: возьму и произнесу!»

Она не зря сказала: *«Мне все равно!»* — чувствовала, что делать этого не следует. Но когда снова вернулась к началу заклятия, где, в чем была уверена, не было никаких картинок, то увидела большую морду льва, самого Аслана, и он в упор смотрел на нее. Рисунок был таким ярким и реалистичным, что, казалось, лев вот-вот сойдет к ней со страницы. Позже Люси не могла сказать точно, двигался ли он, но что ей запомнилось — это выражение неудовольствия и оскаленные зубы. Она ужасно испугалась и поспешила перевернуть страницу.

Дальше она наткнулась на заклятие, которое давало возможность узнать, что о тебе думают друзья. Люси, стараясь отвлечься от того, другого, которое

you beautiful beyond the lot of mortals. So she felt that to make up for not having said it, she really would say this one. And all in a hurry, for fear her mind would change, she said the words (nothing will induce me to tell you what they were). Then she waited for something to happen.

As nothing happened she began looking at the pictures. And all at once she saw the very last thing she expected — a picture of a third class carriage in a train, with two schoolgirls sitting in it. She knew them at once. They were Marjorie Preston and Anne Featherstone. Only now it was much more than a picture. It was alive. She could see the telegraph posts flicking past outside the window. She could see the two girls laughing and talking. Then gradually (like when the radio is 'coming on') she could hear what they were saying.

'Shall I see anything of you this term?' said Anne, 'or are you still going to be all taken up with Lucy Pevensie?'

'Don't know what you mean by *taken up*,' said Marjorie.

'Oh yes, you do,' said Anne. 'You were crazy about her last term.'

'No, I wasn't,' said Marjorie. 'I've got more sense than that. Not a bad little kid in her way. But I was getting pretty tired of her before the end of term.'

'Well, you jolly well won't have the chance any other term!' shouted Lucy. 'Two-faced little beast.' But the sound of her own voice at once reminded her that she was talking to a picture and that the real Marjorie was far away in another world.

'Well,' said Lucy to herself, 'I did think better of her than that. And I did all sorts of things for her last term,

превращает в красавицу, каких мало, торопливо, опасаясь передумать, прочитала про друзей (что именно — не скажу, даже не просите) и стала ждать результата.

Ничего не происходило, и Люси принялась рассматривать картинки. И сразу же увидела то, чего меньше всего ожидала: вагон третьего класса, а в нем среди пассажиров — двух школьниц, которых узнала с первого взгляда: Марджори Престон и Энн Фиверстон. Только это уже была не картинка в книжке — она ожила. Сначала Люси увидела, как за окном вагона мелькают телеграфные столбы, затем постепенно (как если прибавить звук в радиоприемнике) услышала разговор девочек.

— Так мы будем общаться в этой четверти, — спросила Энн, — или ты так и продолжишь ходить хвостиком за Люси Певенси?

— Не понимаю, что ты имеешь в виду, — ответила Марджори.

— Прекрасно понимаешь, — возразила Энн. — Ты всю прошлую четверть ходила за ней хвостиком и разве что в рот не заглядывала.

— Ничего подобного! Я что, похожа на дурочку? Кстати, она совсем не плохая, просто к концу четверти порядком мне надоела.

— Ну ничего себе! — возмутилась Люси. — Двуличная свинья!

Звук собственного голоса моментально напомнил ей, что она обращается к картинке, а Марджори далеко, в совсем другом мире. «Что ж, — тогда сказала себе Люси, — я была о ней лучшего мнения. Знала бы, что она такая, ничего бы для нее не де-

and I stuck to her when not many other girls would. And she knows it too. And to Anne Featherstone of all people! I wonder are all my friends the same? There are lots of other pictures. No. I won't look at any more. I won't, I won't' — and with a great effort she turned over the page; but not before a large, angry tear had splashed on it.

On the next page she came to a spell 'for the refreshment of the spirit'. The pictures were fewer here but very beautiful. And what Lucy found herself reading was more like a story than a spell. It went on for three pages and before she had read to the bottom of the page she had forgotten that she was reading at all. She was living in the story as if it were real, and all the pictures were real too. When she had got to the third page and come to the end, she said, 'That is the loveliest story I've ever read or ever shall read in my whole life. Oh, I wish I could have gone on reading it for ten years. At least I'll read it over again.'

But here part of the magic of the Book came into play. You couldn't turn back. The right-hand pages, the ones ahead, could be turned; the left-hand pages could not.

'Oh, what a shame!' said Lucy. 'I did so want to read it again. Well, at least, I must remember it. Let's see ... it was about ... about ... oh dear, it's all fading away again. And even this last page is going blank. This is a very queer book. How can I have forgotten? It was about a cup and a sword and a tree and a green hill, I know that much. But I can't remember and what *shall* I do?'

And she never could remember; and ever since that day what Lucy means by a good story is a story which

лала, не заступалась бы. И кому она говорит такое: Энн Фиверстон! Неужели все мои подруги такие же? Здесь еще полно картинок. Нет, не буду больше смотреть. Не буду, не буду!» И она нехотя перевернула страницу, на которую успела капнуть крупная злая слеза.

Взгляд ее упал на заклятие «для отдохновения души». Картинок стало меньше, а то, что Люси прочла, показалось ей скорее притчей, чем заклинанием. Текст занимал три страницы, и, еще не дочитав первую до конца, она вообще забыла, что это чтение. Она будто переместилась в другую реальность и жила в ней.

Дойдя до конца, Люси воскликнула:

— Какая чудесная история! Лучше всего, что я когда-нибудь читала. Такие можно читать хоть десять лет подряд. Эту, во всяком случае, можно перечитать прямо сейчас.

Вот тут-то и проявилось настоящее волшебство книги: оказалось, что вернуться на прочитанные страницы нельзя. Страницы справа, те, что еще предстояло прочесть, можно было листать, а страницы слева — нет.

«Какая жалость! — расстроилась Люси. — Мне так хотелось это перечитать. Попробую все же вспомнить. Сейчас... это о... о... Странно: все как будто выцвело, а последняя страница сделалась белой. Какая необычная книга... Вроде там было о кубке и шпаге, о дереве на зеленом холме... Больше не могу вспомнить».

Хоть она больше ничего так и не вспомнила, с этого дня любой рассказ, который даже немного

reminds her of the forgotten story in the Magician's Book.

She turned on and found to her surprise a page with no pictures at all; but the first words were *A Spell to make hidden things visible*. She read it through to make sure of all the hard words and then said it out loud. And she knew at once that it was working because as she spoke the colours came into the capital letters at the top of the page and the pictures began appearing in the margins. It was like when you hold to the fire something written in Invisible Ink and the writing gradually shows up; only instead of the dingy colour of lemon juice (which is the easiest Invisible Ink) this was all gold and blue and scarlet. They were odd pictures and contained many figures that Lucy did not much like the look of. And then she thought, 'I suppose I've made everything visible, and not only the Thumpers. There might be lots of other invisible things hanging about a place like this. I'm not sure that I want to see them all.'

At that moment she heard soft, heavy footfalls coming along the corridor behind her; and of course she remembered what she had been told about the Magician walking in his bare feet and making no more noise than a cat. It is always better to turn round than to have anything creeping up behind your back. Lucy did so.

Then her face lit up till, for a moment (but of course she didn't know it), she looked almost as beautiful as that other Lucy in the picture, and she ran forward with a little cry of delight and with her arms stretched out. For what stood in the doorway was Aslan himself, the Lion, the highest of all High Kings. And he was solid and real and warm and he let her kiss him and bury herself in his shin-

походил на забытую историю в книге волшебника, казался ей хорошим.

Перевернув страницу, Люси удивилась: картинок здесь совсем не было, — зато первые слова ее буквально заинтриговали: «Как сделать невидимое видимым». Сначала она пробежала заклинание взглядом, потом прочла вслух и тут же поняла, что оно действует, потому что в то время, как она проговаривала текст, буквицы налились цветом, а на полях стали возникать картинки. Так происходит, если поднести к огню написанное невидимыми чернилами: постепенно проступает текст, — только вместо тусклого цвета лимонного сока (это самые простые невидимые чернила) здесь становились видны золотые, синие и алые буквы. Это были странные картинки с множеством фигур, смотреть на которые Люси не очень нравилось. Тогда она подумала: «Похоже, видимыми сделались не только эти топтуны: в таких местах, как это, должно быть множество всяких невидимок. Не уверена, что мне хочется увидеть их всех».

В этот момент из коридора за спиной раздались мягкие тяжелые шаги, и, разумеется, Люси сразу вспомнила про босого волшебника, который производит не больше шума, чем кот. Всегда лучше обернуться и встретить любую неожиданность лицом к лицу.

Стоило увидеть того, кто предстал ее взору, как лицо ее озарилось, и на какое-то время (хотя она не знала об этом) Люси стала такой же красивой, как та, другая, на картинке, и бросилась вперед, распахнув объятия, тихонько вскрикнув от восторга. Потому что в дверях стоял сам Аслан, лев, Величайший из всех Верховных королей. Большой, теплый, настоя-

ing mane. And from the low, earthquake-like sound that came from inside him, Lucy even dared to think that he was purring.

'Oh, Aslan,' said she, 'it was kind of you to come.'

'I have been here all the time,' said he, 'but you have just made me visible.'

'Aslan!' said Lucy almost a little reproachfully. 'Don't make fun of me. As if anything *I* could do would make *you* visible!'

'It did,' said Aslan. 'Do you think I wouldn't obey my own rules?'

After a little pause he spoke again.

'Child,' he said, 'I think you have been eavesdropping.'

'Eavesdropping?'

'You listened to what your two schoolfellows were saying about you.'

'Oh that? I never thought that was eavesdropping, Aslan. Wasn't it magic?'

'Spying on people by magic is the same as spying on them in any other way. And you have misjudged your friend. She is weak, but she loves you. She was afraid of the older girl and said what she does not mean.'

'I don't think I'd ever be able to forget what I heard her say.'

'No, you won't.'

'Oh dear,' said Lucy. 'Have I spoiled everything? Do you mean we would have gone on being friends if it hadn't been for this — and been really great friends — all our lives perhaps — and now we never shall?'

'Child,' said Aslan, 'did I not explain to you once before that no one is ever told what *would have happened*?'

щий, он позволил ей уткнуться лицом в его золотистую гриву, и по низкому звуку, похожему на отдаленный гром, Люси догадалась, что он мурлычет.

— Ах, Аслан! Как хорошо, что ты пришел.

— Я все время был здесь, — мягко сказал лев. — Просто ты сделала меня видимым.

— Ну зачем ты смеешься надо мной? — воскликнула Люси, и в голосе ее слышался упрек. — Разве я могу сделать что-нибудь подобное!

— Конечно. Неужели ты думаешь, я не подчиняюсь собственным правилам?

Последовала небольшая пауза, и Аслан заметил:

— Дитя мое, ты поступила нехорошо, потому что подслушивала.

— Подслушивала? — удивилась Люси.

— Да, разговор о тебе твоих одноклассниц.

— А, ты об этом... Ну какое же это подслушивание — ведь волшебство.

— Следить за кем-либо нехорошо, и не важно, каким образом. А о своей подруге ты судишь неверно. Она слабая, но очень дорожит дружбой с тобой, просто побаивается той девочки, что постарше, потому и говорит не то, что думает.

— Вряд ли я когда-нибудь смогу забыть ее слова.

— Да, ты их не забудешь.

— Ой! Неужели я все испортила? Ты хочешь сказать, что мы оставались бы подругами, если бы я этого не слышала, и дружили бы всю жизнь?

— Дитя мое, — мягко напомнил Аслан, — разве я не говорил тебе однажды, что никому не дано знать, *что могло бы произойти?*

'Yes, Aslan, you did,' said Lucy. 'I'm sorry. But please —'

'Speak on, dear heart.'

'Shall I ever be able to read that story again; the one I couldn't remember? Will you tell it to me, Aslan? Oh do, do, do.'

'Indeed, yes, I will tell it to you for years and years. But now, come. We must meet the master of this house.'

— Да, я помню. Прости. Только...

— Что, милая?

— Только прошу тебя, скажи: когда-нибудь смогу ли я прочесть ту притчу, что никак не могу вспомнить, еще раз? А может, ты перескажешь мне ее? Ну пожалуйста.

— Конечно. Я буду рассказывать ее все время. А сейчас пойдем: нужно повидать хозяина дома.

Chapter 11

THE DUFFLEPUDS
MADE HAPPY

Lucy followed the great Lion out into the passage and at once she saw coming towards them an old man, barefoot, dressed in a red robe. His white hair was crowned with a chaplet of oakleaves, his beard fell to his girdle, and he supported himself with a curiously carved staff. When he saw Aslan he bowed low and said, 'Welcome, Sir, to the least of your houses.'

'Do you grow weary, Coriakin, of ruling such foolish subjects as I have given you here?'

'No,' said the Magician, 'they are very stupid but there is no real harm in them. I begin to grow rather fond of the creatures. Sometimes, perhaps, I am a little impatient, waiting for the day when they can be governed by wisdom instead of this rough magic.'

'All in good time, Coriakin,' said Aslan.

'Yes, all in very good time, Sir,' was the answer. 'Do you intend to show yourself to them?'

'Nay,' said the Lion, with a little half growl that meant (Lucy thought) the same as a laugh. 'I should frighten them out of their senses. Many stars will grow old and come to take their rest in islands before your people are ripe for that. And today before sunset I must visit Trumpkin the Dwarf where he sits in the castle of Cair

Глава 11

КАК ПОЯВИЛИСЬ ОХЛОТОПЫ

Люси вышла вслед за Великим львом в коридор и сразу же увидела шедшего по направлению к ним старца (опиравшегося на украшенный резьбой посох, босого, в красных одеждах), на белоснежных волосах которого лежал венок из дубовых листьев, борода доходила до пояса. Увидев Аслана, он низко поклонился и сказал:

— Добро пожаловать, владыка, в скромнейший из твоих домов.

— Ты еще не устал, Кориакин, управляться со своими глупыми подданными, которых я тебе поручил?

— Нет, — ответил волшебник, — они и правда очень глупы, но в них нет зла. Я даже полюбил их. Иногда, правда, я бываю нетерпелив, ожидая, когда же наконец можно будет править ими, используя мудрость, а не эту грубую магию.

— Всему свое время, Кориакин, — сказал Аслан.

— Да, ты прав, владыка, — согласился волшебник. — Ты собираешься показаться им?

— Нет. — Лев чуть рыкнул, что означало, по мнению Люси, смех. — Я напугаю их до смерти. Много звезд успеет состариться и уйти на отдых на острова, прежде чем твой народ дозреет до этого. А сегодня, еще до захода, я должен посетить Трама в замке Кэр-Параваль, который ждет не дождется возвраще-

Paravel counting the days till his master Caspian comes home. I will tell him all your story, Lucy. Do not look so sad. We shall meet soon again.'

'Please, Aslan,' said Lucy, 'what do you call *soon*?'

'I call all times soon,' said Aslan; and instantly he was vanished away and Lucy was alone with the Magician.

'Gone!' said he, 'and you and I quite crestfallen. It's always like that, you can't keep him; it's not as if he were a *tame* lion. And how did you enjoy my book?'

'Parts of it very much indeed,' said Lucy. 'Did you know I was there all the time?'

'Well, of course I knew when I let the Duffers make themselves invisible that you would be coming along presently to take the spell off. I wasn't quite sure of the exact day. And I wasn't especially on the watch this morning. You see they had made me invisible too and being invisible always makes me so sleepy. Heigh-ho — there, I'm yawning again. Are you hungry?'

'Well, perhaps I am a little,' said Lucy. 'I've no idea what the time is.'

'Come,' said the Magician. 'All times may be soon to Aslan; but in my home all hungry times are one o'clock.'

He led her a little way down the passage and opened a door. Passing in, Lucy found herself in a pleasant room full of sunlight and flowers. The table was bare when they entered, but it was of course a magic table, and at a word from the old man the tablecloth, silver, plates, glasses and food appeared.

'I hope that is what you would like,' said he. 'I have tried to give you food more like the food of your own land than perhaps you have had lately.'

ния своего короля Каспиана. Я расскажу ему твою историю, Люси. Не грусти, мы скоро увидимся.

— Скажи, Аслан, *скоро* — это когда? — спросила Люси.

— Для меня скоро все, — ответил Аслан и мгновенно исчез, оставив Люси наедине с волшебником.

— Ушел! — сказал тот. — А мы с тобой расстроились. Вот так всегда: его нельзя удержать, нельзя *приручить*. Кстати, тебе понравилась моя книга?

— Да, а некоторые страницы — очень! А вы все время знали, что я здесь?

— Конечно. С тех пор как позволил охламонам сделаться невидимыми, я знал, что ты придешь, дабы снять заклятие, но не знал точно, в какой день. А в это утро не следил вообще: понимаешь, они сделали невидимым и меня, поэтому я стал сонным. О, видишь, опять зеваю. Ты голодна?

— Возможно, немного, — созналась Люси. — Не представляю себе, который сейчас час.

— Пойдем, — позвал волшебник. — Это для Аслана любое время скоро, а в моем доме, если голоден, любое время обеденное.

Он провел ее по коридору и открыл дверь. Люси оказалась в чудесной комнате, залитой солнечным светом и полной цветов. Когда они вошли, на столе ничего не было, но, разумеется, недолго: по слову волшебника тут же появилась скатерть, столовое серебро, тарелки, стаканы и целое гастрономическое изобилие.

— Надеюсь, тебе понравится, — сказал волшебник. — Здесь те блюда, что принято есть в твоей стране, а не те, что ты ела в последнее время.

'It's lovely,' said Lucy, and so it was; an omelette, piping hot, cold lamb and green peas, a strawberry ice, lemon-squash to drink with the meal and a cup of chocolate to follow. But the magician himself drank only wine and ate only bread. There was nothing alarming about him, and Lucy and he were soon chatting away like old friends.

'When will the spell work?' asked Lucy. 'Will the Duffers be visible again at once?'

'Oh yes, they're visible now. But they're probably all asleep still; they always take a rest in the middle of the day.'

'And now that they're visible, are you going to let them off being ugly? Will you make them as they were before?'

'Well, that's rather a delicate question,' said the Magician. 'You see, it's only *they* who think they were so nice to look at before. They say they've been uglified, but that isn't what I called it. Many people might say the change was for the better.'

'Are they awfully conceited?'

'They are. Or at least the Chief Duffer is, and he's taught all the rest to be. They always believe every word he says.'

'We'd noticed that,' said Lucy.

'Yes — we'd get on better without him, in a way. Of course I could turn him into something else, or even put a spell on him which would make them not believe a word he said. But I don't like to do that. It's better for them to admire him than to admire nobody.'

'Don't they admire *you?*' asked Lucy.

'Oh, not *me*,' said the Magician. 'They wouldn't admire *me*.'

— Чудесно! — воскликнула Люси, окинув взглядом стол: омлет с пылу с жару, холодная баранина с зеленым горошком, клубничное мороженое, лимонад, а на десерт — чашка шоколада.

Волшебник ничего, кроме хлеба, не ел, а пил только вино и совсем не казался страшным, поэтому скоро они с Люси болтали как старые друзья.

— Когда начнет действовать заклятие? — спросила Люси. — Охламоны станут видимы сразу?

— Да они уже видимы, но, наверное, спят: любят прилечь после обеда.

— А теперь вы сделаете их не такими страшными? Они снова станут как прежде?

— Это довольно сложно, — медленно проговорил волшебник. — Понимаешь, в чем дело: ведь только они думают, что раньше были красавцами. Многие из них говорят, что превратились в страшил, а я считаю, что, напротив, изменились к лучшему.

— Они так тщеславны?

— Да. Во всяком случае, их предводитель, а они вслед за ним, потому что слепо верят каждому его слову.

— Мы это заметили, — кивнула Люси.

— Да, без него было бы в каком-то смысле легче. Разумеется, я мог бы превратить его во что-то еще или даже наложить на него заклятие, чтобы все остальные не верили ни единому его слову, но мне не хочется. Пусть уж лучше восхищаются им, чем вообще никем.

— А вами восхищались? — спросила Люси.

— О нет, нисколько! — воскликнул волшебник.

'What was it you uglified them for — I mean, what *they* call uglified?'

'Well, they wouldn't do what they were told. Their work is to mind the garden and raise food — not for me, as they imagine, but for themselves. They wouldn't do it at all if I didn't make them. And of course for a garden you want water. There is a beautiful spring about half a mile away up the hill. And from that spring there flows a stream which comes right past the garden. All I asked them to do was to take their water from the stream instead of trudging up to the spring with their buckets two or three times a day and tiring themselves out besides spilling half of it on the way back. But they wouldn't see it. In the end they refused point blank.'

'Are they as stupid as all that?' asked Lucy.

The Magician sighed. 'You wouldn't believe the troubles I've had with them. A few months ago they were all for washing up the plates and knives before dinner: they said it saved time afterwards. I've caught them planting boiled potatoes to save cooking them when they were dug up. One day the cat got into the dairy and twenty of them were at work moving all the milk out; no one thought of moving the cat. But I see you've finished. Let's go and look at the Duffers now they can be looked at.'

They went into another room which was full of polished instruments hard to understand — such as Astrolabes, Orreries, Chronoscopes, Poesimeters, Choriambuses and Theodolinds — and here, when they had come to the window the Magician said, 'There. There are your Duffers.'

'I don't see anybody,' said Lucy. 'And what are those mushroom things?'

— Почему вы превратили их в страшил... то есть в тех, кого они сами так называют?

— Ну, они не захотели выполнять свои обязанности: ухаживать за садом и огородом, выращивать фрукты и овощи — не для меня, как они считают, а для себя. Они бы вовсе ничего не делали, если бы я их не заставлял. И, разумеется, для сада и огорода нужна вода. В полумиле отсюда, на холме, есть прекрасный родник, откуда берет начало ручей, который протекает прямо за садом. Я предложил им брать воду из ручья, а не таскаться с ведрами к роднику два-три раза в день, совершенно выматываясь и проливая половину воды на обратном пути, но они отказались.

— Они что, настолько глупы?

Волшебник вздохнул.

— Это еще что. Не поверишь, но как-то они все принялись мыть посуду до обеда, чтобы не тратить на это время потом. Однажды застал их за посадкой вареного картофеля, чтобы выкапывать уже готовый. Как-то у них кот попал в чан с молоком, и двадцать охламонов принялись вычерпывать молоко, вместо того чтобы вытащить кота. Но, я вижу, ты поела, так что пойдем посмотрим на охламонов теперь, когда они стали видимыми.

Они прошли в другую комнату, где было полно самых разных инструментов, непонятно для кого предназначенных: астролябии, модели планетной системы, хроноскопы, стихометры, хореямбы и теодолинды, — и там, остановившись возле окна, волшебник сказал:

— Вот они, твои охламоны.

— Я никого не вижу, — удивилась Люси. — Разве что грибы...

The things she pointed at were dotted all over the level grass. They were certainly very like mushrooms, but far too big — the stalks about three feet high and the umbrellas about the same length from edge to edge. When she looked carefully she noticed too that the stalks joined the umbrellas not in the middle but at one side which gave an unbalanced look to them. And there was something — a sort of little bundle — lying on the grass at the foot of each stalk. In fact the longer she gazed at them the less like mushrooms they appeared. The umbrella part was not really round as she had thought at first. It was longer than it was broad, and it widened at one end. There were a great many of them, fifty or more.

The clock struck three.

Instantly a most extraordinary thing happened. Each of the 'mushrooms' suddenly turned upside-down. The little bundles which had lain at the bottom of the stalks were heads and bodies. The stalks themselves were legs. But not two legs to each body. Each body had a single thick leg right under it (not to one side like the leg of a one-legged man) and at the end of it, a single enormous foot — a broad-toed foot with the toes curling up a little so that it looked rather like a small canoe. She saw in a moment why they had looked like mushrooms. They had been lying flat on their backs each with its single leg straight up in the air and its enormous foot spread out above it. She learned afterwards that this was their ordinary way of resting; for the foot kept off both rain and sun and for a Monopod to lie under its own foot is almost as good as being in a tent.

'Oh, the funnies, the funnies,' cried Lucy, bursting into laughter. 'Did *you* make them like that?'

То, на что она показывала, усеяло всю подстриженную лужайку и в самом деле напоминало грибы, только гораздо крупнее, с ножками высотой около трех футов и примерно такого же диаметра шляпками. Присмотревшись повнимательнее, Люси заметила, что ножки соединены со шляпками не в центре, а только с одного края, и возле каждой ножки на траве лежало что-то вроде небольшого узелка. По мере того как она замечала все новые детали, «грибы» все меньше казались похожими на грибы. «Шляпка» была вовсе не круглой, как она думала сначала, а вытянутой, расширявшейся к одному из концов. И было этих «грибов» очень много: не меньше пятидесяти, а может, и больше.

Часы пробили три раза.

Как только часы пробили три, с «грибами» стали происходить удивительные метаморфозы: все они вдруг перевернулся с ног на голову, и узелки, лежавшие возле каждой ножки, оказались головами и телами, а сами ножки — ногами, только не такими, как у людей. У каждого тела имелась лишь одна толстая нога посредине, которая заканчивалась огромной ступней с широкими пальцами, слегка заворачивающимися, так что ступня напоминала маленькое каноэ. В ту же минуту стало понятно, почему они были похожи на грибы: лежали на спине, с поднятой единственной ногой, а огромная ступня нависала сверху. Как выяснилось потом, это их обычная манера отдыхать, потому что нога прикрывает от дождя и солнца и для них лежать в ее тени так же удобно, как находиться в палатке.

— Ой, какие смешные! — рассмеялась Люси. — Это вы сделали их такими?

'Yes, yes, I made the Duffers into Monopods,' said the Magician. He too was laughing till the tears ran down his cheeks. 'But watch,' he added.

It was worth watching. Of course these little one-footed men couldn't walk or run as we do. They got about by jumping, like fleas or frogs. And what jumps they made! — as if each big foot were a mass of springs. And with what a bounce they came down; that was what made the thumping noise which had so puzzled Lucy yesterday. For now they were jumping in all directions and calling out to one another, 'Hey, lads! We're visible again.'

'Visible we are,' said one in a tasselled red cap who was obviously the Chief Monopod. 'And what I say is, when chaps are visible, why they can see one another.'

'Ah, there it is, there it is, Chief,' cried all the others. 'There's the point. No one's got a clearer head than you. You couldn't have made it plainer.'

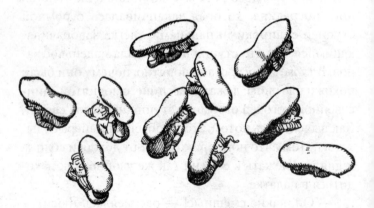

— Да, превратил охламонов в однотопов, — с трудом выдавил волшебник, тоже смеявшийся до слез. — Смотри, смотри!

И действительно на это стоило посмотреть. Конечно, эти крохи не могли ходить или бегать, как мы, и передвигались прыжками наподобие блох или лягушек, причем прыгали очень высоко, словно в каждой мощной ноге имелась пружина. Приземляясь, они издавали громкий хлопок. Вот эти создания скакали кто во что горазд, толкались и кричали, радуясь, что снова стали видимыми.

— Ура! Нас видно! — воскликнул однотоп в красной шапке с кисточкой, несомненно их предводитель. — То есть, я хочу сказать, если мы видимы, то нас видят и другие.

— Ну да, так и есть, так и есть! — поддержали его остальные. — В самую точку. Яснее и не скажешь. Разве можно выразиться лучше?

'She caught the old man napping, that little girl did,' said the Chief Monopod. 'We've beaten him this time.'

'Just what we were going to say ourselves,' chimed the chorus. 'You're going stronger than ever today, Chief. Keep it up, keep it up.'

'But do they dare to talk about you like that?' said Lucy. 'They seemed to be so afraid of you yesterday. Don't they know you might be listening?'

'That's one of the funny things about the Duffers,' said the Magician. 'One minute they talk as if I ran everything and overheard everything and was extremely dangerous. The next moment they think they can take me in by tricks that a baby would see through — bless them!'

'Will they have to be turned back into their proper shapes?' asked Lucy. 'Oh, I do hope it wouldn't be unkind to leave them as they are. Do they really mind very much? They seem pretty happy. I say — look at that jump. What were they like before?'

'Common little dwarfs,' said he. 'Nothing like so nice as the sort you have in Narnia.'

'It *would* be a pity to change them back,' said Lucy. 'They're so funny: and they're rather nice. Do you think it would make any difference if I told them that?'

'I'm sure it would — if you could get it into their heads.'

'Will you come with me and try?'

'No, no. You'll get on far better without me.'

'Thanks awfully for the lunch,' said Lucy and turned quickly away. She ran down the stairs which she had come up so nervously that morning and cannoned into Edmund at the bottom. All the others were there with him waiting, and Lucy's conscience smote her when she

— Эта девочка молодец: успела, пока старик спал, — похвалил Люси предводитель однотопов. — На этот раз мы его обошли.

— Мы тоже так думаем! — подхватил хор. — Ты, как всегда, молодец! Так держать!

— Да как они смеют говорить о вас в таком тоне? — возмутилась Люси. — Еще вчера так боялись. Они что, не догадываются, что вы можете услышать?

— С охламонами всегда так, — вздохнул волшебник. — То им кажется, что я всюду: все слышу и очень опасен, — то вдруг почему-то приходит в голову, что могут обвести меня вокруг пальца, как малого ребенка, честное слово.

— Они должны стать прежними? — спросила Люси. — А может, лучше оставить их такими? Они не очень огорчатся? Мне кажется, сейчас они вполне счастливы: посмотрите, как скачут. А раньше они какие были?

— Обычные гномы, — пожал плечами волшебник, — хотя и менее привлекательные, чем в Нарнии.

— Очень жаль превращать их в простых гномов, — сказала Люси. — Они такие смешные и к тому же прехорошенькие. Как вы думаете, если я скажу им это, они обрадуются?

— Уверен, что да, если ты сумеешь их убедить.

— Вы пойдете со мной?

— Нет, тебе лучше пойти без меня.

— Огромное спасибо за обед! — поблагодарила Люси и побежала назад.

Уже спустившись по той самой лестнице, по которой с такой тревогой поднималась в это утро, она налетела на Эдмунда. Тут же подошли и все осталь-

saw their anxious faces and realised how long she had forgotten them.

'It's all right,' she shouted. 'Everything's all right. The Magician's a brick — and I've seen *him* — Aslan.'

After that she went from them like the wind and out into the garden. Here the earth was shaking with the jumps and the air ringing with the shouts of the Monopods. Both were redoubled when they caught sight of her.

'Here she comes, here she comes,' they cried. 'Three cheers for the little girl. Ah! She put it across the old gentleman properly, she did.'

'And we're extremely regrettable,' said the Chief Monopod, 'that we can't give you the pleasure of seeing us as we were before we were uglified, for you wouldn't believe the difference, and that's the truth, for there's no denying we're mortal ugly now, so we won't deceive you.'

'Eh, that we are, Chief, that we are,' echoed the others, bouncing like so many toy balloons. 'You've said it, you've said it.'

'But I don't think you are at all,' said Lucy, shouting to make herself heard. 'I think you look very nice.'

'Hear her, hear her,' said the Monopods. 'True for you, Missie. Very nice we look. You couldn't find a handsomer lot.' They said this without any surprise and did not seem to notice that they had changed their minds.

'She's a-saying,' remarked the Chief Monopod, 'as how we looked very nice before we were uglified.'

ные, и Люси стало совестно, глядя на их обеспокоенные лица: она поняла, что даже ни разу не вспомнила о них.

— Со мной все в порядке. Волшебник замечательный... и еще я видела его... Аслана.

После этого вся компания побежала следом за ней в сад. Земля содрогалась от топота, а в воздухе звенели крики однотопов. Едва заметив Люси, они и вовсе подняли невообразимый гвалт.

— Вот она идет, вот она! Трижды «ура!» этой маленькой девочке! Она провела старика, да-да!

— Нам очень жаль, — заговорил предводитель однотопов, — что мы не можем доставить тебе удовольствие созерцать нас такими, какими мы были прежде. Ты даже представить себе не можешь, насколько мы были лучше! Никто не станет отрицать, что мы сейчас ужасно страшные, поверь.

— Да-да, так и есть, — поддержали его остальные, подпрыгивая как мячики. — Ты правду сказал.

— Но мне вы вовсе не кажетесь страшными, — как можно громче, чтобы все услышали, возразила Люси. — Напротив: вы очень красивые.

— Слушайте ее, слушайте! — зашумели однотопы. — Ты права, права. Мы красивые. Никого красивее не найдешь.

В их голосах Люси не услышала удивления: казалось, они даже не заметили, что изменили свое мнение на противоположное, — но предводитель возразил:

— Она сказала, что мы были красивые до того, как стали страшными.

'True for you, Chief, true for you,' chanted the others. 'That's what she says. We heard her ourselves.'

'I did *not*,' bawled Lucy. 'I said you're very nice *now*.'

'So she did, so she did,' said the Chief Monopod, 'said we were very nice then.'

'Hear 'em both, hear 'em both,' said the Monopods. 'There's a pair for you. Always right. They couldn't have put it better.'

'But we're saying just the opposite,' said Lucy, stamping her foot with impatience.

'So you are, to be sure, so you are,' said the Monopods. 'Nothing like an opposite. Keep it up, both of you.'

'You're enough to drive anyone mad,' said Lucy, and gave it up. But the Monopods seemed perfectly contented, and she decided that on the whole the conversation had been a success.

And before everyone went to bed that evening something else happened which made them even more satisfied with their one-legged condition. Caspian and all the Narnians went back as soon as possible to the shore to give their news to Rhince and the others on board the *Dawn Treader*, who were by now very anxious. And, of course, the Monopods went with them, bouncing like footballs and agreeing with one another in loud voices till Eustace said, 'I wish the Magician would make them inaudible instead of invisible.' (He was soon sorry he had spoken because then he had to explain that an inaudible thing is something you can't hear, and though he took a lot of trouble he never felt sure that the Monopods had really understood, and what especially annoyed him was that they said in the end, 'Eh, he can't put things the way our Chief does.

— Ты прав, конечно, прав, — тут же пошли на попятную остальные. — Так она и сказала. Мы и сами это слышали.

— Нет, не так! — как можно громче выкрикнула Люси. — Я сказала, вы очень красивые сейчас.

— Она сказала, — стоял на своем главный однотоп, — что раньше мы были очень красивые.

— Слушайте, слушайте их обоих! — принялись вопить однотопы. — Они молодцы. Всегда правы. Лучше и не скажешь.

— Но мы говорим совершенно разное! — нетерпеливо топнула ногой Люси.

— Ну да, ну да, это точно, — подхватили однотопы. — Именно что разное, так что продолжайте, оба!

— С вами с ума можно сойти, — сдалась наконец Люси и прекратила попытки в чем-либо их убедить. Впрочем, однотопы казались очень довольными, так что она решила, что цели достигла.

А до исхода дня произошло событие, которое еще больше порадовало однотопов и убедило, что одна нога лучше. Каспиан и другие нарнийцы поспешили к берегу, чтобы успокоить Ринса и всех остальных, кто оставался на борту «Покорителя зари». И, разумеется, однотопы отправились вместе с ними, подскакивая как футбольные мячи и в полный голос одобряя друг друга

— Жаль, что волшебник не сделал их неслышимыми, — не выдержал Юстас и тут же пожалел о сказанном, потому что был вынужден объяснять, что «неслышимый» — это такой, которого нельзя услышать, а далось ему это нелегко, потому что было непонятно, что однотопы понимают, а что нет.

Особенно его рассердили их заключительные фразы: «Э-э-э, да он совсем не умеет рассказывать —

But you'll learn, young man. Hark to *him*. He'll show you how to say things. There's a speaker for you!') When they reached the bay, Reepicheep had a brilliant idea. He had his little coracle lowered and paddled himself about in it till the Monopods were thoroughly interested. He then stood up in it and said, 'Worthy and intelligent Monopods, you do not need boats. Each of you has a foot that will do instead. Just jump as lightly as you can on the water and see what happens.'

The Chief Monopod hung back and warned the others that they'd find the water powerful wet, but one or two of the younger ones tried it almost at once; and then a few others followed their example, and at last the whole lot did the same. It worked perfectly. The huge single foot of a Monopod acted as a natural raft or boat, and when Reepicheep had taught them how to cut rude paddles for themselves, they all paddled about the bay and round the *Dawn Treader,* looking for all the world like a fleet of little canoes with a fat dwarf standing up in the extreme stern of each. And they had races, and bottles of wine were lowered down to them from the ship as prizes, and the sailors stood leaning over the ship's sides and laughed till their own sides ached.

The Duffers were also very pleased with their new name of Monopods, which seemed to them a magnificent name though they never got it right. 'That's what we are,' they bellowed, 'Moneypuds, Pomonods, Poddymons. Just what it was on the tips of our tongue to call ourselves.' But they soon got it mixed up with their old

не то что наш главный. Ему еще учиться и учиться». А потом и вовсе кто-то из них имел наглость посоветовать:

— Ты, молодой человек, слушай *его*. Он покажет, как надо объяснять. Вот уж кто настоящий оратор!

К этому моменту они добрались до берега, и Рипичипу пришла в голову блестящая мысль. Спустив на воду свою маленькую лодочку, он принялся грести, привлекая тем самым внимание однотопов, затем поднялся в полный рост и воскликнул:

— Достойные и разумные однотопы, если хотите, как я, передвигаться по воде, вам не нужны лодки: у каждого из вас есть нога — просто прыгните в воду.

Предводитель не рискнул прыгать и предупредил остальных, что вода ужасно мокрая, но парочка самых молодых однотопов не испугались, а за ними еще несколько, пока, в конце концов, все не оказались в воде. Все было превосходно: огромная ступня прекрасно держала на поверхности наподобие плота, — а когда Рипичип показал однотопам, как вырезать грубые весла, они и вовсе устроили гонки вдоль берега и вокруг «Покорителя зари». Они были похожи на караван маленьких каноэ, в каждом из которых стоит толстенький гном. Когда однотопы подплывали к кораблю, матросы спускали им в качестве призов бутылки вина, а сами, перегнувшись через борт, хохотали до колик.

Охламоны были довольны своим новым именем — «однотопы», хотя никак не могли выговорить его правильно и называли себя кто во что горазд: «донотопы», «топодоны», «недотепы», «нотодопы». Скоро они совсем запутались и в результате соединили прежнее название: «охламоны» — и новое: «од-

name of Duffers and finally settled down to calling themselves the Dufflepuds; and that is what they will probably be called for centuries.

That evening all the Narnians dined upstairs with the Magician, and Lucy noticed how different the whole top floor looked now that she was no longer afraid of it. The mysterious signs on the doors were still mysterious but now looked as if they had kind and cheerful meanings and even the bearded mirror now seemed funny rather than frightening. At dinner everyone had by magic what everyone liked best to eat and drink. And after dinner the Magician did a very useful and beautiful piece of magic. He laid two blank sheets of parchment on the table and asked Drinian to give him an exact account of their voyage up to date: and as Drinian spoke, everything he described came out on the parchment in fine clear lines till at last each sheet was a splendid map of the Eastern Ocean, showing Galma, Terebinthia, the Seven Isles, the Lone Islands, Dragon Island, Burnt Island, Deathwater, and the land of the Duffers itself, all exactly the right sizes and in the right positions. They were the first maps ever made of those seas and better than any that have been made since without Magic. For on these, though the towns and mountains looked at first just as they would on an ordinary map, yet when the Magician lent them a magnifying glass you saw that they were perfect little pictures of the real things, so that you could see the very castle and slave market and streets in Narrowhaven, all very clear though very distant, like things seen through the wrong end of a telescope. The only drawback was that the coastline of most of the islands was incomplete, for the map showed only what Drinian had seen with his own eyes. When they were finished the Magician kept one himself and presented the other to Caspian: it still

нотопы» — и сделались охлатопами, — и так, наверное, будут зваться в веках.

В этот вечер нарнийцы ужинали наверху с волшебником Кориакином, и Люси заметила, что второй этаж теперь, когда она перестала бояться, выглядит совсем иначе. Таинственные знаки на дверях так и остались таинственными, только сейчас не казались мрачными и страшными, и даже бородатое зеркало выглядело не пугающим, а забавным. За ужином каждый волшебным образом получил любимое блюдо и напиток, а после ужина волшебник совершил очень полезное чудо. Положив два листа пергамента на стол, он предложил Дриниану подробно описать все путешествие, и по мере того как капитан рассказывал, все, о чем он говорил, изображалось на пергаменте тонкими четкими линиями. В конце концов получилась великолепная карта Восточного океана, где были изображены Гальма, Теревинфия, Семь островов, Одинокие острова, Драконий остров, Горелый остров, остров Мертвой Воды и сам остров Охламонов, все в нужных размерах и на нужных местах. Это была первая карта здешних морей, и она оказалась лучше всех тех, что выпустили потом, без помощи волшебства, потому что на ней, хоть города и горы на первый взгляд выглядели так же, как на обычной карте, когда волшебник достал волшебную лупу, стало возможным увидеть чудесные маленькие изображения и замка, и невольничьего рынка, и улиц в Узкой Гавани, причем очень ясно, как будто разглядываешь что-то в перевернутый телескоп. И лишь очертания береговой линии оставались неполными, потому что карта показывала только то, что Дриниан видел своими глазами.

hangs in his Chamber of Instruments at Cair Paravel. But the Magician could tell them nothing about seas or lands further east. He did, however, tell them that about seven years before a Narnian ship had put in at his waters and that she had on board the lords Revilian, Argoz, Mavramorn and Rhoop: so they judged that the golden man they had seen lying in Deathwater must be the Lord Restimar.

Next day the Magician magically mended the stern of the *Dawn Treader* where it had been damaged by the sea serpent and loaded her with useful gifts. There was a most friendly parting, and when she sailed, two hours after noon, all the Dufflepuds paddled out with her to the harbour mouth, and cheered until she was out of sound of their cheering.

Когда они закончили, волшебник оставил одну карту себе, а другую подарил Каспиану, и она до сих пор висит в его кабинете в Кэр-Паравале. Волшебник Кориакин ничего не знал о морях и землях, лежащих дальше к востоку, но рассказал, что примерно семь лет назад в эти воды зашел нарнийский корабль и на его борту находились лорды Ревелиан, Аргоз, Мавроморн и Руп. Так путешественники поняли, что золотой человек на острове Мертвой Воды был лорд Рестимар.

На следующий день Кориакин с помощью магии устранил на «Покорителе зари» все повреждения, причиненные морским змеем, и преподнес путешественникам множество полезных подарков. Расставание было самым дружеским, и когда в два часа пополудни корабль отошел от берега, все охлатопы поплыли вслед за ним к выходу из залива, подбадривая выкриками, пока голоса их не перестали быть слышны.

Chapter 12

THE DARK ISLAND

After this adventure they sailed on south and a little east for twelve days with a gentle wind, the skies being mostly clear and the air warm, and saw no bird or fish, except that once there were whales spouting a long way to starboard. Lucy and Reepicheep played a good deal of chess at this time. Then on the thirteenth day Edmund, from the fightingtop, sighted what looked like a great dark mountain rising out of the sea on their port bow.

They altered course and made for this land, mostly by oar, for the wind would not serve them to sail north-east. When evening fell they were still a long way from it and rowed all night. Next morning the weather was fair but a flat calm. The dark mass lay ahead, much nearer and larger, but still very dim, so that some thought it was still a long way off and others thought they were running into a mist.

About nine that morning, very suddenly, it was so close that they could see that it was not land at all, nor even, in an ordinary sense, a mist. It was a Darkness. It is rather hard to describe, but you will see what it was like if you imagine yourself looking into the mouth of a railway tunnel — a tunnel either so long or so twisty that you cannot see the light at the far end. And you know what it would be like. For a few feet you would see the rails and sleepers and gravel in broad daylight; then there would come a place where they were in twilight; and then, pret-

Глава 12

ТЕМНЫЙ ОСТРОВ

После этого приключения наши друзья двенадцать дней плыли на юго-восток при легком попутном ветре под чистым небом, не встретив ни рыбы, ни птицы, и только однажды вдалеке по правому борту заметили китов, да и то догадались лишь по фонтанам. Люси и Рипичип коротали время за шахматами. На тринадцатый день Эдмунд с марса увидел слева по борту нечто похожее на большую темную гору, поднимавшуюся прямо из моря.

Капитан сменил курс, и корабль, по большей части на веслах, потому что двигаться надо было на северо-восток, пошел к этой земле. К тому времени как стемнело, а потом и всю ночь они продолжали грести. На следующее утро погода была чудесная, но без ветра. Перед судном лежала тьма, причем одни говорили, что она еще далеко, а другие утверждали, что корабль уже попал в полосу тумана.

Около девяти утра она вдруг оказалась так близко, что все поняли: это вовсе не земля и даже не туман в обычном понимании, а именно тьма. Описать ее трудно, но представить себе, на что она похожа, вы можете, если вообразите, что смотрите в отверстие железнодорожного туннеля — очень длинного и к тому же изогнутого, так что света в другом конце не различить. В нескольких футах вам поначалу видны в ярком свете рельсы, тормозные колодки и гравий, но они быстро оказываются в полутьме, а затем, вне-

ty suddenly, but of course without a sharp dividing line, they would vanish altogether into smooth, solid blackness. It was just so here. For a few feet in front of their bows they could see the swell of the bright greenish-blue water. Beyond that, they could see the water looking pale and grey as it would look late in the evening. But beyond that again, utter blackness as if they had come to the edge of moonless and starless night.

Caspian shouted to the boatswain to keep her back, and all except the rowers rushed forward and gazed from the bows. But there was nothing to be seen by gazing. Behind them was the sea and the sun, before them the Darkness.

'Do we go into this?' asked Caspian at length.

'Not by my advice,' said Drinian.

'The Captain's right,' said several sailors.

'I almost think he is,' said Edmund.

Lucy and Eustace didn't speak but they felt very glad inside at the turn things seemed to be taking. But all at once the clear voice of Reepicheep broke in upon the silence.

'And why not?' he said. 'Will someone explain to me why not?'

No one was anxious to explain, so Reepicheep continued:

'If I were addressing peasants or slaves,' he said, 'I might suppose that this suggestion proceeded from cowardice. But I hope it will never be told in Narnia that a company of noble and royal persons in the flower of their age turned tail because they were afraid of the dark.'

'But what manner of use would it be ploughing through that blackness?' asked Drinian.

запно, хотя и без резкой грани, исчезают в ровной, плотной темноте. Так было и здесь. На несколько футов впереди еще была видна переливающаяся зеленовато-синяя вода. За ней вода уже казалась бледной, сероватой, какой обычно выглядит по вечерам, а еще дальше стояла полная тьма, словно корабль оказался на краю безлунной и беззвездной ночи.

Каспиан дал команду остановиться, и все за исключением гребцов кинулись на нос смотреть, но разглядеть ничего не удалось: позади них было море и солнце, впереди — тьма.

— Мы пойдем туда? — спросил наконец Каспиан.
— Я бы не советовал, — ответил Дриниан.
— Капитан прав, — поддержали его несколько матросов.
— И я думаю так же, — добавил Эдмунд.
Люси и Юстас молчали, но были рады такому повороту событий.

— А почему бы и нет? — вдруг раздался высокий голос Рипичипа. — Кто-нибудь объяснит мне почему?
Ответом ему была тишина, и храбрый Рипичип продолжил:
— Если бы я имел дело с крестьянами или рабами, то мог бы высказать предположение, что из-за трусости, но, надеюсь, в Нарнии никому даже в голову не придет, что люди благородного происхождения и королевской крови в расцвете сил повернули назад, испугавшись тьмы.
— Но какая польза от того, что мы будем рассекать эту тьму? — воскликнул Дриниан.

'Use?' replied Reepicheep. 'Use, Captain? If by use you mean filling our bellies or our purses, I confess it will be no use at all. So far as I know we did not set sail to look for things useful but to seek honour and adventures. And here is as great an adventure as ever I heard of, and here, if we turn back, no little impeachment of all our honours.'

Several of the sailors said things under their breath that sounded like 'Honour be blowed', but Caspian said:

'Oh, *bother* you, Reepicheep. I almost wish we'd left you at home. All right! If you put it that way, I suppose we shall have to go on. Unless Lucy would rather not?'

Lucy felt that she would very much rather not, but what she said out loud was, 'I'm game.'

'Your Majesty will at least order lights?' said Drinian.

'By all means,' said Caspian. 'See to it, Captain.'

So the three lanterns, at the stern, and the prow and the masthead, were all lit, and Drinian ordered two torches amidships. Pale and feeble they looked in the sunshine. Then all the men except some who were left below at the oars were ordered on deck and fully armed and posted in their battle stations with swords drawn. Lucy and two archers were posted on the fightingtop with bows bent and arrows on the string. Rynelf was in the bows with his line ready to take soundings. Reepicheep, Edmund, Eustace and Caspian, glittering in mail, were with him. Drinian took the tiller.

— Польза? — взвизгнул Рипичип. — Польза, капитан? Если под пользой вы имеете в виду набивание животов или кошельков, то, должен вам сказать, такой пользы в этом нет. Но насколько мне известно, мы пустились в это путешествие не для поисков чего-то полезного, а ради приключений и славы. А тут перед нами величайшее приключение из всех, о каких мне приходилось слышать, и если мы повернем назад, то поставим под сомнение свою честь.

Несколько матросов пробормотали себе под нос что-то вроде: «Да провались она, эта честь», — но Каспиан сказал:

— Ох, Рипичип! Я почти жалею, что не оставил тебя дома. Хорошо! Если ты так ставишь вопрос, думаю, нам надо идти вперед. Если только Люси не возражает.

Люси и хотела бы возразить, но все же сказала:

— Конечно, нет. Я как все...

— Ваше величество хотя бы отдаст приказ зажечь огни? — резковато спросил Дриниан.

— Разумеется, — ответил Каспиан. — Распорядитесь, капитан!

Когда три фонаря: на корме, носу и топе мачты — были зажжены, Дриниан приказал установить еще два факела посреди судна. В ярком солнечном свете они казались бледными и тусклыми. Затем всем, кроме нескольких матросов, оставшихся на веслах, было приказано построиться на палубе полностью вооруженными — в боевой позиции, с обнаженными шпагами. Люси и еще двух лучников поставили на марс с луками наготове. Ринельф занял пост сигнального на носу корабля, а Рипичип, Эдмунд, Юстас и Каспиан в блестящих кольчугах встали с ним рядом. Дриниан держал румпель.

'And now, in Aslan's name, forward,' cried Caspian. 'A slow, steady stroke. And let every man be silent and keep his ears open for orders.'

With a creak and a groan the *Dawn Treader* started to creep forward as the men began to row. Lucy, up in the fightingtop, had a wonderful view of the exact moment at which they entered the darkness. The bows had already disappeared before the sunlight had left the stern. She saw it go. At one minute the gilded stern, the blue sea, and the sky, were all in broad daylight: next minute the sea and sky had vanished, the stern lantern — which had been hardly noticeable before — was the only thing to show where the ship ended. In front of the lantern she could see the black shape of Drinian crouching at the tiller. Down below her the two torches made visible two small patches of deck and gleamed on swords and helmets, and forward there was another island of light on the forecastle. Apart from that the fighting-top, lit by the masthead light which was only just above her, seemed to be a little lighted world of its own floating in lonely darkness. And the lights themselves, as always happens with lights when you have to have them at the wrong time of day, looked lurid and unnatural. She also noticed that she was very cold.

How long this voyage into the darkness lasted, nobody knew. Except for the creak of the rowlocks and the splash of the oars there was nothing to show that they were moving at all. Edmund, peering from the bows, could see nothing except the reflection of the lantern in the water before him. It looked a greasy sort of reflection, and the ripple made by their advancing prow appeared to be heavy, small, and lifeless. As time went on everyone except the rowers began to shiver with cold.

— Ну, во имя Аслана, вперед! — скомандовал Каспиан. — Гребите ровно, медленно, и пусть все молчат и слушают приказы.

Гребцы взялись за весла, и «Покоритель зари» стал медленно продвигаться вперед. Люси сверху был отлично виден тот самый момент, когда они вошли в темноту. Нос корабля уже исчез, затем солнце покинуло и корму. Она видела, как оно уходит. Позолоченная корма, синее море и небо, залитые полуденным солнцем, моментально исчезли, и только фонарь на корме, который только что был еле виден, давал понять, где корабль кончается. Перед фонарем она могла различить тень Дриниана, сжимавшего румпель. Внизу, под ней, два факела освещали небольшую часть палубы и бросали отблески на шпаги и шлемы, и был еще островок света впереди, на полубаке. Марс, освещенный фонарем на топе мачты, который находился как раз над головой Люси, казался маленьким освещенным мирком, который плыл в темноте сам по себе. И как всегда бывает с огнями, зажженными не вовремя, этот казался бледным и неестественным. Еще Люси поняла, что очень замерзла.

Никто не знал, сколько времени длилось это путешествие во тьме. Кроме скрипа уключин и плеска весел, не было никаких признаков, что корабль движется. Эдмунд с носа корабля не мог различить ничего, кроме отражения фонаря в воде перед собой. Отражение казалось тусклым, а рябь перед носом корабля была мелкой и безжизненной. Время шло, и все, кроме гребцов, начали дрожать от холода.

Suddenly, from somewhere — no one's sense of direction was very clear by now — there came a cry, either of some inhuman voice or else a voice of one in such extremity of terror that he had almost lost his humanity.

Caspian was still trying to speak — his mouth was too dry — when the shrill voice of Reepicheep, which sounded louder than usual in that silence, was heard.

'Who calls?' it piped. 'If you are a foe we do not fear you, and if you are a friend your enemies shall be taught the fear of us.'

'Mercy!' cried the voice. 'Mercy! Even if you are only one more dream, have mercy. Take me on board. Take me, even if you strike me dead. But in the name of all mercies do not fade away and leave me in this horrible land.'

'Where are you?' shouted Caspian. 'Come aboard and welcome.'

There came another cry, whether of joy or terror, and then they knew that someone was swimming towards them.

'Stand by to heave him up, men,' said Caspian.

'Aye aye, your Majesty,' said the sailors. Several crowded to the port bulwark with ropes and one, leaning far out over the side, held the torch. A wild, white face appeared in the blackness of the water, and then, after some scrambling and pulling, a dozen friendly hands had heaved the stranger on board.

Edmund thought he had never seen a wilder-looking man. Though he did not otherwise look very old, his hair was an untidy mop of white, his face was thin and drawn,

Вдруг откуда-то — определить направление не представлялось возможным — раздался нечеловеческий крик, или то было выражение крайнего ужаса, в котором человеческое почти исчезло.

Каспиан пытался что-то сказать, но во рту пересохло, когда раздался пронзительный голос Рипичипа, в мертвой тишине прозвучавший пугающе громко:

— Кто это кричит? Если ты враг, мы тебя не боимся, а если друг, то пусть твои враги боятся нас.

— Спасите! — раздалось из темноты. — Даже если это всего лишь очередной сон, помогите: возьмите на корабль! Хоть убейте потом, но возьмите. Ради всего святого, не исчезайте, не оставляйте меня в этом жутком месте!

— Где вы? — крикнул Каспиан. — Подплывайте к судну, мы возьмем вас!

Опять раздался крик — то ли радости, то ли ужаса, — затем они услышали плеск воды: кто-то плыл к кораблю.

— Помогите ему, — обратился Каспиан к матросам.

— Да-да, конечно, ваше величество, — с готовностью отозвались те.

Несколько человек встали у левого фальшборта с канатами, а один, с факелом в руке, перегнулся через борт, пока не заприметил в черной воде бледное лицо. Не без труда дюжина дружеских рук втащила незнакомца на палубу.

Эдмунд подумал, что никогда в жизни не видел человека, который был бы так похож на дикаря. Он не выглядел стариком, но его спутанные волосы

and, for clothing, only a few wet rags hung about him. But what one mainly noticed were his eyes, which were so widely opened that he seemed to have no eyelids at all, and stared as if in an agony of pure fear. The moment his feet reached the deck he said:

'Fly! Fly! About with your ship and fly! Row, row, row for your lives away from this accursed shore.'

'Compose yourself,' said Reepicheep, 'and tell us what the danger is. We are not used to flying.'

The stranger started horribly at the voice of the Mouse, which he had not noticed before.

'Nevertheless you will fly from here,' he gasped. 'This is the Island where Dreams come true.'

'That's the island I've been looking for this long time,' said one of the sailors. 'I reckoned I'd find I was married to Nancy if we landed here.'

'And I'd find Tom alive again,' said another.

'Fools!' said the man, stamping his foot with rage. 'That is the sort of talk that brought me here, and I'd better have been drowned or never born. Do you hear what I say? This is where dreams — dreams, do you understand — come to life, come real. Not daydreams: dreams.'

There was about half a minute's silence and then, with a great clatter of armour, the whole crew were tumbling down the main hatch as quick as they could and flinging themselves on the oars to row as they had never rowed before; and Drinian was swinging round the tiller, and the boatswain was giving out the quickest stroke that

были совершенно белыми, лицо — худым и вытянутым, а вся одежда состояла из нескольких лоскутков ткани. Но что поражало больше всего, так это глаза, так широко открытые, что, казалось, век нет вовсе, а во взгляде плещется только страх. Оказавшись на палубе, незнакомец воскликнул:

— Скорее! Скорее отсюда! Разворачивайте корабль, спасайтесь! Гребите, гребите, спешите убраться из этого проклятого места!

— Успокойся наконец, — повысил голос Рипичип, — и скажи, что за опасность нам грозит. Мы не привыкли спасаться бегством.

Незнакомец в ужасе уставился на мышь и с трудом произнес:

— Но вам придется: на этом острове сны становятся явью.

— Э, да именно такой я давно ищу! — рассмеялся один из моряков. — Думаю, что смогу наконец жениться на Нэнси, если мы здесь причалим.

— А я увижу Тома живым, — с грустью в голосе проговорил другой.

— Глупцы! — воскликнул незнакомец, в гневе топнув ногой. — Вот из-за таких разговоров я и попал сюда, а лучше бы мне утонуть или вовсе не родиться. Разве вы меня не слышали? Здесь сбываются сновидения: понимаете, сны, а не грезы.

С полминуты стояла тишина, а потом, бряцая оружием, вся команда бросилась к главному люку, заняла свои места у весел и принялась грести изо всех сил. Дриниан поворачивал румпель, а боцман отдавал команды со скоростью, какой не видывали на море, потому что в эти полминуты каждый при-

had ever been heard at sea. For it had taken everyone just that half-minute to remember certain dreams they had had — dreams that make you afraid of going to sleep again — and to realise what it would mean to land on a country where dreams come true.

Only Reepicheep remained unmoved.

'Your Majesty, your Majesty,' he said, 'are you going to tolerate this mutiny, this poltroonery? This is a panic, this is a rout.'

'Row, row,' bellowed Caspian. 'Pull for all our lives. Is her head right, Drinian? You can say what you like, Reepicheep. There are some things no man can face.'

'It is, then, my good fortune not to be a man,' replied Reepicheep with a very stiff bow.

Lucy from up aloft had heard it all. In an instant that one of her own dreams which she had tried hardest to forget came back to her as vividly as if she had only just woken from it. So that was what was behind them, on the island, in the darkness! For a second she wanted to go down to the deck and be with Edmund and Caspian. But what was the use? If dreams began coming true, Edmund and Caspian themselves might turn into something horrible just as she reached them. She gripped the rail of the fightingtop and tried to steady herself. They were rowing back to the light as hard as they could: it would be all right in a few seconds. But oh, if only it could be all right now!

Though the rowing made a good deal of noise it did not quite conceal the total silence which surrounded the ship. Everyone knew it would be better not to listen, not to strain his ears for any sound from the darkness. But no

помнил какой-то свой сон — сон, из-за которого потом боишься лечь спать, — и понял, что значит причалить к земле, где сны сбываются.

Только Рипичип, оставаясь совершенно спокойным, без каких-либо эмоций поинтересовался:

— Ваше величество, неужели вы готовы терпеть мятеж, проявление трусости? Ведь это паника, это бегство.

— Соберитесь и гребите что есть сил! — прокричал Каспиан. — Направление верное, Дриниан? Говори что хочешь, Рипичип, но существуют обстоятельства, которые человек не способен вынести.

— Что ж, значит, мне повезло, что я не человек, — ответил Рипичип, сдержанно поклонившись.

Люси сверху все слышала. Моментально один из ее собственных снов, который она тщетно пыталась забыть, вспомнился так живо, как будто только что проснулась. Так вот что таится в темноте! Ей захотелось спуститься на палубу к Эдмунду и Каспиану, но какой смысл? Если сны становятся явью, они оба могут превратиться во что-то ужасное, едва она успеет к ним подойти. Люси вцепилась в леер и попыталась успокоиться. Они плывут назад, гребцы стараются изо всех сил: через несколько минут все будет хорошо. Только бы поскорее!

Хоть матросы и гребли довольно шумно, эти звуки тонули в полной тишине. Все понимали, что лучше не напрягать слух при каждом звуке из тьмы, но все равно против воли прислушивались, и поэтому

one could help listening. And soon everyone was hearing things. Each one heard something different.

'Do you hear a noise like ... like a huge pair of scissors opening and shutting ... over there?' Eustace asked Rynelf.

'Hush!' said Rynelf. 'I can hear *them* crawling up the sides of the ship.'

'It's just going to settle on the mast,' said Caspian.

'Ugh!' said a sailor. 'There are the gongs beginning. I knew they would.'

Caspian, trying not to look at anything (especially not to keep looking behind him), went aft to Drinian.

'Drinian,' he said in a very low voice. 'How long did we take rowing in — I mean rowing to where we picked up the stranger.'

'Five minutes, perhaps,' whispered Drinian. 'Why?'

'Because we've been more than that already trying to get out.'

Drinian's hand shook on the tiller and a line of cold sweat ran down his face. The same idea was occurring to everyone on board. 'We shall never get out, never get out,' moaned the rowers. 'He's steering us wrong. We're going round and round in circles. We shall never get out.' The stranger, who had been lying in a huddled heap on the deck, sat up and burst out into a horrible screaming laugh.

'Never get out!' he yelled. 'That's it. Of course. We shall never get out. What a fool I was to have thought they would let me go as easily as that. No, no, we shall never get out.'

скоро каждый начал что-то слышать, причем каждый — свое.

— Ты слышишь звуки, как будто щелкают огромные ножницы... вон там? — спросил Юстас у Ринельфа..

— Молчи! — оборвал его тот. — Я слышу, как *они* со всех сторон наползают на корабль.

— Смотрите: *оно* лезет на мачту! — произнес Каспиан.

— О! — воскликнул один из моряков. — Колокольный звон. Слышите? Я так и знал.

Каспиан, стараясь не смотреть по сторонам (особенно не оглядываться), прошел на корму к Дриниану и негромко поинтересовался:

— Капитан, сколько времени занял путь сюда? Я хочу сказать, до того места, где подобрали незнакомца?

— Минут пять, наверное. А что?

— Выбраться назад мы пытаемся гораздо дольше.

Рука Дриниана, державшая румпель, задрожала, струйка холодного пота потекла по лбу. Та же мысль пришла в голову не только его величеству...

— Мы никогда отсюда не выберемся, никогда, — послышался ропот среди гребцов. — Он неверно нас направляет, и мы ходим по кругу.

Незнакомец, который до сего момента, съежившись, лежал на палубе, сел и вдруг разразился жутким смехом:

— Никогда не выберемся! Разумеется, не выберемся. Глупо было думать, что нам удастся так легко уйти отсюда! Нет-нет, нечего даже пытаться.

Lucy leant her head on the edge of the fightingtop and whispered, 'Aslan, Aslan, if ever you loved us at all, send us help now.' The darkness did not grow any less, but she began to feel a little — a very, very little — better. 'After all, nothing has really happened to us yet,' she thought.

'Look!' cried Rynelf's voice hoarsely from the bows. There was a tiny speck of light ahead, and while they watched a broad beam of light fell from it upon the ship. It did not alter the surrounding darkness, but the whole ship was lit up as if by a searchlight. Caspian blinked, stared round, saw the faces of his companions all with wild, fixed expressions. Everyone was staring in the same direction: behind everyone lay his black, sharply-edged shadow.

Lucy looked along the beam and presently saw something in it. At first it looked like a cross, then it looked like an aeroplane, then it looked like a kite, and at last with a whirring of wings it was right overhead and was an albatross. It circled three times round the mast and then perched for an instant on the crest of the gilded dragon at the prow. It called out in a strong sweet voice what seemed to be words though no one understood them. After that it spread its wings, rose, and began to fly slowly ahead, bearing a little to starboard. Drinian steered after it not doubting that it offered good guidance. But no one except Lucy knew that as it circled the mast it had whispered to her, 'Courage, dear heart', and the voice, she felt sure, was Aslan's, and with the voice a delicious smell breathed in her face.

Люси уткнулась головой в ограждение марса и прошептала:

— Аслан, милый Аслан, если ты действительно любишь нас, помоги!

Тьма нисколько не поредела, но Люси почувствовала себя чуть-чуть лучше. «В конце концов, с нами ведь пока ничего плохого не случилось».

— Смотрите! — послышался с носа корабля хриплый голос Ринельфа.

Впереди показалась крохотная искорка света, а потом из нее на корабль упал широкий луч. Тьму он не рассеял, но весь корабль теперь был освещен, словно прожектором. Каспиан, оглянувшись, увидел своих товарищей с застывшим выражением ужаса на лицах. Все смотрели в одном направлении, и позади каждого лежала его темная, четко очерченная тень.

Взгляд Люси скользнул вдоль луча, и ей показалось, что в нем мелькнуло что-то похожее на крест, потом — вроде бы на аэроплан, затем это стало напоминать воздушный змей, и, наконец, раздалось хлопанье крыльев, и над головой пронесся альбатрос. Птица трижды облетела вокруг мачты и, на секунду присев на гребень позолоченного дракона на носу корабля, что-то пропела громким приятным голосом — это было похоже на слова, только смысл их был непонятен, — потом расправила крылья и медленно полетела вперед, чуть ближе к правому борту. Дриниан ни секунды не сомневался, что альбатрос показывает верный курс. Но никто, кроме Люси, не знал, что, описывая круги вокруг мачты, он шепнул: «Смелее, дорогая!» — и голос, без сомнения, принадлежал Аслану, а вместе с голосом вокруг распространился чудесный аромат.

In a few moments the darkness turned into a greyness ahead, and then, almost before they dared to begin hoping, they had shot out into the sunlight and were in the warm, blue world again. And all at once everybody realised that there was nothing to be afraid of and never had been. They blinked their eyes and looked about them. The brightness of the ship herself astonished them: they had half expected to find that the darkness would cling to the white and the green and the gold in the form of some grime or scum. And then first one, and then another, began laughing.

'I reckon we've made pretty good fools of ourselves,' said Rynelf.

Lucy lost no time in coming down to the deck, where she found the others all gathered round the newcomer. For a long time he was too happy to speak, and could only gaze at the sea and the sun and feel the bulwarks and the ropes, as if to make sure he was really awake, while tears rolled down his cheeks.

'Thank you,' he said at last. 'You have saved me from ... but I won't talk of that. And now let me know who you are. I am a Telmarine of Narnia, and when I was worth anything men called me the Lord Rhoop.'

'And I,' said Caspian, 'am Caspian, King of Narnia, and I sail to find you and your companions who were my father's friends.'

Lord Rhoop fell on his knees and kissed the King's hand. 'Sire,' he said, 'you are the man in all the world I most wished to see. Grant me a boon.'

'What is it?' asked Caspian.

'Never to bring me back there,' he said. He pointed astern. They all looked. But they saw only bright blue sea

Через несколько минут тьма из черной превратилась в серую, а затем, прежде чем кто-либо осмелился поверить надежде, корабль залил солнечный свет и они снова оказались в теплом синем мире. И все как-то сразу поняли, что бояться нечего, да и не надо было. Словно не доверяя глазам, путешественники оглядывались вокруг, удивлялись ярким цветам самого корабля: ожидалось, что тьма прилипнет к белому, зеленому и золотому в виде грязи или пены. И сначала кто-то один радостно рассмеялся, а затем и остальные.

— Какого же мы сваляли дурака! — воскликнул Ринельф.

Люси, не теряя времени, спустилась на палубу, где уже все собрались вокруг незнакомца. Долгое время его переполняли чувства, так что он не мог говорить, а только смотрел на море и солнце, ощупывал фальшборт и канаты, словно хотел убедиться, что не спит, а по щекам его катились слезы.

— Благодарю вас, — сказал он наконец, — за то, что спасли меня от... Нет, я не хочу говорить об этом. Скажите, кто вы. Я тельмарин из Нарнии, и когда чего-то стоил, мое имя было лорд Руп.

— А я, — представился Каспиан, — Каспиан, король Нарнии, и отправился в плавание, чтобы разыскать вас — друзей моего отца.

Лорд Руп опустился на колено и, поцеловав королю руку, с чувством произнес:

— Сир, самым большим моим желанием было увидеть вас. Окажите же мне милость...

— Милость? Но какую?

— Никогда не отправляйте меня обратно, — кивнул он в сторону темного острова.

and bright blue sky. The Dark Island and the darkness had vanished for ever.

'Why!' cried Lord Rhoop. 'You have destroyed it!'

'I don't think it was us,' said Lucy.

'Sire,' said Drinian, 'this wind is fair for the south-east. Shall I have our poor fellows up and set sail? And after that, every man who can be spared, to his hammock.'

'Yes,' said Caspian, 'and let there be grog all round. Heigh-ho, I feel I could sleep the clock round myself.'

So all afternoon with great joy they sailed south-east with a fair wind. But nobody noticed when the albatross had disappeared.

Все обернулись, но увидели лишь спокойное море и ярко-синее безоблачное небо. Темный остров и тьма исчезли навсегда.

— О! — воскликнул лорд Руп. — Вы уничтожили ее!

— Думаю, это не мы, — заметила Люси.

— Сир, — обратился к Каспиану Дриниан, — ветер несет нас на юго-восток. Могу я поставить паруса и приказать гребцам подняться, чтобы они смогли отдохнуть?

— Конечно, и пусть для всех принесут грог. Эх, кажется, я мог бы проспать целые сутки.

Всю вторую половину дня корабль весело летел по волнам на юго-восток под парусами, подгоняемый попутным ветром, и никто не заметил, в какой момент исчез альбатрос.

Chapter 13

THE THREE SLEEPERS

The wind never failed but it grew gentler every day till at length the waves were little more than ripples, and the ship glided on hour after hour almost as if they were sailing on a lake. And every night they saw that there rose in the east new constellations which no one had ever seen in Narnia and perhaps, as Lucy thought with a mixture of joy and fear, no living eye had seen at all. Those new stars were big and bright and the nights were warm. Most of them slept on deck and talked far into the night or hung over the ship's side watching the luminous dance of the foam thrown up by their bows.

On an evening of startling beauty, when the sunset behind them was so crimson and purple and widely spread that the very sky itself seemed to have grown larger, they came in sight of land on their starboard bow. It came slowly nearer and the light behind them made it look as if the capes and headlands of this new country were all on fire. But presently they were sailing along its coast and its western cape now rose up astern of them, black against the red sky and sharp as if it was cut out of cardboard, and then they could see better what this country was like. It had no mountains but many gentle hills with slopes like pillows. An attractive smell came from it — what Lucy called 'a dim, purple kind of smell',

Глава 13

ТРИ СПЯЩИХ ЛОРДА

Ветер не менял свое направление, но с каждым днем становился все слабее, так что в конце концов волны стали напоминать рябь, а корабль час за часом скользил словно по озеру. И каждую ночь путешественники видели на востоке созвездия, каких не видел никто в Нарнии, а возможно, как думала Люси, пугаясь и одновременно радуясь, вообще никто не видел. Новые звезды были огромными и яркими, а ночи — теплыми. Большинство членов команды и пассажиров спали на палубе, а перед этим часами беседовали или просто прогуливались вдоль бортов, любуясь за танцующей светящейся пеной у носа корабля.

Одним таким восхитительным вечером, когда закат становился багровым и так широко разливался по небу, что оно казалось больше, они увидели по правому борту землю. Она медленно приближалась и в красках заката выглядела охваченной огнем. Корабль медленно шел вдоль берега, и западный мыс, оказавшийся теперь позади него, высился на фоне красного неба черным силуэтом с такими четкими контурами, словно был вырезан из картона. Теперь можно было рассмотреть эту часть суши получше. Местность казалась холмистой и выглядела так, словно повсюду разбросали подушки. До путешественников доносился восхитительный аро-

which Edmund said (and Rhince thought) was rot, but Caspian said, 'I know what you mean.'

They sailed on a good way, past point after point, hoping to find a nice deep harbour, but had to content themselves in the end with a wide and shallow bay. Though it had seemed calm out at sea there was of course surf breaking on the sand and they could not bring the *Dawn Treader* as far in as they would have liked. They dropped anchor a good way from the beach and had a wet and tumbling landing in the boat. The Lord Rhoop remained on board the *Dawn Treader*. He wished to see no more islands. All the time that they remained in this country the sound of the long breakers was in their ears.

Two men were left to guard the boat and Caspian led the others inland, but not far because it was too late for exploring and the light would soon go. But there was no need to go far to find an adventure. The level valley which lay at the head of the bay showed no road or track or other sign of habitation. Underfoot was fine springy turf dotted here and there with a low bushy growth which Edmund and Lucy took for heather. Eustace, who was really rather good at botany, said it wasn't, and he was probably right; but it was something of very much the same kind.

When they had gone less than a bowshot from the shore, Drinian said, 'Look! What's that?' and everyone stopped.

'Are they great trees?' said Caspian.

мат — Люси определила его как «легкий сиреневый», Эдмунд возразил (а Ринс подумал), что это чушь, и только Каспиан с ней согласился.

В надежде обнаружить подходящую глубокую гавань капитан долго вел судно вдоль берега, минуя мыс за мысом, но вынужден был удовлетвориться широким мелким заливом. Хоть море и казалось спокойным, прибой обрушивался на песок, и судно нельзя было подвести ближе, как бы того хотелось. Пришлось бросить якорь довольно далеко и добираться до берега на кувыркающейся шлюпке. Шум прибоя не утихал у них в ушах все время, что они провели на острове.

Лорд Руп остался на борту «Покорителя зари», заявив, что не желает больше видеть никаких островов. Двое остались караулить шлюпку, а остальных Каспиан повел в глубь острова, но недалеко, потому что времени на осмотр не оставалось: скоро начнет темнеть. Однако идти далеко, чтобы пережить приключение, не пришлось. На плоской равнине, отходившей от залива, не было ни дороги, ни тропинки, ни вообще каких-либо признаков обитания. Пружинистый дерн под ногами зарос низким кустарником, который Люси и Эдмунд сочли вереском, а Юстас, сведущий в ботанике, не согласился с ними, и, скорее всего, был прав, хотя растения были очень похожи.

Не успели путешественники отойти от берега на расстояние выстрела из лука, как Дриниан воскликнул:

— Посмотрите! Что это?

Все остановились, и Каспиан предположил:

— Может, такие огромные деревья?

'Towers, I think,' said Eustace.

'It might be giants,' said Edmund in a lower voice.

'The way to find out is to go right in among them,' said Reepicheep, drawing his sword and pattering off ahead of everyone else.

'I think it's a ruin,' said Lucy when they had got a good deal nearer, and her guess was the best so far. What they now saw was a wide oblong space flagged with smooth stones and surrounded by grey pillars but unroofed. And from end to end of it ran a long table laid with a rich crimson cloth that came down nearly to the pavement. At either side of it were many chairs of stone richly carved and with silken cushions upon the seats. But on the table itself there was set out such a banquet as had never been seen, not even when Peter the High King kept his court at Cair Paravel. There were turkeys and geese and peacocks, there were boars' heads and sides of venison, there were pies shaped like ships under full sail or like dragons and elephants, there were ice puddings and bright lobsters and gleaming salmon, there were nuts and grapes, pineapples and peaches, pomegranates and melons and tomatoes. There were flagons of gold and silver and curiously wrought glass; and the smell of the fruit and the wine blew towards them like a promise of all happiness.

'I *say*,' said Lucy.

They came nearer and nearer, all very quietly.

'But where are the guests?' asked Eustace.

'We can provide that, Sir,' said Rhince.

— Скорее башни, — отозвался Юстас.

— А я думаю, это великаны, — сказал Эдмунд, понизив голос.

— Чтобы это выяснить, надо не гадать, а идти прямо туда, — заявил храбрый Рипичип.

Верховный главнокомандующий возглавил процессию, все двинулись следом.

— Думаю, это руины, — сказала Люси, когда они подошли ближе.

И ее догадка оказалась верной. Их взору предстала широкая прямоугольная площадка, вымощенная гладкими камнями и окруженная серыми колоннами, но без крыши. Посередине из конца в конец протянулся длинный стол, накрытый алой скатертью, спадавшей почти до земли. По обеим сторонам стола выстроились вырезанные из камня стулья с шелковыми подушками. И стол не был пустым — здесь стояли блюда с такими яствами, каких не видывали даже при дворе Питера в бытность его Верховным королем в Кэр-Паравале. На них красовались индейки, гуси и павлины, кабаньи головы, олений бок, пироги в форме кораблей под парусами или в виде драконов и слонов, мороженое, яркие омары и блестящий лосось, орехи и виноград, ананасы, персики и гранаты, дыни и помидоры. Между блюдами возвышались кувшины из золота, серебра и цветного стекла, и от них исходил такой аромат, что кружилась голова.

— Вот это да! — воскликнула Люси.

Остальные медленно подошли ближе, и Юстас удивленно спросил:

— Но где же гости?

— А может, мы ими и станем? — предложил Ринс.

'Look!' said Edmund sharply. They were actually within the pillars now and standing on the pavement. Everyone looked where Edmund had pointed. The chairs were not all empty. At the head of the table and in the two places beside it there was something — or possibly three somethings.

'What are *those*?' asked Lucy in a whisper. 'It looks like three beavers sitting on the table.'

'Or a huge bird's nest,' said Edmund.

'It looks more like a haystack to me,' said Caspian.

Reepicheep ran forward, jumped on a chair and thence on to the table, and ran along it, threading his way as nimbly as a dancer between jewelled cups and pyramids of fruit and ivory salt-cellars. He ran right up to the mysterious grey mass at the end: peered, touched, and then called out:

'These will not fight, I think.'

Everyone now came close and saw that what sat in those three chairs was three men, though hard to recognise as men till you looked closely. Their hair, which was grey, had grown over their eyes till it almost concealed their faces, and their beards had grown over the table, climbing round and entwining plates and goblets as brambles entwine a fence, until, all mixed in one great mat of hair, they flowed over the edge and down to the floor. And from their heads the hair hung over the backs of their chairs so that they were wholly hidden. In fact the three men were nearly all hair.

'Dead?' said Caspian.

'I think not, Sire,' said Reepicheep, lifting one of their hands out of its tangle of hair in his two paws. 'This one is warm and his pulse beats.'

— Ой, смотрите! — воскликнул Эдмунд.

Все, кто стоял на вымощенном дворе, посмотрели в указанном направлении. Стулья не все были пусты: во главе стола и на двух соседних местах что-то лежало.

— Что это? — прошептала Люси. — Похоже, что там расположились три бобра.

— Скорее это большие птичьи гнезда, — сказал Эдмунд.

— На мой взгляд, там три копны сена, — произнес Каспиан.

Рипичип кинулся вперед, вскочил на стул, а оттуда на стол, пробежал по нему, ловко, словно танцор, минуя кубки, украшенные драгоценными камнями, пирамиды фруктов и солонки слоновой кости, и остановился напротив таинственных серых куч. Внимательно их осмотрев и даже потрогав, вояка крикнул:

— Думаю, сражаться они не станут!

Все подошли ближе и увидели, что на трех стульях сидят три человека, в которых, пока не подойдешь вплотную, и людей-то признать трудно: седые волосы отросли так, что закрывали почти все лицо, а бороды расстилались по столу, огибая тарелки и обвиваясь вокруг кубков, словно ежевика вокруг изгороди. Где-то под столом все волосы переплетались и стелились по полу, полностью скрывая сидящих и делая их похожими на груды шерсти.

— Мертвы? — спросил Каспиан.

— Думаю, нет, сир, — ответил Рипичип, поднимая двумя лапами руку одного из сидящих. — У этого рука теплая и можно прощупать пульс.

'This one, too, and this,' said Drinian.

'Why, they're only asleep,' said Eustace.

'It's been a long sleep, though,' said Edmund, 'to let their hair grow like this.'

'It must be an enchanted sleep,' said Lucy. 'I felt the moment we landed on this island that it was full of magic. Oh! do you think we have perhaps come here to break it?'

'We can try,' said Caspian, and began shaking the nearest of the three sleepers. For a moment everyone thought he was going to be successful, for the man breathed hard and muttered, 'I'll go eastward no more. Out oars for Narnia.' But he sank back almost at once into a yet deeper sleep than before: that is, his heavy head sagged a few inches lower towards the table and all efforts to rouse him again were useless. With the second it was much the same. 'Weren't born to live like animals. Get to the east while you've a chance — lands behind the sun,' and sank down. And the third only said, 'Mustard, please,' and slept hard.

'*Out oars for Narnia*, eh?' said Drinian.

'Yes,' said Caspian, 'you are right, Drinian. I think our quest is at an end. Let's look at their rings. Yes, these are their devices. This is the Lord Revilian. This is the Lord Argoz: and this, the Lord Mavramorn.'

'But we can't wake them,' said Lucy. 'What are we to do?'

'Begging your Majesties' pardons all,' said Rhince, 'but why not fall to while you're discussing it? We don't see a dinner like this every day.'

— И эти тоже живы, — сказал Дриниан.

— Они просто спят, — заметил Юстас.

— И видимо, давненько, — сказал Эдмунд, — раз так заросли волосами.

— Наверное, они заколдованы, — предположила Люси. — Как только мы ступили на берег, я почувствовала, что здесь кругом волшебство. Как вы думаете, мы сумеем их расколдовать?

— Для начала попробуем разбудить, — сказал Каспиан и потряс ближайшего из трех спящих.

На мгновение всем показалось, что ему это удалось, потому что человек глубоко вздохнул и пробормотал: «Дальше на восток не поплыву. Поворачивайте в Нарнию», — но в следующее мгновение провалился в еще более глубокий сон: тяжелая голова склонилась на несколько дюймов ниже, и все попытки разбудить его вновь оказались бесполезны. Со вторым произошло то же самое. «Мы не будем жить как звери. Скорее на восток, пока получается, на земли за восходом солнца», — произнес он и снова заснул. А третий и вовсе лишь буркнул: «Горчицу, пожалуйста», — и погрузился в сон.

— «Поворачивайте в Нарнию» — так? — повторил Дриниан.

— Да, — кивнул Каспиан, — ты прав. Думаю, наши поиски закончены. Посмотри на их кольца: они с гербами. Это лорд Ревелиан, это лорд Аргоз, а это — лорд Мавроморн.

— Но мы не можем их разбудить! — в отчаянии воскликнула Люси. — Что же делать?

— Прошу прощения у ваших величеств, — обратился к ним Ринс, — но почему бы обсуждение ненадолго не отложить? Не каждый день видишь такой обед.

'Not for your life!' said Caspian.

'That's right, that's right,' said several of the sailors. 'Too much magic about here. The sooner we're back on board the better.'

'Depend upon it,' said Reepicheep, 'it was from eating this food that these three lords came by a seven years' sleep.'

'I wouldn't touch it to save my life,' said Drinian.

'The light's going uncommon quick,' said Rynelf.

'Back to ship, back to ship,' muttered the men.

'I really think,' said Edmund, 'they're right. We can decide what to do with the three sleepers tomorrow. We daren't eat the food and there's no point in staying here for the night. The whole place smells of magic — and danger.'

'I am entirely of King Edmund's opinion,' said Reepicheep, 'as far as concerns the ship's company in general. But I myself will sit at this table till sunrise.'

'Why on earth?' said Eustace.

'Because,' said the Mouse, 'this is a very great adventure, and no danger seems to me so great as that of knowing when I get back to Narnia that I left a mystery behind me through fear.'

'I'll stay with you, Reep,' said Edmund.

'And I too,' said Caspian.

'And me,' said Lucy. And then Eustace volunteered also. This was very brave of him because never having read of such things or even heard of them till he joined the Dawn Treader made it worse for him than for the others.

— Ни за что в жизни! — воскликнул Каспиан.

— Верно, верно, — поддержали его несколько моряков. — Здесь слишком много непонятного. Чем скорее мы вернемся на корабль, тем лучше.

— Конечно, — сказал Рипичип, — если от этой еды три лорда заснули на семь лет.

— Я ни за что не притронусь к ней, — отозвался Дриниан.

— Темнеет очень быстро, — заметил Ринельф.

— На корабль, скорее на корабль, — забормотали матросы.

— Я тоже так думаю, — отозвался Эдмунд. — Мы можем завтра решить, что делать со спящими лордами. А поскольку мы не рискнем это есть, нет никакого смысла оставаться здесь на ночь. Здесь повсюду пахнет волшебством... и опасностью.

— Я полностью согласен с мнением короля Эдмунда, — заявил Рипичип, — в том, что касается команды, но при всем том останусь здесь, за этим столом, до рассвета.

— Почему? — спросил Юстас.

— Потому что это превосходное приключение, а опасность не настолько велика, чтобы я вернулся в Нарнию с осознанием, что испугался разгадать тайну.

— Я остаюсь с тобой, Рип, — сказал Эдмунд.

— И я, — повторил Каспиан.

— Я тоже, — подтвердила Люси.

В такой ситуации Юстас не мог не остаться. Это был храбрый поступок, ведь он никогда не читал и даже не слышал ни о чем подобном, пока не оказался на «Покорителе зари», и ему было труднее, чем остальным.

'I beseech your Majesty — ' began Drinian.

'No, my Lord,' said Caspian. 'Your place is with the ship, and you have had a day's work while we five have idled.' There was a lot of argument about this but in the end Caspian had his way. As the crew marched off to the shore in the gathering dusk none of the five watchers, except perhaps Reepicheep, could avoid a cold feeling in the stomach.

They took some time choosing their seats at the perilous table. Probably everyone had the same reason but no one said it out loud. For it was really a rather nasty choice. One could hardly bear to sit all night next to those three terrible hairy objects which, if not dead, were certainly not alive in the ordinary sense. On the

— Я прошу ваше величество... — начал Дриниан.

— Нет, милорд, — не дослушал его Каспиан. — Твое место на корабле, и ты весь день тяжело трудился, в то время как мы, все пятеро, бездельничали.

Спор некоторое время продолжался, но Каспиан настоял на своем. Когда команда в сгущавшемся мраке направилась к кораблю, все пятеро, за исключением, быть может, Рипичипа, ощутили холодок под ложечкой.

Какое-то время, выбирая себе места за столом, они тихонько переговаривались. Им предстоял не очень приятный выбор. Трудно было высидеть всю ночь рядом с тремя чудовищно волосатыми людьми, не мертвыми, но и не живыми в полном смысле этого слова. С другой стороны, сидеть на дальнем

other hand, to sit at the far end, so that you would see them less and less as the night grew darker, and wouldn't know if they were moving, and perhaps wouldn't see them at all by about two o'clock — no, it was not to be thought of. So they sauntered round and round the table saying, 'What about here?' and 'Or perhaps a bit further on', or, 'Why not on this side?' till at last they settled down somewhere about the middle but nearer to the sleepers than to the other end. It was about ten by now and almost dark. Those strange new constellations burned in the east. Lucy would have liked it better if they had been the Leopard and the Ship and other old friends of the Narnian sky.

They wrapped themselves in their sea cloaks and sat still and waited. At first there was some attempt at talk but it didn't come to much. And they sat and sat. And all the time they heard the waves breaking on the beach.

After hours that seemed like ages there came a moment when they all knew they had been dozing a moment before but were all suddenly wide awake. The stars were all in quite different positions from those they had last noticed. The sky was very black except for the faintest possible greyness in the east. They were cold, though thirsty, and stiff. And none of them spoke because now at last something was happening.

Before them, beyond the pillars, there was the slope of a low hill. And now a door opened in the hillside, and light appeared in the doorway, and a figure came out, and the door shut behind it. The figure carried a light, and this light was really all that they could see distinctly. It came slowly nearer and nearer till at last it stood right at the table opposite to them. Now they could see that it was a tall girl, dressed in a single long garment of clear blue

конце, так что, по мере того как темнело, все хуже и хуже различать их и не знать, движутся ли они, а то и, возможно, вообще не разглядеть их ночью, — нет, об этом страшно было даже подумать. Поэтому они ходили вокруг стола, время от времени обменивались репликами: «Может быть, здесь?»; «Давайте чуть подальше»; «Почему бы не с этой стороны?» — пока, наконец, не уселись где-то в середине, ближе к спящим, чем к другому концу стола. К десяти вечера совсем стемнело, и Люси заметила на востоке удивительные новые созвездия, хотя предпочла бы смотреть на Леопарда, Корабль и других старых знакомых с нарнийского неба.

Поплотнее запахнув матросские куртки, путешественники сидели в тишине и ждали. Разговоры как-то сами по себе затихли, и слышался только шум волн, разбивавшихся о берег.

Просидев так несколько часов, показавшихся вечностью, они было задремали, но буквально на мгновение. Даже за это короткое время многое изменилось: звезды изменили свое положение, а небо стало совершенно черным — возможно, чуть светлее — серым — на востоке. Все замерзли, хотели пить, руки-ноги затекли, но никто не осмелился произнести ни звука, потому что как раз в этот момент все и началось.

В одном из склонов пологого холма, что поднимался перед ними, позади колонн, вдруг открылась дверь, на мгновение выхватив из мрака какую-то фигуру, и тут же затворилась. Пламя свечи в чьих-то руках было единственным, что все видели отчетливо, и оно приближалось, пока, в конце концов, не оказалось у стола напротив них. Теперь стало возможным разглядеть высокую девушку в длинном

which left her arms bare. She was bareheaded and her yellow hair hung down her back. And when they looked at her they thought they had never before known what beauty meant.

The light which she had been carrying was a tall candle in a silver candlestick which she now set upon the table. If there had been any wind off the sea earlier in the night it must have died down by now, for the flame of the candle burned as straight and still as if it were in a room with the windows shut and the curtains drawn. Gold and silver on the table shone in its light.

Lucy now noticed something lying lengthwise on the table which had escaped her attention before. It was a knife of stone, sharp as steel, a cruel-looking, ancient-looking thing.

No one had yet spoken a word. Then — Reepicheep first, and Caspian next — they all rose to their feet, because they felt that she was a great lady.

'Travellers who have come from far to Aslan's table,' said the girl. 'Why do you not eat and drink?'

'Madam,' said Caspian, 'we feared the food because we thought it had cast our friends into an enchanted sleep.'

'They have never tasted it,' she said.

'Please,' said Lucy, 'what happened to them?'

'Seven years ago,' said the girl, 'they came here in a ship whose sails were rags and her timbers ready to fall apart. There were a few others with them, sailors, and

одеянии голубого цвета, с обнаженными руками и золотистыми волосами, свободно спадавшими на спину. Одного взгляда на нее было достаточно, чтобы каждый понял: до этого мгновения он не знал, что такое красота.

Источником света оказалась высокая свеча в серебряном канделябре, который она поставила на стол. Если раньше с моря и дул ветер, сейчас он утих, и пламя горело ровно, словно в комнате с закрытыми окнами и задернутыми шторами, отбрасывая отблески на золотую и серебряную посуду.

Тут Люси заметила на столе очень необычный предмет. Оказалось, что это нож, только каменный, острый, как сталь, и явно древний.

Никто не произнес ни слова, но один за другим — первым был Рипичип, конечно, следующим — Каспиан, — все встали, поняв, что перед ними знатная дама.

— Путники, коли вы пришли к столу Аслана, почему же не едите и не пьете? — вопросила красавица

— Госпожа, — ответил Каспиан, — мы не решаемся прикоснуться к яствам, потому что подозреваем, что именно они повергли наших друзей в колдовской сон.

— Они ничего даже не пробовали, — возразила девушка.

— Так вы знаете, что произошло? — воскликнула Люси. — Прошу вас, расскажите, что с ними случилось.

— Семь лет назад, — начала девушка, — они прибыли сюда на корабле, явно пережившем шторм: с изодранными в клочья парусами и едва не развали-

when they came to this table one said, 'Here is the good place. Let us set sail and reef sail and row no longer but sit down and end our days in peace!' And the second said, 'No, let us re-embark and sail for Narnia and the west; it may be that Miraz is dead.' But the third, who was a very masterful man, leaped up and said, 'No, by heaven. We are men and Telmarines, not brutes. What should we do but seek, adventure after adventure? We have not long to live in any event. Let us spend what is left in seeking the unpeopled world behind the sunrise.' And as they quarrelled he caught up the Knife of Stone which lies there on the table and would have fought with his comrades. But it is a thing not right for him to touch. And as his fingers closed upon the hilt, deep sleep fell upon all the three. And till the enchantment is undone they will never wake.'

'What is this Knife of Stone?' asked Eustace.
'Do none of you know it?' said the girl.

'I — I think,' said Lucy, 'I've seen something like it before. It was a knife like it that the White Witch used when she killed Aslan at the Stone Table long ago.'

'It was the same,' said the girl, 'and it was brought here to be kept in honour while the world lasts.'

Edmund, who had been looking more and more uncomfortable for the last few minutes, now spoke.
'Look here,' he said, 'I hope I'm not a coward — about eating this food, I mean — and I'm sure I don't mean to be rude. But we have had a lot of queer adventures on this voyage of ours and things aren't always what they seem. When I look in your face I can't help believing all you say:

вавшемся. С ними были еще несколько матросов, и когда все оказались за столом, один предложил: «Какое замечательное место. Давайте останемся здесь и проживем остаток жизни мирно!» А другой возразил: «Нет, нужно возвращаться в Нарнию, на запад: может, Мираз умер». Но третий аж подскочил и воскликнул властно: «Нет-нет, мы мужчины! Мы тельмарины, а не звери. Что нам еще делать, если не искать приключений? В любом случае мы долго не проживем, так что давайте проведем срок, что нам отмерен, в поисках необитаемого мира за восходом солнца». Они не могли прийти к общему решению, перессорились, а властный господин схватился за каменный нож, лежавший на столе. Никому не следовало касаться этой вещи. Как только его пальцы сомкнулись на рукояти, все трое погрузились в глубокий сон. И пока колдовство не будет снято, они не проснутся.

— А что это за каменный нож? — спросил Юстас.

— Неужели никто из вас не знает? — удивилась девушка.

— Я... я думаю, я уже видела что-то подобное, — неуверенно предположила Люси, — очень давно Белая колдунья убила Аслана на Каменном Столе таким же ножом.

— Это тот самый нож, — подтвердила красавица. — Его доставили сюда, чтобы храниться, пока существует мир.

— Послушайте, — заговорил, ощущая неловкость, Эдмунд. — Не хочу показаться трусом — я имею в виду в отношении этой еды, — как не хочу показаться бестактным, но с нами в этом путешествии произошло столько всего странного и вещи не всегда оказывались такими, как представлялись. Вот смотрю я в ваше лицо и верю всему, что вы говорите,

but then that's just what might happen with a witch too. How are we to know you're a friend?'

'You can't know,' said the girl. 'You can only believe — or not.'

After a moment's pause Reepicheep's small voice was heard.

'Sire,' he said to Caspian, 'of your courtesy fill my cup with wine from that flagon: it is too big for me to lift. I will drink to the lady.'

Caspian obeyed and the Mouse, standing on the table, held up a golden cup between its tiny paws and said, 'Lady, I pledge you.' Then it fell to on cold peacock, and in a short while everyone else followed its example. All were very hungry and the meal, if not quite what you wanted for a very early breakfast, was excellent as a very late supper.

'Why is it called Aslan's table?' asked Lucy presently.

'It is set here by his bidding,' said the girl, 'for those who come so far. Some call this island the World's End, for though you can sail further, this is the beginning of the end.'

'But how does the food *keep*?' asked the practical Eustace.

'It is eaten, and renewed, every day,' said the girl. 'This you will see.'

'And what are we to do about the Sleepers?' asked Caspian. 'In the world from which my friends come' (here he nodded at Eustace and the Pevensies) 'they have a story of a prince or a king coming to a castle where

но так же можно было бы верить и колдунье. Как мы узнаем, что вы нам друг?

— Никак, — пожала плечами девушка. — Вы можете только поверить... или не поверить.

После недолгой паузы раздался тонкий голос Рипичипа, обратившегося к Каспиану:

— Сир, будьте добры, наполните мой бокал вином вон из того кувшина: он слишком велик, и мне самому его не поднять. Я хочу выпить за прекрасную даму.

Каспиан выполнил просьбу, и мышиный рыцарь, вытянувшись на столе по стойке «смирно», поднял крошечными лапками золотой бокал и провозгласил:

— За ваше здоровье, миледи!

Отшвырнув бокал в сторону, храбрый Рипичип смело принялся за холодного павлина, и вскоре его примеру последовали остальные. Все были голодны, и если набор блюд не совсем подходил для очень раннего завтрака, то позднему застолью соответствовал как нельзя лучше.

— Почему вы сказали, что это стол Аслана? — спустя некоторое время спросила Люси.

— Потому что поставлен здесь по его приказу, — ответила девушка, — для тех, кто прибыл издалека. Еще этот остров называют Краем Света: хоть плыть дальше и можно, здесь его начало.

— А как же еда не портится? — поинтересовался практичный Юстас.

— Ее не хранят, а съедают, и каждый день появляется свежая. Сами увидите.

— А как быть со спящими? В мире, откуда прибыли мои друзья, — Каспиан кивком указал на Юстаса и брата и сестру Певенси, — известна история про принца или короля, оказавшегося в замке,

all the people lay in an enchanted sleep. In that story he could not dissolve the enchantment until he had kissed the Princess.'

'But here,' said the girl, 'it is different. Here he cannot kiss the Princess till he has dissolved the enchantment.'

'Then,' said Caspian, 'in the name of Aslan, show me how to set about that work at once.'

'My father will teach you that,' said the girl.

'Your father!' said everyone. 'Who is he? And where?'

'Look,' said the girl, turning round and pointing at the door in the hillside. They could see it more easily now, for while they had been talking the stars had grown fainter and great gaps of white light were appearing in the greyness of the eastern sky.

где все спали волшебным сном. Чтобы колдовские чары рассеялись, ему надо было поцеловать принцессу.

— В этом случае все не так. Его величество не сможет поцеловать принцессу, пока не избавит от колдовства.

— Но, во имя Аслана, — пылко воскликнул Каспиан, — скажи, как за это взяться!

— Мой отец научит тебя, — ответила девушка.

— Ваш отец! — раздались восклицания. — Кто он? И где?

— Смотрите!

Красавица обернулась и указала на дверь в склоне холма, которую сейчас стало видно гораздо лучше: пока они разговаривали, звезды стали бледнеть, а на фоне светлеющего на востоке неба появились белые лучи.

Chapter 14

THE BEGINNING OF THE END
OF THE WORLD

Slowly the door opened again and out there came a figure as tall and straight as the girl's but not so slender. It carried no light but light seemed to come from it. As it came nearer, Lucy saw that it was like an old man. His silver beard came down to his bare feet in front and his silver hair hung down to his heels behind and his robe appeared to be made from the fleece of silver sheep. He looked so mild and grave that once more all the travellers rose to their feet and stood in silence.

But the old man came on without speaking to the travellers and stood on the other side of the table opposite to his daughter. Then both of them held up their arms before them and turned to face the east. In that position they began to sing. I wish I could write down the song, but no one who was present could remember it. Lucy said afterwards that it was high, almost shrill, but very beautiful, 'A cold kind of song, an early morning kind of song.' And as they sang, the grey clouds lifted from the eastern sky and the white patches grew bigger and bigger till it was all white, and the sea began to shine like silver. And long afterwards (but those two sang all the time) the east began to turn red and at last, unclouded, the sun came up out of the sea and its long level ray shot down the length of the table on the gold and silver and on the Stone Knife.

Глава 14

ГДЕ НАЧИНАЕТСЯ
КРАЙ СВЕТА

Снова медленно отворилась дверь, и оттуда появилась фигура, такая же высокая и прямая, как у девушки, но менее стройная. При ней не было свечи, но она, казалось, сама излучала свет. Когда он подошел поближе, Люси увидела, что это старик. Его серебристая борода доходила до стоп, серебристые волосы спускались до пят, а одеяние казалось сотканным из серебристого овечьего руна. Он казался таким спокойным и серьезным, что все путешественники снова встали и застыли в благоговейном молчании.

Старец подошел и, не сказав ни слова, остановился с противоположной от дочери стороны стола. Оба вытянули перед собой руки, повернулись на восток и начали петь. Хотел бы я записать для читателя текст той песни, но ни один из присутствующих не сумел запомнить ее. Люси впоследствии рассказывала, что мелодия звучала едва ли не пронзительно и была невероятно красива: «Прохладная такая песня, для раннего утра». И по мере того как они пели, серые облака поднимались с восточной стороны неба, белые лучи становились все заметнее и заметнее, пока все кругом не стало белым, а море не засияло серебром. Затем восток начал розоветь, и наконец в безоблачное небо из моря вышло солнце, его длинный луч пробежал по всей длине стола, отчего вспыхнуло золото, серебро и даже каменный нож.

Once or twice before, the Narnians had wondered whether the sun at its rising did not look bigger in these seas than it had looked at home. This time they were certain. There was no mistaking it. And the brightness of its ray on the dew and on the table was far beyond any morning brightness they had ever seen. And as Edmund said afterwards, 'Though lots of things happened on that trip which *sound* more exciting, that moment was really the most exciting.' For now they knew that they had truly come to the beginning of the End of the World.

Then something seemed to be flying at them out of the very centre of the rising sun: but of course one couldn't look steadily in that direction to make sure. But presently the air became full of voices — voices which took up the same song that the Lady and her Father were singing, but in far wilder tones and in a language which no one knew. And soon afer that the owners of these voices could be seen. They were birds, large and white, and they came by hundreds and thousands and alighted on everything; on the grass, and the pavement, on the table, on your shoulders, your hands, and your head, till it looked as if heavy snow had fallen. For, like snow, they not only made everything white but blurred and blunted all shapes. But Lucy, looking out from between the wings of the birds that covered her, saw one bird fly to the Old Man with something in its beak that looked like a little fruit, unless it was a little live coal, which it might have been, for it was too bright to look at. And the bird laid it in the Old Man's mouth.

Then the birds stopped their singing and appeared to be very busy about the table. When they rose from it again everything on the table that could be eaten or drunk had disappeared. These birds rose from their meal in their thousands and hundreds and carried away all the

Нарнийцы и раньше не раз замечали, что в этих морях восходящее солнце кажется больше, чем дома, и сейчас убедились в этом. Ошибки быть не могло. Яркие лучи, игравшие на росе и на столе, намного превосходили утренний свет, какой им доводилось видеть. Эдмунд впоследствии вспоминал: «Хоть за время путешествия и случилось много удивительного, это утро было самым удивительным». А все дело в том, что этот невероятный рассвет предельно четко дал понять: они добрались до начала края света.

Затем как будто что-то вылетело из самого центра поднимавшегося солнца и направилось к ним, но, разумеется, никто не смог как следует разглядеть. И в тот же миг воздух наполнился голосами, которые подхватили ту же песню, только пели с большей страстью, чем старец и красавица, скорее даже неистово, и на никому не знакомом языке. Вскоре стали видны и обладатели этих голосов. Это были птицы, большие и белые: сотни их — нет, тысячи — опускались на траву, на вымощенную камнями площадку, на стол, на плечи, руки и головы присутствующих, так что все вокруг побелело, будто после обильного снегопада. И, как снег, птицы не только сделали все белым, но и смазали, даже стерли, все контуры. Все же Люси сумела разглядеть сквозь перья усевшихся на нее птиц, как одна из них подлетела к старцу с чем-то вроде небольшого плода, а может, горячего уголька в клюве — так ярко он светился, — и вложила ему в рот.

Пение прекратилось, и птицы приступили к трапезе. Когда они поднялись в воздух, все, что можно было съесть или выпить, со стола исчезло. Кроме того, они унесли с собой все, что было несъедобным: кости, кожуру, скорлупу, — и полетели назад,

things that could not be eaten or drunk, such as bones, rinds, and shells, and took their flight back to the rising sun. But now, because they were not singing, the whir of their wings seemed to set the whole air a-tremble. And there was the table pecked clean and empty, and the three old Lords of Narnia still fast asleep.

Now at last the Old Man turned to the travellers and bade them welcome.

'Sir,' said Caspian, 'will you tell us how to undo the enchantment which holds these three Narnian Lords asleep?'

'I will gladly tell you that, my son,' said the Old Man. 'To break this enchantment you must sail to the World's End, or as near as you can come to it, and you must come back having left at least one of your company behind.'

'And what is to happen to that one?' asked Reepicheep.

'He must go on into the utter east and never return into the world.'

'That is my heart's desire,' said Reepicheep.

'And are we near the World's End now, Sir?' asked Caspian. 'Have you any knowledge of the seas and lands farther east than this?'

'I saw them long ago,' said the Old Man, 'but it was from a great height. I cannot tell you such things as sailors need to know.'

'Do you mean you were flying in the air?' Eustace blurted out.

'I was a long way above the air, my son,' replied the Old Man. 'I am Ramandu. But I see that you stare at one another and have not heard this name. And no wonder, for the days when I was a star had ceased long before any

к восходящему солнцу. И только теперь, когда уже не было слышно их пения, воздух наполнился шелестом крыльев. Стол остался пустым и чистым, а три лорда из Нарнии продолжали спать.

Теперь наконец старец повернулся поприветствовать наших путешественников.

— Господин мой, — обратился к нему Каспиан, — не скажете ли, как снять заклятие с этих трех спящих нарнийских лордов?

— С радостью, сын мой, — ответил старец. — Чтобы снять заклятие, вы должны доплыть до края света или как можно ближе к нему и вернуться, оставив там по меньшей мере одного из вас.

— А что уготовано тому, кто останется? — быстро спросил Рипичип.

— Ему предстоит продолжить путь на восток, но в этот мир он никогда не вернется.

— Так это моя сокровенная мечта! — воскликнул храбрый Рипичип.

— А далеко ли мы сейчас от края света? — спросил Каспиан. — Знакомы ли вам моря и земли, что лежат восточнее этого острова?

— Да, я их видел, но очень давно и с большой высоты, так что не смогу поведать о том, что надо бы знать морякам.

— Вы хотите сказать, что летали по воздуху? — выпалил Юстас.

— Нет, гораздо выше, сын мой. Мое имя — Раманду, но поскольку вы переглядываетесь, понимаю, что оно вам ни о чем не говорит. Впрочем, это и неудивительно: времена, когда я занимал место на небоскло-

of you knew this world, and all the constellations have changed.'

'Golly,' said Edmund under his breath. 'He's a *retired* star.'

'Aren't you a star any longer?' asked Lucy.

'I am a star at rest, my daughter,' answered Ramandu. 'When I set for the last time, decrepit and old beyond all that you can reckon, I was carried to this island. I am not so old now as I was then. Every morning a bird brings me a fire-berry from the valleys in the Sun, and each fire-berry takes away a little of my age. And when I have become as young as the child that was born yesterday, then I shall take my rising again (for we are at earth's eastern rim) and once more tread the great dance.'

не, закончилось задолго до того, как кто-либо из вас увидел этот мир, и все созвездия уже стали иными.

— Вот это да! — прошептал Эдмунд. — Звезда в отставке!

— Вы теперь больше не звезда? — решила уточнить Люси.

— Я звезда на покое, дочь моя, — ответил Раманду. — После того как сошел с небосвода в последний раз, одряхлевший и так постаревший, что невозможно себе представить, меня перенесли на этот остров. Сейчас я не так стар, как был тогда. Каждое утро птица приносит мне огненную ягоду из долины на солнце, и каждая огненная ягода немного уменьшает мой возраст. Лишь когда стану как новорожденный младенец, я снова смогу взойти на небо (потому что мы находимся на восточном краю земли) и участвовать в этом великом танце.

'In our world,' said Eustace, 'a star is a huge ball of flaming gas.'

'Even in your world, my son, that is not what a star is but only what it is made of. And in this world you have already met a star: for I think you have been with Coriakin.'

'Is he a retired star, too?' said Lucy.

'Well, not quite the same,' said Ramandu. 'It was not quite as a rest that he was set to govern the Duffers. You might call it a punishment. He might have shone for thousands of years more in the southern winter sky if all had gone well.'

'What did he do, Sir?' asked Caspian.

'My son,' said Ramandu, 'it is not for you, a son of Adam, to know what faults a star can commit. But come, we waste time in such talk. Are you yet resolved? Will you sail farther east and come again, leaving one to return no more, and so break the enchantment? Or will you sail westward?'

'Surely, Sire,' said Reepicheep, 'there is no question about that? It is very plainly part of our quest to rescue these three lords from enchantment.'

'I think the same, Reepicheep,' replied Caspian. 'And even if it were not so, it would break my heart not to go as near the World's End as the *Dawn Treader* will take us. But I am thinking of the crew. They signed on to seek the seven lords, not to reach the rim of the Earth. If we sail east from here we sail to find the edge, the utter east. And no one knows how far it is. They're brave fellows, but I see signs that some of them are weary of the voyage and long to have our prow pointing to Narnia again. I don't think I should take them farther without their knowledge

— В нашем мире, — сказал Юстас, — звезда — это огромный светящийся газовый шар.

— Даже в вашем мире, сын мой, звезда не только то, из чего состоит. А в этом мире вы уже встречали звезду: я думаю, познакомиться с Кориакином успели.

— Он тоже звезда в отставке? — уточнила Люси

— Ну не совсем так, — сказал Раманду. — Какой уж тут покой, если он должен управлять охламонами, — скорее наказание. Если бы все шло хорошо, он мог бы сиять в южном зимнем небе еще тысячи лет.

— А чем он провинился, мой господин? — спросил Каспиан.

— Не нужно тебе, сыну Адама, знать, какие ошибки может совершить звезда, — сказал Раманду. — Но мы зря тратим время. Так что вы решили: поплывете ли вы на восток и вернетесь, оставив там одного из вас, чтобы снять заклятие, или отправитесь на запад?

— Тут ведь и думать нечего, сир? — сказал Рипичип. — Здесь не может быть никаких вопросов: это наш долг — избавить лордов от заклятия.

— Я согласен с тобой, Рипичип, — отозвался Каспиан. — И даже если не говорить о них, отказ от попытки добраться до края света разбил бы мне сердце. Но я думаю о команде. Матросы нанимались искать семерых лордов, а не край света. Если мы поплывем отсюда на восток, то будем искать край, самый дальний восток, а никто не знает, как далеко он находится. Матросы храбрые ребята, но я вижу, что некоторые устали от путешествия и хотели бы вернуться домой, назад в Нарнию. Не думаю, что мож-

and consent. And then there's the poor Lord Rhoop. He's a broken man.'

'My son,' said the star, 'it would be no use, even though you wished it, to sail for the World's End with men unwilling or men deceived. That is not how great unenchantments are achieved. They must know where they go and why. But who is this broken man you speak of?'

Caspian told Ramandu the story of Rhoop.

'I can give him what he needs most,' said Ramandu. 'In this island there is sleep without stint or measure, and sleep in which no faintest footfall of a dream was ever heard. Let him sit beside these other three and drink oblivion till your return.'

'Oh, do let's do that, Caspian,' said Lucy. 'I'm sure it's just what he would love.'

At that moment they were interrupted by the sound of many feet and voices: Drinian and the rest of the ship's company were approaching. They halted in surprise when they saw Ramandu and his daughter; and then, because these were obviously great people, every man uncovered his head. Some sailors eyed the empty dishes and flagons on the table with regret.

'My lord,' said the King to Drinian, 'pray send two men back to the *Dawn Treader* with a message to the Lord Rhoop. Tell him that the last of his old shipmates are here asleep — a sleep without dreams — and that he can share it.'

When this had been done, Caspian told the rest to sit down and laid the whole situation before them. When he had finished there was a long silence and some whispering until presently the Master Bowman got to his feet, and said:

но продолжить путешествие без их согласия. И еще лорд Руп — ему будет слишком тяжело.

— Сын мой, — заметил старец, — нельзя плыть на край света с теми, кто этого не хочет: так снять заклятие не получится. Каждый должен знать, куда плывет и зачем. Но о ком вы сказали, что ему будет тяжело?

Каспиан рассказал Раманду историю лорда Рупа, и старец заверил его:

— Я могу дать то, в чем он нуждается больше всего. На этом острове можно спать сколько хочешь, причем без намека на сновидения. Пусть он сядет рядом с этими тремя лордами и забудется до самого вашего возвращения.

— Давай так и сделаем, Каспиан, — попросила Люси. — Я уверена: он будет рад.

В этот момент разговор был прерван звуком шагов и голосами: это приближался Дриниан с матросами, что оставались на судне. Они в изумлении остановились, увидев старца и девушку, и тут же обнажили головы, поняв, что перед ними высокопоставленные особы. Моряки же — большей частью простые люди — успели с сожалением взглянуть на пустые тарелки и кувшины на столе.

— Милорд, — обратился Каспиан к Дриниану, — пошлите людей на корабль сообщить лорду Рупу, что его товарищи по плаванию находятся здесь и спят — сном без сновидений — и что он может составить им компанию, если захочет.

После этого Каспиан предложил всем остальным сесть и обрисовал ситуацию, а когда закончил, наступило долгое молчание, то и дело прерываемое перешептываниями, пока не поднялся командир лучников.

'What some of us have been wanting to ask for a long time, your Majesty, is how we're ever to get home when we do turn, whether we turn here or somewhere else. It's been west and north-west winds all the way, barring an occasional calm. And if that doesn't change, I'd like to know what hopes we have of seeing Narnia again. There's not much chance of supplies lasting while we *row* all that way.'

'That's landsman's talk,' said Drinian. 'There's always a prevailing west wind in these seas all through the late summer, and it always changes after the New Year. We'll have plenty of wind for sailing westward; more than we shall like from all accounts.'

'That's true, Master,' said an old sailor who was a Galmian by birth. 'You get some ugly weather rolling up from the east in January and February. And by your leave, Sire, if I was in command of this ship I'd say to winter here and begin the voyage home in March.'

'What'd you eat while you were wintering here?' asked Eustace.

'This table,' said Ramandu, 'will be filled with a king's feast every day at sunset.'

'Now you're talking!' said several sailors.

'Your Majesties and gentlemen and ladies all,' said Rynelf, 'there's just one thing I want to say. There's not one of us chaps as was pressed on this journey. We're volunteers. And there's some here that are looking very hard at that table and thinking about king's feasts who were talking very loud about adventures on the day we sailed from Cair Paravel, and swearing they wouldn't come home till we'd found the end of the world. And

— Некоторых из нас уже давно интересует, ваше величество, как мы попадем домой, как мы повернем здесь или в каком другом месте, если все время, не считая штилей, дуют западные или северо-западные ветры. Ведь если они не переменятся, то где гарантия, что мы когда-нибудь вновь увидим Нарнию? У нас почти не осталось запасов, чтобы весь путь назад пройти на веслах.

— Сразу видно, что ты не моряк, — усмехнулся Дриниан. — В конце лета в этих морях всегда преобладают западные ветры, и направление их меняется с наступлением нового года, так что, по всем расчетам, ветер будет даже сильнее, чем нужно.

— Что верно, то верно, — вступил в разговор старый моряк родом с Гальмы. — В январе и феврале дуют жуткие ветры с востока. С вашего позволения, сир, если бы кораблем командовал я, то перезимовал бы здесь, а домой отправился в марте.

— И чем бы вы, интересно, здесь питались? — не без ехидства спросил Юстас.

— Этот стол, — напомнил Раманду, — каждый день на закате уже накрыт словно для королевского пира.

— Вот это дело! — воскликнули сразу несколько матросов.

— Ваши величества, а также остальные леди и джентльмены, — сказал Ринельф, — хочу вам кое-что напомнить. Никого из нас не принуждали к этому путешествию — каждый пошел добровольно. Почему же сейчас некоторые, глядя на этот стол, думают о королевских пиршествах? Причем, заметьте, это те самые, кто громко кричал о приключениях, когда мы отплывали из Кэр-Параваля, и клялся, что

there were some standing on the quay who would have given all they had to come with us. It was thought a finer thing then to have a cabin-boy's berth on the *Dawn Treader* than to wear a knight's belt. I don't know if you get the hang of what I'm saying. But what I mean is that I think chaps who set out like us will look as silly as — as those Dufflepuds — if we come home and say we got to the beginning of the world's end and hadn't the heart to go farther.'

Some of the sailors cheered at this but some said that that was all very well.

'This isn't going to be much fun,' whispered Edmund to Caspian. 'What are we to do if half those fellows hang back?'

'Wait,' Caspian whispered back. 'I've still a card to play.'

'Aren't you going to say anything, Reep?' whispered Lucy.

'No. Why should your Majesty expect it?' answered Reepicheep in a voice that most people heard. 'My own plans are made. While I can, I sail east in the *Dawn Treader*. When she fails me, I paddle east in my coracle. When she sinks, I shall swim east with my four paws. And when I can swim no longer, if I have not reached Aslan's country, or shot over the edge of the world in some vast cataract, I shall sink with my nose to the sunrise and Peepiceek will be head of the talking mice in Narnia.'

'Hear, hear,' said a sailor, 'I'll say the same, barring the bit about the coracle, which wouldn't bear me.' He added in a lower voice, 'I'm not going to be outdone by a mouse.'

не вернется домой, пока мы не доберемся до конца света. А ведь были такие, кто стоял на набережной и готов был отдать все, что имеет, лишь бы взяли их с собой. Казалось, койка юнги на «Покорителе зари» для них куда дороже рыцарских лат. Я это к тому, что мы можем оказаться такими же глупцами, как охлатопы, если вернемся домой и скажем, что добрались до начала края света и побоялись идти дальше.

Одни поддержали его, но другие сказали, что с них достаточно.

— Как-то невесело, — шепнул Эдмунд Каспиану. — Что будем делать, если половина команды откажется продолжить путь на восток?

— Погоди, — шепнул ему Каспиан, — у меня есть кое-что в запасе.

— Ты хочешь что-то сказать, Рип? — шепнула Люси.

— Вовсе нет! Почему ваше величество так думает? — демонстративно громко ответил Рипичип. — Мои собственные планы понятны: если я смогу, то отправлюсь на восток на «Покорителе зари», ну а если не на корабле, то на своей лодочке. Когда уж и она протечет, продолжу путешествие вплавь — ведь у меня четыре лапы. А когда не смогу плыть дальше, если к тому времени не доберусь до страны Аслана или буду смыт с края света каким-нибудь огромным водопадом, то утону, обратив нос к восходу, а главным среди говорящих мышей Нарнии станет Пичичик.

— Верно, верно! Я скажу то же самое, кроме как про лодчонку, которая меня не выдержать, — сказал один из моряков и тихонько добавил: — И не позволю какой-то мыши взять надо мной вверх.

At this point Caspian jumped to his feet. 'Friends,' he said, 'I think you have not quite understood our purpose. You talk as if we had come to you with our hat in our hand, begging for shipmates. It isn't like that at all. We and our royal brother and sister and their kinsman and Sir Reepicheep, the good knight, and the Lord Drinian have an errand to the world's edge. It is our pleasure to choose from among such of you as are willing those whom we deem worthy of so high an enterprise. We have not said that any can come for the asking. That is why we shall now command the Lord Drinian and Master Rhince to consider carefully what men among you are the hardest in battle, the most skilled seamen, the purest in blood, the most loyal to our person, and the cleanest of life and manners; and to give their names to us in a schedule.' He paused and went on in a quicker voice, 'Aslan's mane!' he exclaimed. 'Do you think that the privilege of seeing the last things is to be bought for a song? Why, every man that comes with us shall bequeath the title of *Dawn Treader* to all his descendants and when we land at Cair Paravel on the homeward voyage he shall have either gold or land enough to make him rich all his life. Now — scatter over the island, all of you. In half an hour's time I shall receive the names that Lord Drinian brings me.'

There was rather a sheepish silence and then the crew made their bows and moved away, one in this direction and one in that, but mostly in little knots or bunches, talking.

'And now for the Lord Rhoop,' said Caspian.

But turning to the head of the table he saw that Rhoop was already there. He had arrived, silent and unnoticed, while the discussion was going on, and was seated beside the Lord Argoz. The daughter of Ramandu stood beside

В этот момент поднялся Каспиан:

— Друзья, думаю, вы не совсем понимаете, какова наша цель. Вы говорите так, словно мы, будто попрошайки, умоляем вас составить нам компанию в путешествии, но это не соответствует действительности. Мы, наши царственные брат и сестра, их родственник, сэр Рипичип, добрый рыцарь, и лорд Дриниан отправляемся к краю мира, чтобы выполнить задание. Мы с удовольствием отберем из числа желающих тех, кого сочтем достойными такого смелого предприятия. Думаю, что подойдет не каждый, — поэтому мы приказываем лорду Дриниану и мастеру Ринсу рассмотреть, кто из вас самый надежный воин, самый умелый матрос, из хорошей семьи, кто предан нам, чья жизнь безупречна, и представить нам список.

После паузы он заговорил эмоциональнее:

— Клянусь гривой Аслана! Неужели вы думаете, что каждому достается такая честь? Тот, кто пойдет с нами, обретет титул Покорителя зари, который сможет передать своим потомкам, а когда мы вернемся в Кэр-Параваль, получит столько золота или земли, что всю жизнь не будет знать нужды. Теперь разойдитесь. Через полчаса лорд Дриниан принесет мне список.

Члены команды молча поклонились и, разбившись на группы по несколько человек и переговариваясь, разошлись в разные стороны.

— Теперь пойдем за лордом Рупом, — сказал Каспиан, но, обернувшись к столу, увидел, что в этом нет необходимости: лорд Руп появился, молчаливый и незаметный, пока шло обсуждение, и занял место рядом с лордом Аргозом. Дочь Раманду стояла ря-

him as if she had just helped him into his chair; Raman-du stood behind him and laid both his hands on Rhoop's grey head. Even in daylight a faint silver light came from the hands of the star. There was a smile on Rhoop's haggard face.

He held out one of his hands to Lucy and the other to Caspian. For a moment it looked as if he were going to say something. Then his smile brightened as if he were feeling some delicious sensation, a long sigh of contentment came from his lips, his head fell forward, and he slept.

'Poor Rhoop,' said Lucy. 'I *am* glad. He must have had terrible times.'

'Don't let's even think of it,' said Eustace.

Meanwhile Caspian's speech, helped perhaps by some magic of the island, was having just the effect he intended. A good many who had been anxious enough to *get* out of the voyage felt quite differently about being *left* out of it. And of course whenever any one sailor announced that he had made up his mind to ask for permission to sail, the ones who hadn't said this felt that they were getting fewer and more uncomfortable. So that before the half-hour was nearly over several people were positively 'sucking up' to Drinian and Rhince (at least that was what they called it at my school) to get a good report. And soon there were only three left who didn't want to go, and those three were trying very hard to persuade others to stay with them. And very shortly after that there was only one left. And in the end he began to be afraid of being left behind all on his own and changed his mind.

At the end of the half-hour they all came trooping back to Aslan's Table and stood at one end while Drinian and Rhince went and sat down with Caspian and made their report; and Caspian accepted all the men but that

дом — видимо, она и помогла ему сесть на стул. Сам старец встал у него за спиной и возложил обе руки на его седую голову, и даже при свете дня было заметно легкое серебристое свечение, от них исходившее. На изможденном лице Рупа появилась улыбка, и он протянул одну руку Люси, другую — Каспиану. Какой-то момент казалось, что он хочет что-то сказать. Затем улыбка стала шире, словно он испытывал приятные ощущения, глубокий вздох удовлетворения сорвался с его губ, голова склонилась вперед, и он уснул.

— Бедный Руп! — сокрушенно вздохнула Люси. — Должно быть, пережил ужасные времена.

— Не будем об этом! — сказал Юстас.

Тем временем речь Каспиана и, возможно, присущее острову волшебство возымели то действие, которого он добивался. Большинство тех, кто стремился завершить путешествие, ощутили себя совсем по-другому, лишаясь возможности в нем участвовать. И, разумеется, каждый заявил, что вовсе не собирался возвращаться, а те, что не высказывали желания плыть дальше, видели, что их становится все меньше, и оттого испытывали неловкость. И пока эти полчаса не истекли, матросы ходили и подлизывались (так говорят школьники) к Дриниану и Ринсу, чтобы их включили в список. И вскоре не желавших продолжать плавание осталось только трое, и они изо всех сил старались убедить остальных присоединиться к ним. Но потом остался только один, а под конец передумал и он — испугался остаться в одиночестве.

Когда прошло полчаса, все снова собрались у стола Аслана, чтобы услышать вердикт Дриниана и Ринса, которые вместе с Каспианом обсуждали список. Его величество согласился взять всех моряков,

one who had changed his mind at the last moment. His name was Pittencream and he stayed on the Island of the Star all the time the others were away looking for the World's End, and he very much wished he had gone with them. He wasn't the sort of man who could enjoy talking to Ramandu and Ramandu's daughter (nor they to him), and it rained a good deal, and though there was a wonderful feast on the Table every night, he didn't very much enjoy it. He said it gave him the creeps sitting there alone (and in the rain as likely as not) with those four Lords asleep at the end of the Table. And when the others returned he felt so out of things that he deserted on the voyage home at the Lone Islands, and went and lived in Calormen, where he told wonderful stories about his adventures at the End of the World, until at last he came to believe them himself. So you may say, in a sense, that he lived happily ever after. But he could never bear mice.

That night they all ate and drank together at the great Table between the pillars where the feast was magically re-newed: and next morning the *Dawn Treader* set sail once more just when the great birds had come and gone again.

'Lady,' said Caspian, 'I hope to speak with you again when I have broken the enchantments.' And Ramandu's daughter looked at him and smiled.

кроме того, кто передумал в последний момент. Матроса звали Питтенкрим, и, пока остальные искали край света, он оставался на острове и сожалел, что не поехал со всеми. Питтенкрим был не из тех, кто мог бы получить удовольствие от общения с Раманду и его дочерью (как, впрочем, и они с ним). Часто шли дожди, и хотя каждый вечер на столе появлялась великолепная трапеза, это не приносило ему большой радости. Он рассказывал, что его в дрожь бросало от необходимости сидеть (в любую погоду) за одним столом с четырьмя спящими лордами. А когда остальные вернулись, Питтенкрим почувствовал себя настолько неловко, что на обратном пути высадился на Одиноких островах и уехал в Тархистан, где рассказывал удивительные истории о своих приключениях на краю света, пока не поверил в них сам. Так что, можно сказать, в каком-то смысле он жил счастливо. Правда, он терпеть не мог мышей.

В этот вечер они ели и пили все вместе за стоявшим среди колонн большим столом, на котором волшебным образом снова оказалась трапеза, а на следующее утро, в то самое время, когда прилетели и улетели большие птицы, «Покоритель зари» снова пустился в плавание.

— Госпожа моя, — сказал Каспиан перед отъездом, — я надеюсь снова побеседовать с тобой, когда сниму заклятие.

Дочь Раманду посмотрела на него и улыбнулась.

Chapter 15

THE WONDERS OF THE LAST SEA

Very soon after they had left Ramandu's country they began to feel that they had already sailed beyond the world. All was different. For one thing they all found that they were needing less sleep. One did not want to go to bed nor to eat much, nor even to talk except in low voices. Another thing was the light. There was too much of it. The sun when it came up each morning looked twice, if not three times, its usual size. And every morning (which gave Lucy the strangest feeling of all) the huge white birds, singing their song with human voices in a language no one knew, streamed overhead and vanished astern on their way to their breakfast at Aslan's Table. A little later they came flying back and vanished into the east.

'How beautifully clear the water is!' said Lucy to herself, as she leaned over the port side early in the afternoon of the second day.

And it was. The first thing that she noticed was a little black object, about the size of a shoe, travelling along at the same speed as the ship. For a moment she thought it was something floating on the surface. But then there came floating past a bit of stale bread which the cook had just thrown out of the galley. And the bit of bread looked as if it were going to collide with the black thing, but it didn't. It passed above it, and Lucy now saw that the black thing could not be on the surface. Then the black thing

Глава 15

ЧУДЕСА ПОСЛЕДНЕГО МОРЯ

Вскоре после того, как корабль покинул остров Раманду, стало ясно, что они вышли за пределы мира. Все было другое. Прежде всего путешественники обнаружили, что меньше нуждаются в сне. Никому не хотелось ни спать, ни есть, ни даже говорить, разве что тихо перекинуться парой слов. Еще удивил свет. Солнце, появляясь утром, казалось в два, если не в три раза больше обычного. И каждое утро — Люси это поражало больше всего — крупные белые птицы вереницей пролетали над их головами, распевая свою песню человеческими голосами на неизвестном языке, и исчезали за кормой, направляясь завтракать к столу Аслана. Через некоторое время они пролетали в обратном направлении и исчезали на востоке.

На второй день плавания, перегнувшись через левый борт, Люси обратила внимание на необыкновенно чистую воду, а еще заметила маленький черный предмет размером с башмак, двигавшийся вперед с той же скоростью, что и корабль. Какое-то время ей казалось, что предмет плывет по поверхности, но тут кок выбросил из камбуза кусок засохшего хлеба, и тот проплыл выше предмета. Люси поняла, что он не может находиться на поверхности. Вдруг на какое-то мгновение он стал гораздо больше, а минуту спустя снова сделался прежнего размера.

suddenly got very much bigger and flicked back to normal size a moment later.

Now Lucy knew she had seen something just like that happen somewhere else — if only she could remember where. She held her hand to her head and screwed up her face and put out her tongue in the effort to remember. At last she did. Of course! It was like what you saw from a train on a bright sunny day. You saw the black shadow of your own coach running along the fields at the same pace as the train. Then you went into a cutting; and immediately the same shadow flicked close up to you and got big, racing along the grass of the cutting-bank. Then you came out of the cutting and — flick! — once more the black shadow had gone back to its normal size and was running along the fields.

'It's our shadow! — the shadow of the *Dawn Treader*,' said Lucy. 'Our shadow running along on the bottom of the sea. That time when it got bigger it went over a hill. But in that case the water must be clearer than I thought! Good gracious, I must be seeing the bottom of the sea; fathoms and fathoms down.'

As soon as she had said this she realised that the great silvery expanse which she had been seeing (without noticing) for some time was really the sand on the seabed and that all sorts of darker or brighter patches were not lights and shadows on the surface but real things on the bottom. At present, for instance, they were passing over a mass of soft purply green with a broad, winding strip of pale grey in the middle of it. But now that she knew it was on the bottom she saw it much better. She could see that bits of the dark stuff were much higher than other bits and were waving gently. 'Just like trees in a wind,' said Lucy. 'And I do believe that's what they are. It's a submarine forest.'

Люси поняла, что уже видела нечто подобное раньше, только не могла вспомнить где. Схватившись за лоб, сморщившись, даже высунув язык от усердия в попытке воскресить в памяти те обстоятельства, через некоторое время она все-таки вспомнила. Ну конечно! Это было похоже на то, когда видишь из окна поезда в яркий солнечный день черную тень твоего собственного вагона, бегущую по полям с той же скоростью. Вот поезд въезжает в овраг, и тут же тень подпрыгивает, становится больше, двигаясь по склону. Затем поезд выезжает из оврага, и — хоп! — черная тень снова становится обычного размера и бежит по полям.

«Это наша тень! Тень «Покорителя зари», — догадалась Люси. — Наша тень бежит по дну моря и становится больше, когда попадает на холм. Но в таком случае вода еще чище, чем я думала! Боже, я вижу дно моря, до которого многие сажени!..» В то же мгновение она поняла, что серебристое пространство, которое видела уже некоторое время, но не обращала на него внимания, — это песок на морском дне, а более темные или, наоборот, светлые пятна вовсе не свет и тени на поверхности, а реальные предметы на дне. Сейчас, например, корабль проплывал над массой лиловатой зелени с широкой извивающейся светло-серой полосой посередине. Теперь, понимая, что находится на дне, Люси старалась разглядеть получше. Заметив какие-то темные тени, мягко покачивавшиеся над всеми остальными, она подумала, что они похожи на деревья на ветру: настоящий подводный лес.

They passed on above it and presently the pale streak was joined by another pale streak. 'If I was down there,' thought Lucy, 'that streak would be just like a road through the wood. And that place where it joins the other would be a crossroads. Oh, I do wish I was. Hallo! the forest is coming to an end. And I do believe the streak really was a road! I can still see it going on across the open sand. It's a different colour. And it's marked out with something at the edges — dotted lines. Perhaps they are stones. And now it's getting wider.'

But it was not really getting wider, it was getting nearer. She realised this because of the way in which the shadow of the ship came rushing up towards her. And the road — she felt sure it was a road now — began to go in zigzags. Obviously it was climbing up a steep hill. And when she held her head sideways and looked back, what she saw was very like what you see when you look down a winding road from the top of a hill. She could even see the shafts of sunlight falling through the deep water on to the wooded valley; and, in the extreme distance, everything melting away into a dim greenness. But some places — the sunny ones, she thought — were ultramarine blue.

She could not, however, spend much time looking back; what was coming into view in the forward direction was too exciting. The road had apparently now reached the top of the hill and ran straight forward. Little specks were moving to and fro on it. And now something most wonderful, fortunately in full sunlight — or as full as it can be when it falls through fathoms of water — flashed into sight. It was knobbly and jagged and of a pearly, or perhaps an ivory, colour. She was so nearly straight above it that at first she could hardly make out what it was. But everything became plain when she noticed its shadow. The sunlight was falling across Lucy's shoulders, so the

Когда корабль проплыл над этим лесом, а бледная полоса соединилась с другой такой же, Люси подумала: «Будь я там, внизу, эта полоса была бы похожа на тропинку в лесу, а место, где она соединяется с другой, можно было бы назвать развилкой. Как было бы хорошо очутиться там! Но что это? Лес вроде кончается. Похоже, полоска действительно дорога! Да вот она, идет по песку, только изменила цвет и по краям появились какие-то точки. Наверное, это камни. А теперь она становится шире».

Но на самом деле она не расширялась, а приближалась. Люси поняла это потому, что к ней устремилась тень от корабля. Тут дорога — теперь Люси была уверена, что это дорога, — начала петлять, явно взбиралась на крутой холм. Осмотревшись, девочка увидела то, что и должна была, глядя на петляющую дорогу с вершины холма; смогла даже разглядеть лучи солнца, падающие сквозь толщу воды на лесистую долину. В отдалении все мешалось, превращаясь в тусклую зелень, но некоторые места — куда попадает солнечный свет, подумала Люси, — были ярко-синего цвета.

Она не могла долго смотреть назад — слишком много интересного ожидало впереди. Дорога, несомненно, дошла до вершины холма и побежала дальше, а маленькие пятнышки двигались по ней взад-вперед. И вдруг ее взгляд наткнулся на нечто необычное — освещенное ярким солнцем, насколько оно может быть ярким, проникая сквозь сажени воды, — нечто зубчатое и шишковатое, цвета жемчуга или слоновой кости. Люси находилась почти над ним, так что сначала не сообразила, что это, но все стало ясно, когда она увидела тень. Солнечные лучи падали так, что тень от увиденного лежала на песке

shadow of the thing lay stretched out on the sand behind it. And by its shape she saw clearly that it was a shadow of towers and pinnacles, minarets and domes.

'Why! — it's a city or a huge castle,' said Lucy to herself. 'But I wonder why they've built it on top of a high mountain?'

Long afterwards when she was back in England and talked all these adventures over with Edmund, they thought of a reason and I am pretty sure it is the true one. In the sea, the deeper you go, the darker and colder it gets, and it is down there, in the dark and cold, that dangerous things live — the squid and the Sea Serpent and the Kraken. The valleys are the wild, unfriendly places. The sea-people feel about their valleys as we do about mountains, and feel about their mountains as we feel about valleys. It is on the heights (or, as we would say, 'in the shallows') that there is warmth and peace. The reckless hunters and brave knights of the sea go down into the depths on quests and adventures, but return home to the heights for rest and peace, courtesy and council, the sports, the dances and the songs.

They had passed the city and the seabed was still rising. It was only a few hundred feet below the ship now. The road had disappeared. They were sailing above an open park-like country, dotted with little groves of brightly coloured vegetation. And then — Lucy nearly squealed aloud with excitement — she had seen People.

There were between fifteen and twenty of them, and all mounted on sea-horses — not the tiny little sea-horses which you may have seen in museums but horses rather bigger than themselves. They must be noble and lordly people, Lucy thought, for she could catch the gleam of gold on some of their foreheads and streamers of emerald

позади него, и по тени она догадалась, что это башни, шпили, минареты и купола.

— Ой! Это же город или огромный замок! — воскликнула Люси. — Интересно, почему его построили на вершине горы?

Много времени спустя, уже после возвращения в Англию, обсуждая с Эдмундом свои приключения, они пришли к мысли, которая кажется мне верной. Чем глубже погружаешься в море, тем темнее и холоднее становится. Там, в морской пучине, обитают опасные существа — кальмар, морской змей и дракон. Долины — это дикие, неприветливые места. Морской народ относится к этим долинам так, как мы к горам, а к своим горам — как мы к долинам. В высоких местах (а мы бы сказали «на отмели») тепло и спокойно. Отчаянные морские охотники и храбрые рыцари спускаются вниз ради приключений и опасностей, но возвращаются домой, на вершины, ради отдыха и покоя, ради занятий и развлечений.

Корабль прошел над городом, а морское дно все поднималось. Под днищем сейчас было всего несколько сот футов. Дорога исчезла, и они плыли над открытой, напоминающей парк местностью, испещренной рощицами ярко окрашенной растительности. И здесь Люси чуть не взвизгнула от восторга, потому что увидела людей!

Их было дюжины полторы, все верхом на морских коньках, но не тех крохотных морских коньках, каких можно видеть в океанариумах, а гораздо крупнее самих всадников. Очевидно, это были знатные господа, поскольку, как заметила Люси, на головах у них блестело золото, а с плеч спускались и плыли,

or orange coloured stuff fluttered from their shoulders in the current. Then:

'Oh, bother these fish!' said Lucy, for a whole shoal of small fat fish, swimming quite close to the surface, had come between her and the Sea People. But though this spoiled her view it led to the most interesting thing of all. Suddenly a fierce little fish of a kind she had never seen before came darting up from below, snapped, grabbed, and sank rapidly with one of the fat fish in its mouth. And all the Sea People were sitting on their horses staring up at what had happened. They seemed to be talking and laughing. And before the hunting fish had got back to them with its prey, another of the same kind came up from the Sea People. And Lucy was almost certain that one big Sea Man who sat on his sea-horse in the middle of the party had sent it or released it; as if he had been holding it back till then in his hand or on his wrist.

'Why, I do declare,' said Lucy, 'it's a hunting party. Or more like a hawking party. Yes, that's it. They ride out with these little fierce fish on their wrists just as we used to ride out with falcons on our wrists when we were Kings and Queens at Cair Paravel long ago. And then they fly them — or I suppose I should say *swim* them — at the others. How — '

She stopped suddenly because the scene was changing. The Sea People had noticed the *Dawn Treader*. The shoal of fish had scattered in every direction: the People themselves were coming up to find out the meaning of this big, black thing which had come between them and the sun. And now they were so close to the surface that if they had been in air, instead of water, Lucy could have spoken to them. There were men and women both. All wore coronets of some kind and many had chains of pearls. They wore no other clothes. Their bodies were the colour of old ivory,

подхваченные течением, изумрудные и оранжевые ленты.

— Ах, эти рыбы! — с досадой воскликнула Люси, когда целый косяк прошел совсем близко к поверхности, заслоняя от нее морской народ.

Хоть они и мешали ей смотреть, самое интересное Люси все же увидела. Вдруг одна из рыб, которую она не заметила, хоть и небольшая, но явно сильная, схватила рыбку из косяка и быстро ушла с ней вниз. И все морские всадники тут же обратили свои взоры на происходящее. Казалось, они очень довольны, переговариваются и смеются. И тут случилось и вовсе неожиданное: рыба со своей добычей вернулась к ним, а еще одна выпрыгнула кверху. Было похоже, что ее послал или отпустил один из морских всадников, ехавший на своем коньке в центре, как будто до этого держал в руке.

«Да это, кажется, охотники, — догадалась Люси... — Похоже на соколиную охоту. Да-да. Эти сильные рыбы у них вроде соколов, с которыми мы охотились в давние времена, когда правили в Кэр-Паравале. При виде дичи — ну, то есть рыбы, — они их отпускают охотиться. Как...»

В этот момент сцена изменилась: морские жители заметили «Покорителя зари». Косяк рыб распался, а охотники стали подниматься на поверхность, чтобы выяснить, что это такое большое и темное загораживает им солнце. И они были уже так близко, что, будь над ними не вода, а воздух, Люси могла бы с ними заговорить. Тут были и мужчины, и женщины, но у всех на головах сверкали короны, а кое у кого на шее мерцали жемчужные ожерелья. Из одежды на морских жителях ничего не было. Их тела были

their hair dark purple. The King in the centre (no one could mistake him for anything but the king) looked proudly and fiercely into Lucy's face and shook a spear in his hand. His knights did the same. The faces of the ladies were filled with astonishment. Lucy felt sure they had never seen a ship or a human before — and how should they, in seas beyond the world's end where no ship ever came?

'What are you staring at, Lu?' said a voice close beside her.

Lucy had been so absorbed in what she was seeing that she started at the sound, and when she turned she found that her arm had gone 'dead' from leaning so long on the rail in one position. Drinian and Edmund were beside her.

'Look,' she said.

They both looked, but almost at once Drinian said in a low voice:

'Turn round at once, your Majesties — that's right, with our backs to the sea. And don't look as if we were talking about anything important.'

'Why, what's the matter?' said Lucy as she obeyed.

'It'll never do for the sailors to see *all that*,' said Drinian. 'We'll have men falling in love with a sea-woman, or falling in love with the under-sea country itself, and jumping overboard. I've heard of that kind of thing happening before in strange seas. It's always unlucky to see *these* people.'

'But we used to know them,' said Lucy. 'In the old days at Cair Paravel when my brother Peter was High King. They came to the surface and sang at our coronation.'

цвета старой слоновой кости, а волосы — темно-лиловые. Король, что ехал в центре (ошибиться было невозможно), гордо и свирепо смотрел прямо Люси в лицо и потрясал своим копьем. Его рыцари тоже. Лица дам выражали удивление. Люси была уверена, что они до сих пор никогда не видели ни корабля, ни людей — да и как они могли бы их видеть в морях за краем света, куда никто никогда не доплывал?

— На что ты смотришь, Лу? — послышалось рядом.

Люси была так поглощена тем, что видела, что вздрогнула при звуках голоса, а когда стала оборачиваться, почувствовала, что рука затекла от долгого пребывания в одном положении. Позади нее стояли Эдмунд и Дриниан.

— Смотрите сами.

Они повернули головы, и Дриниан тут же быстро проговорил, понизив голос:

— Отвернитесь, ваши величества! Станьте спиной к морю и не подавайте вида, что мы говорим о чем-то важном.

Люси не стала возражать, только поинтересовалась:

— Но почему?

— Моряки не должны все это видеть, — ответил Дриниан. — Случалось, матросы влюблялись в морских женщин или в саму подводную страну и прыгали за борт. Я слышал, что нечто подобное происходило и раньше в незнакомых морях. Видеть этих людей всегда к несчастью.

— Но ведь мы знали их, — возразила Люси. — В прежние времена в Кэр-Паравале, когда наш брат Питер был Верховным королем. Они поднимались на поверхность и пели на нашей коронации.

'I think that must have been a different kind, Lu,' said Edmund. 'They could live in the air as well as under water. I rather think these can't. By the look of them they'd have surfaced and started attacking us long ago if they could. They seem very fierce.'

'At any rate,' began Drinian, but at that moment two sounds were heard. One was a plop. The other was a voice from the fightingtop shouting, 'Man overboard!' Then everyone was busy. Some of the sailors hurried aloft to take in the sail: others hurried below to get to the oars; and Rhince, who was on duty on the poop, began to put the helm hard over so as to come round and back to the man who had gone overboard. But by now everyone knew that it wasn't strictly a man. It was Reepicheep.

'Drat that mouse!' said Drinian. 'It's more trouble than all the rest of the ship's company put together. If there is any scrape to be got into, in it will get! It ought to be put in irons — keel-hauled — marooned — have its whiskers cut off. Can any one see the little blighter?'

All this didn't mean that Drinian really disliked Reepicheep. On the contrary he liked him very much and was therefore frightened about him, and being frightened put him in a bad temper — just as your mother is much angrier with you for running out into the road in front of a car than a stranger would be. No one, of course, was afraid of Reepicheep's drowning, for he was an excellent swimmer; but the three who knew what was going on below the water were afraid of those long, cruel spears in the hands of the Sea People.

In a few minutes the *Dawn Treader* had come round and every one could see the black blob in the water which was Reepicheep. He was chattering with the greatest

— Думаю, там были другие, Лу, — отозвался Эдмунд. — Те могли жить как на воздухе, так и в воде. Мне кажется, эти не могут. Иначе, судя по их виду, давно уже выбрались бы на поверхность и напали на нас: уж очень свирепыми выглядят.

— В любом случае... — начал было Дриниан, но продолжить ему не дал сначала всплеск, а потом крик с марса: «Человек за бортом!»

Все сразу пришло в движение. Несколько матросов поспешили убрать парус, другие спустились вниз взяться за весла, а Ринс, стоявший на вахте на корме, резко повернул руль, чтобы дать задний ход и попытаться максимально приблизиться к упавшему за борт. Вскоре всем стало понятно, что за бортом не человек в строгом смысле слова, а Рипичип.

— Пропади он пропадом! — воскликнул Дриниан. — С ним больше хлопот, чем со всей корабельной командой вместе взятой. Лишь бы влезть в неприятности! Заковать бы его в цепи... протащить под килем... высадить на необитаемый остров... отстричь усы! Видит кто-нибудь этого мерзавца?

Это вовсе не означало, что Дриниан терпеть не мог Рипичипа, — скорее напротив: он очень нравился капитану, потому тот так испугался за него, а потом рассердился, — как рассердилась бы твоя мама, попытайся ты перебежать дорогу в неположенном месте. Никто не боялся, что Рипичип утонет, потому что все знали: он прекрасный пловец, — но те, кто видел, что происходит под водой, боялись длинных копий в руках свирепых морских жителей.

За несколько минут «Покоритель зари» развернулся, и всем стал виден Рипичип — темный шар в воде, — который что-то возбужденно кричал, но

excitement but as his mouth kept on getting filled with water nobody could understand what he was saying.

'He'll blurt the whole thing out if we don't shut him up,' cried Drinian. To prevent this he rushed to the side and lowered a rope himself, shouting to the sailors, 'All right, all right. Back to your places. I hope I can heave a *mouse* up without help.' And as Reepicheep began climbing up the rope — not very nimbly because his wet fur made him heavy — Drinian leaned over and whispered to him, 'Don't tell. Not a word.'

But when the dripping Mouse had reached the deck it turned out not to be at all interested in the Sea People.

'Sweet!' he cheeped. 'Sweet, sweet!'

'What are you talking about?' asked Drinian crossly. 'And you needn't shake yourself all over *me*, either.'

'I tell you the water's sweet,' said the Mouse. 'Sweet, fresh. It isn't salt.'

For a moment no one quite took in the importance of this. But then Reepicheep once more repeated the old prophecy:

> 'Where the waves grow sweet,
> Doubt not, Reepicheep,
> There is the utter East.'

Then at last everyone understood.

'Let me have a bucket, Rynelf,' said Drinian.

It was handed him and he lowered it and up it came again. The water shone in it like glass.

никто ничего не мог понять, потому что рот его был полон воды.

— Сейчас он все выболтает, если мы не заставим его замолчать, — воскликнул Дриниан и, чтобы предотвратить это, бросился к борту и сам стал спускать канат, покрикивая на матросов: — Все в порядке! Возвращайтесь на места. Думаю, я смогу поднять мышь без вашей помощи.

Когда Рипичип начал взбираться по канату — не очень ловко, потому что шкурка его намокла и отяжелела, — капитан наклонился и прошептал:

— Не говори ни слова!

Как только главный среди мышей оказался на палубе, выяснилось, что его нисколько не интересует морской народ:

— Пресная! Она пресная!

— О чем это ты? — сердито спросил Дриниан и добавил: — И совсем не обязательно было отряхиваться рядом со *мной*.

— Я говорю, что вода пресная! — пропищал Рипичип. — Пресная, свежая. Не соленая.

Какое-то время никто не осознавал важности этих слов, и тогда Рипичип повторил старое предсказание:

> Там, где небо сойдется с землей,
> Станет пресной в море вода,
> Там найдешь, мой смелый дружок,
> То, что ищешь: далекий восток.

И тут все поняли.

— Принеси ведро, Ринельф! — велел Дриниан и, как только получил, зачерпнул воды, блестевшей как стекло.

'Perhaps your Majesty would like to taste it first,' said Drinian to Caspian.

The King took the bucket in both hands, raised it to his lips, sipped, then drank deeply and raised his head. His face was changed. Not only his eyes but everything about him seemed to be brighter.

'Yes,' he said, 'it is sweet. That's real water, that. I'm not sure that it isn't going to kill me. But it is the death I would have chosen — if I'd known about it till now.'

'What do you mean?' asked Edmund.

'It — it's like light more than anything else,' said Caspian.

'That is what it is,' said Reepicheep. 'Drinkable light. We must be very near the end of the world now.'

Повернувшись к Каспиану, капитан спросил:

— Наверное, ваше величество захочет попробовать первым?

Каспиан взял ведро обеими руками, поднес к губам, сначала сделал осторожный глоток, потом вдоволь напился и поднял голову. Его лицо изменилось: не только глаза, но даже каждая черточка теперь стала ярче.

— Да, пресная, настоящая вода! Не знаю: возможно я умру от нее, — но такую смерть все равно бы выбрал.

— Что ты хочешь этим сказать? — спросил Эдмунд.

— Она похожа скорее на свет, чем на что-то другое, — ответил Каспиан.

— Вот именно, — подтвердил Рипичип. — Свет, который можно пить. Должно быть, мы совсем недалеко от края света.

There was a moment's silence and then Lucy knelt down on the deck and drank from the bucket.

'It's the loveliest thing I have ever tasted,' she said with a kind of gasp. 'But oh — it's strong. We shan't need to eat anything now.'

And one by one everybody on board drank. And for a long time they were all silent. They felt almost too well and strong to bear it; and presently they began to notice another result. As I have said before, there had been too much light ever since they left the island of Ramandu — the sun too large (though not too hot), the sea too bright, the air too shining. Now, the light grew no less — if anything, it increased — but they could bear it. They could look straight up at the sun without blinking. They could see more light than they had ever seen before. And the deck and the sail and their own faces and bodies became brighter and brighter and every rope shone. And next morning, when the sun rose, now five or six times its old size, they stared hard into it and could see the very feathers of the birds that came flying from it.

Hardly a word was spoken on board all that day, till about dinner-time (no one wanted any dinner, the water was enough for them) Drinian said:

'I can't understand this. There is not a breath of wind. The sail hangs dead. The sea is as flat as a pond. And yet we drive on as fast as if there were a gale behind us.'

'I've been thinking that, too,' said Caspian. 'We must be caught in some strong current.'

'H'm,' said Edmund. 'That's not so nice if the World really has an edge and we're getting near it.'

В наступившей тишине Люси опустилась на колени и тоже напилась из ведра.

— Эта вода вкуснее всего, что я пробовала в жизни, к тому же... очень сытная: теперь и есть не хочется.

Все по очереди напились, а потом долго молчали. Каждый чувствовал себя как-то слишком уж хорошо, что не поддавалось объяснению, но тут все начали замечать и другие изменения. Как уже говорилось, сейчас было гораздо светлее, чем на пути от острова Раманду: солнце было каким-то слишком уж большим (хотя и не особенно жарким), море — необыкновенно ярким, а воздух буквально слепил. И теперь света стало не меньше, а, напротив, больше, но они могли это вынести: могли прямо, не моргая, смотреть на солнце, могли видеть больше света, чем когда-либо раньше. И палуба, и парус, и их собственные лица и тела становились все ярче и ярче, а каждый канат, казалось, светился. На следующее утро, когда встало солнце, которое теперь было в пять-шесть раз больше, они смотрели прямо на него и различали перья летевших оттуда белых птиц.

За весь день до обеда на палубе не было произнесено и пары слов. Есть тоже никому не хотелось — всем хватало воды. Тишину нарушил Дриниан:

— Не понимаю: ни малейшего ветра, парус повис, море гладкое как стекло, — а мы летим, словно нас гонит шторм.

— Я тоже об этом думал, — отозвался Каспиан. — Наверное, мы попали на какое-то сильное течение.

— Это не так уж хорошо, если у света действительно есть край и мы приближаемся к нему, — хмыкнул Эдмунд.

'You mean,' said Caspian, 'that we might be just — well, poured over it?'

'Yes, yes,' cried Reepicheep, clapping his paws together. 'That's how I've always imagined it — the World like a great round table and the waters of all the oceans endlessly pouring over the edge. The ship will tip up — stand on her head — for one moment we shall see over the edge — and then, down, down, the rush, the speed — '

'And what do you think will be waiting for us at the bottom, eh?' said Drinian.

'Aslan's country perhaps,' said the Mouse, its eyes shining. 'Or perhaps there isn't any bottom. Perhaps it goes down for ever and ever. But whatever it is, won't it be worth anything just to have looked for one moment beyond the edge of the world?'

'But look here,' said Eustace, 'this is all rot. The world's round — I mean, round like a ball, not like a table.'

'*Our* world is,' said Edmund. 'But is this?'

'Do you mean to say,' asked Caspian, 'that you three come from a round world (round like a ball) and you've never told me! It's really too bad of you. Because we have fairy-tales in which there are round worlds and I always loved them. I never believed there were any real ones. But I've always wished there were and I've always longed to live in one. Oh, I'd give anything — I wonder why you can get into our world and we never get into yours? If only I had the chance! It must be exciting to live on a thing like a ball. Have you ever been to the parts where people walk about upside-down?'

Edmund shook his head. 'And it isn't like that,' he added. 'There's nothing particularly exciting about a round world when you're there.'

— Ты хочешь сказать, — уточнил Каспиан, — что нас может просто... смыть через него?

— Да, да! — подхватил Рипичип, хлопая в ладошки. — Я всегда так себе это и представлял: свет как большой круглый стол, а вода всех океанов беспрерывно переливается через край. Корабль наклонится, и мы сумеем заглянуть через край, а потом вниз, вниз, быстро...

— А как ты думаешь, что нас ждет там внизу? — спросил Дриниан.

— Наверное, страна Аслана! — аж просиял Рипичип. — А возможно, никакого дна нет и спускаться можно бесконечно. Но что бы там ни было, разве не стоит хоть на мгновение заглянуть за край света?

— Не говори ерунды, — сказал Юстас. — Мир круглый — круглый, как шар, а не как стол.

— *Наш* мир, — поправил Эдмунд. — А как знать, каков этот?..

— Ты хочешь сказать, — спросил Каспиан, — что вы втроем пришли из круглого, как шар, мира, но никогда не говорили об этом? Как вы могли! У нас есть сказки, в которых говорится о круглых мирах, мне они нравятся, но я никогда не верил, что такие миры существуют в действительности. Как бы мне хотелось жить в таком! Что угодно отдал бы за это... Интересно, почему вы можете попасть в наш мир, а мы в ваш — нет? Наверное, потрясающе интересно жить на шаре. Вы были когда-нибудь там, где люди ходят вниз головой?

Эдмунд покачал головой:

— Все совсем не так. Нет ничего потрясающего в круглом мире, когда там живешь.

Chapter 16

THE VERY END OF THE WORLD

Reepicheep was the only person on board besides Drinian and the two Pevensies who had noticed the Sea People. He had dived in at once when he saw the Sea King shaking his spear, for he regarded this as a sort of threat or challenge and wanted to have the matter out there and then. The excitement of discovering that the water was now fresh had distracted his attention, and before he remembered the Sea People again Lucy and Drinian had taken him aside and warned him not to mention what he had seen.

As things turned out they need hardly have bothered, for by this time the *Dawn Treader* was gliding over a part of the sea which seemed to be uninhabited. No one except Lucy saw anything more of the People and even she had only one short glimpse. All morning on the following day they sailed in fairly shallow water and the bottom was weedy. Just before midday Lucy saw a large shoal of fishes grazing on the weed. They were all eating steadily and all moving in the same direction. 'Just like a flock of sheep,' thought Lucy. Suddenly she saw a little Sea Girl of about her own age in the middle of them — a quiet, lonely-looking girl with a sort of crook in her hand. Lucy felt sure that this girl must be a shepherdess — or perhaps a fish-herdess — and that the shoal was really a flock at pasture. Both the fishes and the girl were quite close to the surface. And just as the girl, gliding in the shallow water, and Lucy, leaning

Глава 16

САМЫЙ КРАЙ СВЕТА

Рипичип был единственным на корабле, если не считать Дриниана и брата с сестрой Певенси, кто видел морской народ. Он нырнул, заметив, что морской король потрясает копьем, поскольку посчитал это угрозой или вызовом и решил сразу же разобраться. Обнаружив, что вода пресная, он ненадолго отвлекся от своей цели, но потом снова вспомнил о морском народе. Дриниан и Люси успели отвести его в сторонку и предупредить, чтобы никому не рассказывал о том, что видел.

Как выяснилось, им вряд ли стоило беспокоиться, потому что теперь «Покоритель зари» скользил по такой области моря, которая казалась необитаемой. Никто, кроме Люси, больше не видел морских людей, и даже ее ожидала лишь мимолетная встреча. Все утро следующего дня корабль плыл по мелководью, а морское дно закрывали водоросли, и незадолго до полудня Люси увидела большую стаю рыб, которые там паслись. Они одновременно двигали ртами и плыли в одном направлении, так что походили на стадо овец. И вдруг посреди этого «стада» Люси заметила маленькую морскую девочку, примерно свою ровесницу, с чем-то похожим на прут в руке. Похоже, эта девочка — пастушка, а стая рыб — действительно стадо на пастбище. Морские обитатели находились недалеко от поверхности, и в тот момент, когда девочка, скользя по мелководью, и Люси, перегнувшись

over the bulwark, came opposite to one another, the girl looked up and stared straight into Lucy's face. Neither could speak to the other and in a moment the Sea Girl dropped astern. But Lucy will never forget her face. It did not look frightened or angry like those of the other Sea People. Lucy had liked that girl and she felt certain the girl had liked her. In that one moment they had somehow become friends. There does not seem to be much chance of their meeting again in that world or any other. But if ever they do they will rush together with their hands held out.

After that for many days, without wind in her shrouds or foam at her bows, across a waveless sea, the *Dawn Treader* glided smoothly east. Every day and every hour the light became more brilliant and still they could bear it. No one ate or slept and no one wanted to, but they drew buckets of dazzling water from the sea, stronger than wine and somehow wetter, more liquid, than ordinary water, and pledged one another silently in deep draughts of it. And one or two of the sailors who had been oldish men when the voyage began now grew younger every day. Everyone on board was filled with joy and excitement, but not an excitement that made one talk. The further they sailed the less they spoke, and then almost in a whisper. The stillness of that last sea laid hold on them.

'My Lord,' said Caspian to Drinian one day, 'what do you see ahead?'

'Sire,' said Drinian, 'I see whiteness. All along the horizon from north to south, as far as my eyes can reach.'

'That is what I see too,' said Caspian, 'and I cannot imagine what it is.'

через фальшборт, оказались друг напротив друга, пастушка подняла голову и встретила взгляд Люси. Ни та ни другая не произнесла ни звука, и через минуту морская девочка скрылась за кормой. Она не казалась испуганной или сердитой, как те охотники, которых Люси видела прежде. Ей пастушка понравилась, и она была уверена, что тоже понравилась ей: они словно каким-то образом подружились. Вряд ли им когда-нибудь представится возможность встретиться снова — в этом мире или в каком-то другом, — но если бы это произошло, то они бросились бы навстречу друг другу с распростертыми объятиями.

Последующие недели «Покоритель зари» плавно скользил на восток по гладкому, без малейших волн, морю, хотя не было ветра, который раздувал бы паруса, как не было и пены у носа. С каждым днем, а потом и часом, свет становился все ярче, но путешественники спокойно выносили его. Никому не хотелось ни есть, ни спать — достаточно было ослепительно сияющей воды, которая была крепче вина и которую они вытаскивали из моря ведрами и пили в молчании большими глотками. На судне было два довольно пожилых матроса — так вот они с каждым днем становились моложе. И команда, и пассажиры ощущали радость и возбуждение, но совсем не то, что способствует общению. Чем дальше они плыли, тем меньше разговаривали, да и то едва ли не шепотом, словно спокойствие этого моря проникло и в них.

— Милорд, что ты видишь впереди? — обратился как-то Каспиан к Дриниану.

— Сир, по всему горизонту, от севера до юга, на сколько хватает глаз, сплошь белизна.

— Вот и я вижу то же самое, но что это — и не могу себе представить.

'If we were in higher latitudes, your Majesty,' said Drinian, 'I would say it was ice. But it can't be that; not here. All the same, we'd better get men to the oars and hold the ship back against the current. Whatever the stuff is, we don't want to crash into it at this speed!'

They did as Drinian said, and so continued to go slower and slower. The whiteness did not get any less mysterious as they approached it. If it was land it must be a very strange land, for it seemed just as smooth as the water and on the same level with it. When they got very close to it Drinian put the helm hard over and turned the *Dawn Treader* south so that she was broadside on to the current and rowed a little way southward along the edge of the whiteness. In so doing they accidentally made the important discovery that the current was only about forty feet wide and the rest of the sea as still as a pond. This was good news for the crew, who had already begun to think that the return journey to Ramandu's land, rowing against stream all the way, would be pretty poor sport. (It also explained why the shepherd girl had dropped so quickly astern. She was not in the current. If she had been she would have been moving east at the same speed as the ship.)

And still no one could make out what the white stuff was. Then the boat was lowered and it put off to investigate. Those who remained on the *Dawn Treader* could see that the boat pushed right in amidst the whiteness. Then they could hear the voices of the party in the boat (clear across the still water) talking in a shrill and surprised way. Then there was a pause while Rynelf in the bows of the

— В других широтах, ваше величество, — сказал Дриниан, — я бы осмелился предположить, что это лед, но здесь такого просто не может быть. Тем не менее мне кажется, стоит посадить гребцов на весла и развернуть корабль против течения. Что бы это ни было, не хотелось бы врезаться туда на полной скорости!

Каспиан согласился с капитаном и отдал соответствующие распоряжения, после чего судно медленно продолжило путь. По мере приближения белизна не становилась менее таинственной. Если это была земля, то какая-то очень необычная, потому что казалась такой же гладкой, как вода, и не поднималась над ней. Когда судно подошло совсем близко, Дриниан резко повернул руль и направил «Покорителя зари» к югу, так что он оказался боком к течению и некоторое время шел на веслах вдоль края этой белизны. Тут их ждало открытие: оказалось, что течение не более сорока футов шириной, а в остальном море спокойное, словно пруд. Это очень обрадовало команду, которая начала было думать, что при возвращении на остров Раманду придется все время грести против течения. (Этим же объяснялось и то обстоятельство, что девочка-пастушка так быстро исчезла за кормой. Если бы она не была за пределами течения, то двигалась бы на восток с той же скоростью, что и корабль.)

До сих пор никто не понимал, что это за белизна, поэтому было решено спустить шлюпку. Те, кто остался на борту, видели, как разведчики продвигались вправо, в самый центр этой белизны, и слышали их голоса, возбужденные и удивленные, разносившиеся над тихой водой. Затем Ринельф измерил глубину, шлюпка пошла на веслах назад, и тогда все

boat took a sounding; and when, after that, the boat came rowing back there seemed to be plenty of the white stuff inside her. Everyone crowded to the side to hear the news.

'Lilies, your Majesty!' shouted Rynelf, standing up in the bows.

'*What* did you say?' asked Caspian.

'Blooming lilies, your Majesty,' said Rynelf. 'Same as in a pool in a garden at home.'

'Look!' said Lucy, who was in the stern of the boat. She held up her wet arms full of white petals and broad flat leaves.

'What's the depth, Rynelf?' asked Drinian.

'That's the funny thing, Captain,' said Rynelf. 'It's still deep. Three and a half fathoms clear.'

'They can't be real lilies — not what we call lilies,' said Eustace.

Probably they were not, but they were very like them. And when, after some consultation, the *Dawn Treader* turned back into the current and began to glide east-ward through the Lily Lake or the Silver Sea (they tried both these names but it was the Silver Sea that stuck and is now on Caspian's map) the strangest part of their travels began. Very soon the open sea which they were leaving was only a thin rim of blue on the western hori-zon. Whiteness, shot with faintest colour of gold, spread round them on every side, except just astern where their passage had thrust the lilies apart and left an open lane of water that shone like dark green glass. To look at, this last sea was very like the Arctic; and if their eyes had not by now grown as strong as eagles' the sun on all that whiteness — especially at early morning when the sun was hugest — would have been unbearable. And every evening the same whiteness made the daylight last longer. There seemed no end to the lilies. Day af-

увидели, что внутри она белая, и столпились у борта, чтобы узнать новости.

— Лилии, ваше величество! — крикнул Ринельф с носа лодки.

— Что ты сказал? — переспросил Каспиан.

— Цветущие лилии, ваше величество! Такие же, как дома в садовом пруду.

— Смотрите! — воскликнула Люси, сидевшая на корме шлюпки, и подняла вверх охапку влажных белых цветов с широкими плоскими листьями.

— Какова глубина, Ринельф? — спросил Дриниан.

— Странно, капитан, но достаточно глубоко: три с половиной сажени.

— Эти цветы не могут быть настоящими, то есть теми, что мы называем лилиями, — сказал Юстас.

Возможно, это были и не лилии, но очень похожие на них цветы. А когда после совещания «Покоритель зари» снова оказался в струе течения и стал скользить на восток сквозь озеро Лилий, или Серебряное море (путешественники использовали оба названия, но закрепилось «Серебряное море» — так оно обозначено на карте Каспиана), началась самая удивительная часть путешествия. Очень скоро открытое море, которое они покинули, стало только тонкой полосой синевы на западном горизонте. Со всех сторон их окружала белизна с легким золотым отливом, только за кормой, где лилии были раздвинуты кораблем, полоса воды сверкала, как темно-зеленое стекло. Это последнее море было очень похоже на Арктику, и если бы глаза мореплавателей к этому времени не стали зоркими, как у орла, солнечное сияние на этой белизне — особенно ранним утром, на восходе — было бы невыносимым. И каждый день благодаря этой бе-

ter day from all those miles and leagues of flowers there rose a smell which Lucy found it very hard to describe; sweet — yes, but not at all sleepy or overpowering, a fresh, wild, lonely smell that seemed to get into your brain and make you feel that you could go up mountains at a run or wrestle with an elephant. She and Caspian said to one another, 'I feel that I can't stand much more of this, yet I don't want it to stop.'

They took soundings very often but it was only several days later that the water became shallower. After that it went on getting shallower. There came a day when they had to row out of the current and feel their way forward at a snail's pace, rowing. And soon it was clear that the *Dawn Treader* could sail no further east. Indeed it was only by very clever handling that they saved her from grounding.

'Lower the boat,' cried Caspian, 'and then call the men aft. I must speak to them.'

'What's he going to do?' whispered Eustace to Edmund. 'There's a queer look in his eyes.'

'I think we probably all look the same,' said Edmund.

They joined Caspian on the poop and soon all the men were crowded together at the foot of the ladder to hear the King's speech.

'Friends,' said Caspian, 'we have now fulfilled the quest on which you embarked. The seven lords are all accounted for and as Sir Reepicheep has sworn never to return, when you reach Ramandu's Land you will doubtless find the Lords Revilian and Argoz and Mavramorn awake. To you, my Lord Drinian, I entrust this ship, bidding you sail to Narnia with all the speed you may, and above all not to land on the Island of Deathwater. And instruct

лизне длился дольше обычного. Казалось, лилиям не будет конца: от всех этих миль и лиг цветов исходил аромат, который Люси затруднялась описать: сладкий — да, но нисколько не усыпляющий и не подавляющий, свежий, будоражащий запах, который проникал внутрь и давал каждому ощущение небывалой силы. Они с Каспианом признавались друг другу, что больше не могут этого выносить, но в то же время не хотят, чтобы это прекращалось.

Помощник капитана часто замерял глубину, но море стало мельче лишь через несколько дней, зато мелело быстро. Наконец наступил день, когда гребцы вывели судно из течения и повели вперед на веслах со скоростью улитки. Вскоре стало ясно, что «Покоритель зари» продолжать путешествие не может. Только благодаря умелому управлению удалось не посадить корабль на мель.

— Спустите шлюпку, — приказал Каспиан, — и соберите людей на корме! Я буду говорить.

— Что он задумал? — шепотом спросил Юстас у Эдмунда. — Как-то странно у него блестят глаза.

— Я думаю, мы все выглядим так же, — ответил тот.

Они прошли вместе с Каспианом на полуют, где вскоре собралась вся команда.

— Друзья, — начал король, — мы выполнили задачу, которую перед собой ставили: отыскали друзей моего отца. Поскольку доблестный Рипичип поклялся не возвращаться, вы, когда достигнете острова Раманду, без сомнения, увидите, что лорды Ревилиан, Аргоз и Мавроморн проснулись. Свой корабль я доверяю капитану Дриниану и прошу возвращаться в Нарнию как можно быстрее, но ни в коем случае не

my regent, the Dwarf Trumpkin, to give to all these, my shipmates, the rewards I promised them. They have been earned well. And if I come not again it is my will that the Regent, and Master Cornelius, and Trufflehunter the Badger, and the Lord Drinian choose a King of Narnia with the consent — '

'But, Sire,' interrupted Drinian, 'are you abdicating?'

'I am going with Reepicheep to see the World's End,' said Caspian.

A low murmur of dismay ran through the sailors.

'We will take the boat,' said Caspian. 'You will have no need of it in these gentle seas and you must build a new one in Ramandu's island. And now — '

'Caspian,' said Edmund suddenly and sternly, 'you can't do this.'

'Most certainly,' said Reepicheep, 'his Majesty cannot.'

'No indeed,' said Drinian.

'Can't?' said Caspian sharply, looking for a moment not unlike his uncle Miraz.

'Begging your Majesty's pardon,' said Rynelf from the deck below, 'but if one of us did the same it would be called deserting.'

'You presume too much on your long service, Rynelf,' said Caspian.

'No, Sire! He's perfectly right,' said Drinian.

'By the Mane of Aslan,' said Caspian, 'I had thought you were all my subjects here, not my schoolmasters.'

причаливать к острову Мертвой Воды. Прошу также проверить, чтобы правитель, гном Трам, выдал моим товарищам по путешествию обещанное мною вознаграждение. Они это заслужили. А если я не вернусь, то пусть Трам, доктор Корнелиус, бобер Боровик и лорд Дриниан исполнят мою волю: с общего согласия выберут короля Нарнии...

— Но, сир, — перебил его Дриниан, — вы что, отрекаетесь от трона?

— Мне хочется вместе с Рипичипом посмотреть на край света, — сказал Каспиан.

Моряки принялись в смятении перешептываться.

— Мы возьмем шлюпку, — сказал Каспиан. — Она вам не понадобится в этих тихих морях, а на острове Раманду построите новую. А теперь...

— Каспиан, — вдруг жестко оборвал его Эдмунд, — ты не можешь так поступить!

— Совершенно верно, — подхватил Рипичип. — Его величество не может так поступить.

— И они правы, — поддержал Дриниан.

— Не могу? — резко переспросил Каспиан и на мгновение стал похожим на своего дядю Мираза.

— Прошу прощения у вашего величества, — раздался из задних рядов матросов голос Ринельфа, — но если бы кто-нибудь из нас так поступил, его сочли бы дезертиром.

— Не слишком ли много ты позволяешь себе, Ринельф! — оборвал его Каспиан.

— Нет, сир! Он совершенно прав, — вступился Дриниан за впередсмотрящего.

— Клянусь гривой Аслана! — воскликнул Каспиан. — Я всегда думал, что вы мои подданные, а не наставники.

'I'm not,' said Edmund, 'and I say you can *not* do this.'

'Can't again,' said Caspian. 'What do you mean?'

'If it please your Majesty, we mean *shall not*,' said Reepicheep with a very low bow. 'You are the King of Narnia. You break faith with all your subjects, and especially with Trumpkin, if you do not return. You shall not please yourself with adventures as if you were a private person. And if your Majesty will not hear reason it will be the truest loyalty of every man on board to follow me in disarming and binding you till you come to your senses.'

'Quite right,' said Edmund. 'Like they did with Ulysses when he wanted to go near the Sirens.'

Caspian's hand had gone to his sword hilt, when Lucy said, 'And you've almost promised Ramandu's daughter to go back.'

Caspian paused. 'Well, yes. There is that,' he said. He stood irresolute for a moment and then shouted out to the ship in general.

'Well, have your way. The quest is ended. We all return. Get the boat up again.'

'Sire,' said Reepicheep, 'we do not *all* return. I, as I explained before — '

'Silence!' thundered Caspian. 'I've been lessoned but I'll not be baited. Will no one silence that Mouse?'

'Your Majesty promised,' said Reepicheep, 'to be good lord to the Talking Beasts of Narnia.'

— Я не твой подданный, — заявил Эдмунд, — и поэтому говорю: ты *не можешь* так поступить!

— Ну вот опять ... — вздохнул Каспиан. — Что ты имеешь в виду?

— С позволения вашего величества, мы имеем в виду — не должны, — с почтительным поклоном произнес Рипичип. — Вы король Нарнии, а значит, нарушите слово, которое дали своим подданным, в частности Траму, если не вернетесь. Вы не должны пускаться в рискованные приключения, словно частное лицо. И если ваше величество не желает слушать доводы разума, проявлением наивысшей преданности каждого на корабле будет разоружить и связать вас, пока не придете в себя.

— Верно, — согласился Эдмунд, — как Одиссея, когда он хотел услышать пение сирен.

Рука Каспиана потянулась было к эфесу шпаги, но тут раздался голос Люси:

— И кроме того, ты обещал дочери Раманду, что вернешься.

— Ну хорошо, пусть так. — Минуту Каспиан помолчал в нерешительности, затем крикнул на весь корабль: — Будь по-вашему. Путешествие окончено. Мы все возвращаемся. Поднимите шлюпку.

— Сир, — сказал Рипичип, — возвращаются не все: я, как уже говорил...

— Замолчи! — выкрикнул Каспиан в гневе. — Лучше не дразни меня. Кто-нибудь может утихомирить этого мышиного начальника?

— Ваше величество обещали, — стоял на своем храбрый Рипичип, — быть добрым правителем говорящих зверей Нарнии.

'Talking beasts, yes,' said Caspian. 'I said nothing about beasts that never stop talking.' And he flung down the ladder in a temper and went into the cabin, slamming the door.

But when the others rejoined him a little later they found him changed; he was white and there were tears in his eyes.

'It's no good,' he said. 'I might as well have behaved decently for all the good I did with my temper and swagger. Aslan has spoken to me. No — I don't mean he was actually here. He wouldn't fit into the cabin, for one thing. But that gold lion's head on the wall came to life and spoke to me. It was terrible — his eyes. Not that he was at all rough with me — only a bit stern at first. But it was terrible all the same. And he said — he said — oh, I can't bear it. The worst thing he could have said. You're to go on — Reep and Edmund, and Lucy, and Eustace; and I'm to go back. Alone. And at once. And what is the good of anything?'

'Caspian, dear,' said Lucy. 'You knew we'd have to go back to our own world sooner or later.'

'Yes,' said Caspian with a sob, 'but this is sooner.'

'You'll feel better when you get back to Ramandu's Land,' said Lucy.

He cheered up a little later on, but it was a grievous parting on both sides and I will not dwell on it. About two o'clock in the afternoon, well victualled and watered (though they thought they would need neither food nor drink) and with Reepicheep's coracle on board, the boat pulled away from the *Dawn Treader* to row through the endless carpet of lilies.

— Да, говорящих, но не болтающих без умолку, — буркнул Каспиан, в гневе слетел вниз по трапу и исчез в каюте, хлопнув дверью.

Когда друзья через некоторое время пришли к нему, его величество изменился до неузнаваемости: побледнел, а в глазах стояли слезы.

— Все плохо, — проговорил Каспиан покаянно. — Надо было держать себя в руках. Со мной говорил Аслан. Нет, его здесь не было, да он и не поместился бы в каюте, но эта золотая львиная голова на стене вдруг ожила и заговорила. Это было ужасно... Его глаза. Он не ругал меня... только сначала был суров. Но все равно это было ужасно. И он сказал... сказал... нет, не могу... самое плохое, что он мог сказать. Вы поплывете дальше: Рип и Эдмунд, и Люси, и Юстас, — а я должен буду возвращаться. Один. Прямо сейчас. Ну что в этом хорошего?

— Каспиан, дорогой, — сказала Люси, — ты же знал, что мы вернемся в свой мир.

— Да, — всхлипнул Каспиан, — но я не думал, что так скоро.

— Тебе станет лучше, когда вернешься на остров Раманду, — попыталась успокоить его величество Люси.

Спустя какое-то время он немного взбодрился, но расставание было печальным, и я не стану подробно его описывать. Около двух часов дня, снабженные продовольствием и водой (хотя всем казалось, что ни еда, ни вода им не понадобятся), с лодочкой Рипичипа на борту, шлюпка стала удаляться от «Покорителя зари» на веслах по беско-

The *Dawn Treader* flew all her flags and hung out her shields to honour their departure. Tall and big and homelike she looked from their low position with the lilies all round them. And even before she was out of sight they saw her turn and begin rowing slowly westward. Yet though Lucy shed a few tears she could not feel it as much as you might have expected. The light, the silence, the tingling smell of the Silver Sea, even (in some odd way) the loneliness itself, were too exciting.

There was no need to row, for the current drifted them steadily to the east. None of them slept nor ate. All that night and all next day they glided eastward, and when the third day dawned — with a brightness you or I could not bear even if we had dark glasses on — they saw a wonder ahead. It was as if a wall stood up between them and the sky, a greenish-grey, trembling, shimmering wall. Then up came the sun, and at its first rising they saw it through the wall and it turned into wonderful rainbow colours. Then they knew that the wall was really a long, tall wave — a wave endlessly fixed in one place as you may often see at the edge of a waterfall. It seemed to be about thirty feet high, and the current was gliding them swiftly towards it. You might have supposed they would have thought of their danger. They didn't. I don't think anyone could have in their position. For now they saw something not only behind the wave but behind the sun. They could not have seen even the sun if their eyes had not been strengthened by the water of the Last Sea. But now they could look at the rising sun and see it clearly and see things beyond it. What they saw — eastward, beyond the sun — was a range of mountains. It was so high that either they never saw the top of it or they forgot it. None of them remembers seeing any sky in that direction. And the mountains must really have

нечному ковру из лилий. Корабль, такой большой и уютный снизу, поднял все флаги и выставил все щиты в честь их отплытия, потом сделал поворот и медленно, на веслах двинулся на запад. И Люси, хоть и уронила несколько слезинок, не ощущала того, что ожидала. Свет, тишина, аромат Серебряного моря, даже (как ни удивительно) одиночество потрясали.

Грести не было необходимости: течение неуклонно несло шлюпку на восток. Опять никто не спал и не ел. Всю ночь и весь следующей день суденышко скользило по глади моря на восток, а едва занялся рассвет третьего дня — такой яркий, что ни я, ни вы не могли бы вынести этого сияния даже в темных очках, — им явилось чудо. Казалось, между шлюпкой и небом встала стена, зеленовато-серая, дрожащая, мерцающая. Затем вышло солнце, и путешественники в первый раз увидели его сквозь эту стену, которая окрасилась в чудесные радужные цвета. Тут все поняли, что это вовсе не стена, а гигантская волна, бесконечно застывшая, словно водопад. Она была футов тридцати в высоту, и течение быстро несло шлюпку к ней. Можно было бы предположить, что они подумают об опасности, но нет, да и вряд ли кто-то другой стал бы думать об этом на их месте. Потому что теперь видели не только то, что позади волны, но и то, что позади солнца, и все благодаря воде последнего моря, которая сделала их глаза более зоркими. А позади солнца, на востоке, виднелась горная гряда, и горы те были такие высокие, что никто не видел их вершин или забыл, что видел. Никто также не запомнил, чтобы видел в той стороне небо. А горы, должно быть, дей-

been outside the world. For any mountains even a quarter or a twentieth of that height ought to have had ice and snow on them. But these were warm and green and full of forests and waterfalls however high you looked. And suddenly there came a breeze from the east, tossing the top of the wave into foamy shapes and ruffling the smooth water all round them. It lasted only a second or so but what it brought them in that second none of those three children will ever forget. It brought both a smell and a sound, a musical sound. Edmund and Eustace would never talk about it afterwards. Lucy could only say, 'It would break your heart.' 'Why,' said I, 'was it so sad?' 'Sad!! No,' said Lucy.

No one in that boat doubted that they were seeing beyond the End of the World into Aslan's country.

ствительно находились за пределами мира, потому
как на их вершинах полагалось лежать снегу и льду,
даже будь они в двадцать раз ниже, а эти оставались
зелеными, поросшими лесами, с водопадами по всей
высоте. Вдруг с востока подул бриз, разметал верх
волны в пену и взволновал спокойную воду вокруг
шлюпки. Это длилось всего мгновение, но и его хватило, чтобы остаться в памяти навсегда. Каждый из
них ощутил благоухание и услышал звуки музыки.
Эдмунд и Юстас никогда потом не говорили об этом,
а Люси только и могла сказать, что у нее едва не ра-
зорвалось сердце.

— Это было так печально? — спросил я.

— Печально?! Нет! — ответила Люси.

Никто из сидевших в шлюпке не сомневался, что
видит за концом света страну Аслана.

At that moment, with a crunch, the boat ran aground. The water was too shallow now even for it. 'This,' said Reepicheep, 'is where I go on alone.'

They did not even try to stop him, for everything now felt as if it had been fated or had happened before. They helped him to lower his little coracle. Then he took off his sword ('I shall need it no more,' he said) and flung it far away across the lilied sea. Where it fell it stood upright with the hilt above the surface. Then he bade them good-bye, trying to be sad for their sakes; but he was quivering with happiness. Lucy, for the first and last time, did what she had always wanted to do, taking him in her arms and caressing him. Then hastily he got into his coracle and took his paddle, and the current caught it and away he went, very black against the lilies. But no lilies grew on the wave; it was a smooth green slope. The coracle went more and more quickly, and beautifully it rushed up the wave's side. For one split second they saw its shape and Reepicheep's on the very top. Then it vanished, and since that moment no one can truly claim to have seen Reepicheep the Mouse. But my belief is that he came safe to Aslan's country and is alive there to this day.

As the sun rose the sight of those mountains outside the world faded away.

The wave remained but there was only blue sky behind it.

The children got out of the boat and waded — not towards the wave but southward with the wall of water on their left. They could not have told you why they did this; it was their fate. And though they had felt — and been — very grown up on the *Dawn Treader*, they

В этот момент они оказались на мелководье, шлюпка ткнулась в землю, и Рипичип сказал:

— Дальше я пойду один.

Никто даже не пытался его остановить, потому что все, казалось, было предопределено заранее. Дети просто помогли спустить на воду его маленькую лодочку. Отстегнув свою шпагу («Больше она мне не нужна»), храбрый Рипичип забросил ее подальше в море, покрытое лилиями, но она не утонула, а так и осталась торчать вертикально, так что над водой виднелся ее эфес. Попрощавшись с друзьями, ради них пытаясь принять грустный вид, хотя на самом деле лучился радостью, мышиный король в первый и последний раз позволил Люси то, чего ей всегда хотелось: обнять его и погладить. Затем Рипичип быстро запрыгнул в лодочку и взял весло, и его тут же подхватило течение, и он поплыл — только темная фигурка виднелась среди лилий. Лодочка двигалась все быстрее, и ее относило в сторону волны, которая казалась гладким зеленым склоном, где лилии не росли. На секунду лодочка с Рипичипом застыла на самой верхушке волны, затем пропала, и с тех пор никто не может утверждать, что когда-нибудь видел мышиного рыцаря, но я думаю, что он благополучно попал в страну Аслана, где и живет по сей день.

Когда встало солнце, горы за краем света поблекли. Волна осталась, но теперь за ней виднелось только синее небо.

Дети вылезли из шлюпки и пошли вброд, но не по направлению к волне, а на юг, оставив водную стену слева. Никто из них не мог бы сказать, почему так поступил, — это тоже было предрешено. И хотя каждый чувствовал, что стал взрослее на «Покорите-

now felt just the opposite and held hands as they waded through the lilies. They never felt tired. The water was warm and all the time it got shallower. At last they were on dry sand, and then on grass — a huge plain of very fine short grass, almost level with the Silver Sea and spreading in every direction without so much as a molehill.

And of course, as it always does in a perfectly flat place without trees, it looked as if the sky came down to meet the grass in front of them. But as they went on they got the strangest impression that here at last the sky did really come down and join the earth — a blue wall, very bright, but real and solid: more like glass than anything else. And soon they were quite sure of it. It was very near now.

But between them and the foot of the sky there was something so white on the green grass that even with their eagles' eyes they could hardly look at it. They came on and saw that it was a Lamb.

'Come and have breakfast,' said the Lamb in its sweet milky voice.

Then they noticed for the first time that there was a fire lit on the grass and fish roasting on it. They sat down and ate the fish, hungry now for the first time for many days. And it was the most delicious food they had ever tasted.

'Please, Lamb,' said Lucy, 'is this the way to Aslan's country?'

'Not for you,' said the Lamb. 'For you the door into Aslan's country is from your own world.'

'What!' said Edmund. 'Is there a way into Aslan's country from our world too?'

ле зари» (и так оно и было на самом деле), сейчас они ощущали себя маленькими, поэтому среди лилий брели, взявшись за руки. Вода была теплой, и с каждым их шагом становилось мельче. В конце концов дети оказались на сухом песке, а потом и на огромной равнине с мягкой невысокой травой, почти того же уровня, что и Серебряное море, ровной и гладкой, без единой кочки.

И, разумеется, как всегда бывает на плоских местах, где нет деревьев, казалось, что впереди небо сходится с травой, но по мере продвижения вперед у каждого возникло странное ощущение, что небо действительно упало и соприкоснулось с землей: голубая стена, очень яркая, но крепкая, настоящая, больше всего похожая на стекло. Вскоре ощущение переросло в уверенность: это действительно стена, причем совсем близко.

Прямо перед собой, у основания неба, на зеленой траве дети заметили что-то настолько белое, что даже их глаза слепило, а когда подошли ближе, то увидели, что это ягненок.

— Не хотите ли перекусить? — спросил он приятным мягким голосом.

Тут только друзья заметили, что на траве разложен костер, где на углях печется рыба. Впервые за многие дни дети вдруг ощутили голод и с удовольствием поели. Рыба оказалась восхитительной.

— Скажи, — обратилась к ягненку Люси, — это дорога в страну Аслана?

— Да, но не для вас. Вы можете попасть туда через дверь, что находится в вашем мире.

— Ты хочешь сказать, что в нашем мире тоже существует дорога в страну Аслана? — воскликнул Эдмунд.

'There is a way into my country from all the worlds,' said the Lamb; but as he spoke his snowy white flushed into tawny gold and his size changed and he was Aslan himself, towering above them and scattering light from his mane.

'Oh, Aslan,' said Lucy. 'Will you tell us how to get into your country from our world?'

'I shall be telling you all the time,' said Aslan. 'But I will not tell you how long or short the way will be; only that it lies across a river. But do not fear that, for I am the great Bridge Builder. And now come; I will open the door in the sky and send you to your own land.'

'Please, Aslan,' said Lucy. 'Before we go, will you tell us when we can come back to Narnia again? Please. And oh, do, do, do make it soon.'

'Dearest,' said Aslan very gently, 'you and your brother will never come back to Narnia.'

'Oh, *Aslan!!*' said Edmund and Lucy both together in despairing voices.

'You are too old, children,' said Aslan, 'and you must begin to come close to your own world now.'

'It isn't Narnia, you know,' sobbed Lucy. 'It's you. We shan't meet you there. And how can we live, never meeting you?'

'But you shall meet me, dear one,' said Aslan.

'Are — are you there too, Sir?' said Edmund.

'I am,' said Aslan. 'But there I have another name. You must learn to know me by that name. This was the very reason why you were brought to Narnia, that by knowing me here for a little, you may know me better there.'

— Дорога в мою страну существует в каждом из миров, — проговорил ягненок, прямо на их глазах из снежно-белого превращаясь в рыжевато-золотистого и увеличиваясь в размерах.

Вскоре над ними возвышался сам Асланом с сияющей гривой.

— Дорогой Аслан! — обрадовалась Люси. — Скажи нам, как попасть в твою страну из нашего мира.

— Я буду показывать тебе дорогу, — пообещал Великий лев, — но не скажу, долог будет путь или короток. Знай одно: лежит он через реку, — но бояться не надо, поскольку там будет мост. А сейчас идем: я открою для вас дверь в вашу страну.

— Аслан, — попросила Люси. — Прежде чем мы пойдем, скажи: когда мы сможем снова вернуться в Нарнию? Пожалуйста! И хорошо бы, чтобы это произошло поскорее!

— Дорогая, — мягко сказал Аслан, — вы с братом больше никогда туда не вернетесь.

— О нет, Аслан! — в отчаянии хором воскликнули Эдмунд и Люси.

— Вы выросли, дети, и пора знакомиться со своим собственным миром.

— Дело не в Нарнии, — всхлипнула Люси, — а *в тебе*. Мы же никогда тебя больше не увидим. А как нам жить без тебя?

— Мы увидимся, дорогое дитя, — возразил Аслан.

— Вы... вы есть и в нашем мире? — спросил Эдмунд.

— Да, — подтвердил Аслан, — но под другим именем, так что вам придется научиться меня узнавать. Потому вы и попали в Нарнию, чтобы узнавать меня всюду.

'And is Eustace never to come back here either?' said Lucy.

'Child,' said Aslan, 'do you really need to know that? Come, I am opening the door in the sky.' Then all in one moment there was a rending of the blue wall (like a curtain being torn) and a terrible white light from beyond the sky, and the feel of Aslan's mane and a Lion's kiss on their foreheads and then — the back bedroom in Aunt Alberta's home at Cambridge.

Only two more things need to be told. One is that Caspian and his men all came safely back to Ramandu's Island. And the three lords woke from their sleep. Caspian married Ramandu's daughter and they all reached Narnia in the end, and she became a great queen and the mother and grandmother of great kings. The other is that back in our own world everyone soon started saying how Eustace had improved, and how 'You'd never know him for the same boy': everyone except Aunt Alberta, who said he had become very commonplace and tiresome and it must have been the influence of those Pevensie children.

— И Юстас тоже больше не вернется? — спросила Люси.

— Дитя, зачем тебе это знать? Пойдемте, я открою дверь.

В это мгновение голубая стена раздвинулась, как расходится занавес, из-за неба полился ярчайший белый свет, каждый из детей ощутил прикосновение гривы льва и напутственный поцелуй на лбу — и снова очутился в задней спальне дома дяди Гарольда и тети Альберты в Кембридже.

Хочу кое-что добавить.

Во-первых, Каспиан со своими людьми благополучно вернулся на остров Раманду, и поэтому лорды пробудились ото сна. Его величество женился на дочери Раманду, и в конце концов все они оказались в Нарнии, и Каспиан и его королева сделались прародителями целой династии.

Во-вторых, вернувшись в свой мир, Юстас так изменился к лучшему, что это вскоре заметили окружающие, и только тетя Альберта считала, что, напротив, мальчик стал совсем обыкновенным и скучным, как эти дети Певенси.

ACTIVITIES

Chapters 1–4

1. **Look at the picture, read the names of the ship's parts and their meanings and match them with their Russian equivalents.**

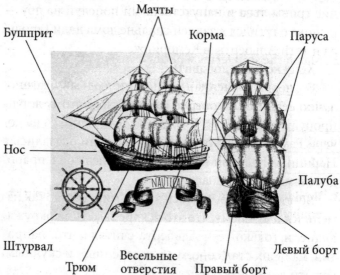

bow	the front part of the ship	
port	the left side of the ship	
bowsprit	a long spar on the ship's bow	
starboard	the right side of the ship	
stern	the back part of the ship	
deck	a flat area for walking along the sides of the ship	
hold	the space in the belly of the ship where goods are carried	
mast	a pole on a ship which supports its sails	

sail	a sheet of thick material fixed to a mast to catch the wind and make the ship move	
oar hole	an opening in the lower part of the ship's side through which the rower dips oars down into the water	
tiller	a handle fixed to the ship's steering wheel and used to turn it	

2. Match the ship terms with their meanings.

cabin	a narrow bed fixed to the wall in a train or a ship
galley	a folding chair to use outside especially on a ship or a beach
bunk	a kitchen in the ship
deck-chair	a small room for sleeping in the ship

3. Replace Russian words in bold with their English equivalents.

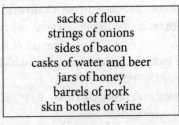

sacks of flour
strings of onions
sides of bacon
casks of water and beer
jars of honey
barrels of pork
skin bottles of wine

At each side of the ship the space under the benches was left clear for the rowers' feet, but all down the centre there was a kind of pit which went down to the very keel and this was filled with all kinds of things — **мешками с мукой, бочонками с водой и пивом, бочками с солониной, кувшинами с медом, мехами с вином**, apples, nuts, cheeses, biscuits, turnips, **вяленым мясом**. From the roof — that is, from the under side of the deck — hung hams and **связки лука**.

4. **Choose the right meaning of the words in bold among the given options.**

   1) We had **a fair wind** from Cair Paravel and stood a little north for Galma, which we made on the next day.

      а) штиль   б) попутный ветер   в) шторм

   2) At the foot of the ladder another wave roared across the deck, up to her shoulders. She was already almost **wet through** with spray and rain but this was colder.

      а) подмокший   б) влажный   в) мокрый до нитки

   3) The look of the waves in the picture made him feel sick again. He **turned rather green** and tried another look.

      а) созрел   б) позеленел   в) недозрел

   4) After that followed what seemed a very long delay during which her face **got blue** and her teeth began chattering.

      а) испортить настроение   б) получить синяк
      в) посинеть

   5) I am sorry to keep you all standing here in your wet things. Come on below to my cabin and **get changed**.

      а) измениться   б) переодеться   в) разменять деньги

   6) Soon we **were in sight of** Balabak which is the westernmost of the Philippines.

      а) приближаться/подойти к   б) иметь в виду
      в) быть заметным

5. **Match the adjectives with their meanings. Then use them to complete the sentences replacing their Russian equivalents in bold.**

1 bilious-looking	a) trying to make people like him or her, buttering them
2 unwelcome	б) looking fashionable
3 ingratiating	в) unwanted
4 uninhabited	г) having impolite behaviour

5 wheedling	д) bad-tempered and irritable
6 dandified	e) having no people living there
7 rough-looking	ж) flattering

1) The place seemed to be almost **необитаемое** and made us feel **непрошеными гостями**.

2) In the green valley to which they were descending six or seven **грубоватых с виду** men, all armed, were sitting by a tree.

3) The master of the house bowed very low and invited the visitors to go after him in a **вкрадчивым** voice and with an **обворожительной** smile.

4) Among the guests we noticed many unfamiliar people, and many of them were quite **щеголеватые** good-looking young men.

5) He was a **желчный** man with hair that had once been red and was now mostly grey.

6. **Match the verbs descirbing sounds with their Russian equivalents.**

1 gasp	a) пищать
2 creak	б) капать
3 slap	в) хлопать (крыльями)
4 drip	г) скрипеть
5 squeak	д) размахивать, рассекать
6 flap	e) задыхаться, ловить ртом воздух
7 swish	ж) шлепать

7. **Complete the dialogue with suitable expressions. First check their meanings using the tables and then put them into the dialogues instead of their Russian equivalents.**

At a Coffee Break

1 I've had enough of this jabber	a) Пока!
2 Cheer up!	б) Пошли / Все, уходим
3 Is there a which?	в) Ей-богу!
4 So long	г) удивляться нечему

5 Off we go	д) На словах
6 By heaven!	е) С меня довольно этой болтовни
7 I shouldn't wonder	ж) Взбодрись!
8 in words	з) Чего-чего там?

- Hello! How have you been? Working hard?
- Nothing special, thank goodness.
- **Удивляться нечему**, high season is over.
- Да — **на словах** and on paper. But not in our office. There is always paperwork at hand and what drives me mad is all this chatter, rumours and tittle-tattle.
- **Чего-чего там у вас?** Let it pass and **взбодрись**. It's not worth your time and health.
- **С меня довольно этой болтовни, ей-богу!**
- Well, it's high time we were at workplace. **Пошли!**
- I haven't finished my coffee yet.
- OK, **пока!**

Chapters 5–10

1. **Find the right equivalents for the words in the 1st column among the words in the 2nd column. Replace Russian words with their English equivalents.**

1 an ingot	а) заманивать на погибель
2 less conspicuous	б) безнадежное дело
3 to have a narrow shave	в) растворять, разогнать
4 to break into bits	г) менее заметный
5 a gem	д) нечисть в человеческом облике
6 to lure to one's doom	е) быть на волосок от гибели
7 to put somebody off their guard	ж) золотой слиток
8 wishful thinking	з) внимательно следить
9 to dissolve	и) бесчисленный

10 to keep close watch	к) вынюхивать украдкой
11 forlorn hope	л) разбить в щепки
12 a fiend in human form	м) ложная надежда
13 to sneak about	н) отвлечь внимание, ослабить бдительность
14 innumerable	о) драгоценный камень
15 to eavesdrop	п) подслушивать

I was heading for the ship I could see beside the most distant cliff. I left my coracle behind **разбитой в щепки** where I had been cast up on the shore. I needed somebody to find out where I was and how I could get out of here. Why had I let my mates **заманить** me to my **на верную гибель** by that **безнадежным делом** and by **ложными надеждами**? **Бесчисленные** treasures — **золотые слитки** and **драгоценные камни** I could win during the journey — would not **растворить** those bitter thoughts. Approaching the ship I saw muddlesome blurred footsteps on the sand. Somebody barefoot had **украдкой вынюхивал** and **подслушивал** whether there was any threat or danger and had tried to make his presence **не таким заметным**. I needed to **внимательно наблюдать**. I **был на волосок от гибели**. Any **нечисть в человеческом облике** would not miss a chance to **ослабить мою бдительность** and take advantage of me.

2. **Match English phrases with the Russian ones.**

1 It ate into my mind that...	а) Меня осенила мысль, что...
2 It crept into my heart that...	б) Мне пришло в голову, что...
3 It appeared to me that...	в) Меня разъедала мысль о том, что...
4 It occurred to me that...	г) Мне почудилось, что...
5 It struck me that...	д) Ко мне в сердце закрадывалась мысль...

3. **Cause and effect linkers are in box A, filler words and introductory phrases are in box B. Try to use them in your own fairy-tale or adventure story.**

A) Cause and effect linkers

at first	and	because	anyway	so
none the less	but	for	otherwise	if
in the end	though			

B) Filler words and introductory phrases

1 To put it in a nutshell…	а) Ой, а что я говорил? / На чем я остановился?
2 I ought to tell you	б) Короче говоря…
3 time out of mind	в) Не стану врать, …
4 Let me see, where am I?	г) Тянуть не буду, …
5 I won't deceive you	д) Дело было так.
6 To cut a long story short	е) Надо сказать / Должен вам сказать
7 It's like this.	ж) с незапамятных времен

4. **Match the expressions with their meanings and complete the dialogues replacing Russian words in bold with their English equivalents. Having done it, make up your own short dialogues with these expressions.**

At the Office

1 jolly well	а) ради бахвальства
2 Lively!	б) За дело!
3 out of habit	в) Боже правый! / О Господи!
4 Now for it!	г) вполне
5 for the sake of showing off	д) по привычке
6 By jove!	е) Он всегда так делает, когда…
7 somehow or other	ж) Живо!

8 It is always his way when…	з) Тем лучше для нас / Скатертью дорога
9 Bother him!	и) Нечего и говорить, …
10 Good riddance…	к) так или иначе
11 Needless to say	л) Пропади он пропадом!

– Hello everybody! What's going on? What's all this fuss about?

– Rob's going to quit.

– **Скатертью дорога**… I'm already exhausted by his careless ways. Are you sure about it? **Он всегда так делает, когда** he's tired at the end of the year.

– **Так или иначе**, we need to finish the task.

– **Боже правый!** You're too serious about it. It seems to me he said it **ради бахвальства** or **по привычке**. A quit from work is against his interests — it's much too convenient for him. **Нечего и говорить, что** having a flexible schedule for quite a solid compensation can **вполне** keep him at his workplace.

– **Да пропади он пропадом! За дело**, mates! **Живо!**

Chapters 11–16

1. **Match Russian equivalents with the words and expressions describing the feast. Use them instead of Russian words in the text below.**

1 jewelled cups	а) графины
2 ivory salt-cellars	б) стеклянная посуда изумительной работы
3 gleaming salmon	в) блестящий лосось
4 bright lobsters	г) мороженое
5 brambles	д) яркие омары
6 peacocks	е) павлины
7 pomegranates	ж) драгоценные кубки
8 ships under full sail	з) олений бок

9 sides of venison	и) ежевика
10 ice pudding	к) корабли на всех парусах
11 curiously wrought glass	л) солонки из слоновой кости
12 flagons	м) гранаты

On the table there was set out such a banquet as had never been seen. There were turkeys and geese and **павлины**, there were boars' heads and **олений бок**, there were pies shaped like **корабли на всех парусах**, there were **мороженое** and **яркие омары** and **блестящий лосось**, there were nuts and grapes, pineapples and peaches, **гранаты** and **ежевика**. There were **солонки из слоновой кости** and **драгоценные кубки**, crystal **графины** and **бокалы из червонного золота**, and **стеклянная посуда изумительной работы**. The smell of the fruit and the wine blew like a promise of all happiness.

2. **Divide the words and expressions in the table into groups according to their meanings which can be about light or sea matters or adventure. Then replace Russian words with the English ones in the story below.**

1 shafts of sunlight	а) ослепительно сверкающий
2 in the gathering dusk	б) исчезать в однородной тьме
3 masthead lights	в) проблеск
4 beam	г) снопы солнечного света
5 shimmer	д) фонари / огни
6 perilous journey	е) факелы
7 gleam	ж) луч
8 torches	з) мерцать
9 searchlight	и) опасное путешествие
10 vanish into smooth and solid blackness	к) мачтовые огни

11 lanterns	л) прожектор
12 dazzling	м) пятнышко света
13 tiny speck of light	н) в сгущающихся сумерках

Towards evening the ship would melt away **в сгущаю-
щихся сумерках** and **исчезли в однородной тьме**.
Her **мачтовые огни, факелы** and **фонари** at the stern
and the prow **мерцали** in the moonless and starless
night. But there was a **пятнышко света** ahead, its weak
проблеск turned into a broad **луч** which fell upon the
deck. Soon the whole ship was lit up as if by a **прожектором**. The next day the ship appeared in the **ослепительно сверкающей** water of the harbor in the **снопы
солнечного света**. The **опасное путешествие** was
over.

3. **Study the expressions, their meanings and replace
Russian phrases in the dialogues with their English
equivalents.**

At the Business Meeting

1 without stint or measure	а) Это почему же? / С чего это?
2 Good gracious!	б) ради всего святого
3 without wind in the shrouds and foam at the bows	в) Слушай, ... / Послушай, ...
4 less than a bowshot	г) глазом не моргнув
5 Not for my life!	д) Всему свое время.
6 Have your way.	е) Так и есть.
7 at any rate	ж) Да ты только послушай его!
8 I say, ...	з) семь футов под килем и попутного ветра
9 at a run	и) Чтоб он провалился!
10 Why on earth?	к) ближе чем на выстрел
11 All in good time.	л) Ни в коем случае! / Ни за что в жизни!
12 in the name of all mercies	м) Батюшки мои!
13 There is that.	н) Делай по-своему.

14 Hark to him!	о) до предела
15 Drat that guy!	п) в один присест / на одном дыхании
16 without blinking	р) во всяком случае / по меньшей мере

- What do you think of this young man — I mean the one who is reporting now.
- **Да ты только его послушай!** His usual dog and pony show again.
- What is wrong with it?
- I'll never let him come at the distance **ближе чем на выстрел**.
- **Это почему же?**
- He's mean and cowardly **до предела**. He'll let you down **глазом не моргнув**.
- **Батюшки! Ради всего святого** don't be grumbling. **Во всяком случае** it's not worth it. Calm down, you're being extremely touchy.
- **Так и есть. Чтоб он провалился**! He's always bossing about.
- Forget about him! And **делай по-своему**.
- I will. You know, I'm invited to take part in the second round of the contest.
- Why! I would say you've done it **на одном дыхании** — the competition is very serious. I wish you to take the first prize — **семь футов под килем и попутного ветра**!
- **Послушай!** Why don't you want to try?
- **Да ни за что в жизни!**
- Perhaps you'll consider it later. **Всему свое время.**

Учебное издание

СОВРЕМЕННЫЙ БЕСТСЕЛЛЕР: БИЛИНГВА

Льюис Клайв Стейплз

ХРОНИКИ НАРНИИ. «ПОКОРИТЕЛЬ ЗАРИ», ИЛИ ПЛАВАНИЕ НА КРАЙ СВЕТА = THE CHRONICLES OF NARNIA. THE VOYAGE OF THE DAWN TREADER

(орыс тілінде)

Ответственный редактор *Н. Уварова*
Редакторы *Н. Хасаия, Е. Вьюницкая*
Младший редактор *О. Колышева*
Художественный редактор *В. Безкровный*
Технический редактор *Л. Зотова*
Компьютерная верстка *Л. Кузьминова*
Корректоры *Н. Друх, Е. Сербина*

Во внутреннем оформлении использована иллюстрация:
mushroomstore / Istockphoto / Thinkstock / Gettyimages.ru

ООО «Издательство «Эксмо»
123308, Москва, ул. Зорге, д. 1. Тел. 8 (495) 411-68-86.
Home page: **www.eksmo.ru** E-mail: **info@eksmo.ru**

Өндіруші: «ЭКСМО» АҚБ Баспасы, 123308, Мәскеу, Ресей, Зорге көшесі, 1 үй.
Тел. 8 (495) 411-68-86.
Home page: www.eksmo.ru E-mail: info@eksmo.ru.
Тауар белгісі: «Эксмо»
Қазақстан Республикасында дистрибьютор және өнім бойынша
арыз-талаптарды қабылдаушының
өкілі «РДЦ-Алматы» ЖШС, Алматы қ., Домбровский көш., 3«а», литер Б, офис 1.
Тел.: 8(727) 2 51 59 89,90,91,92, факс: 8 (727) 251 58 12 вн. 107; E-mail: RDC-Almaty@eksmo.kz
Өнімнің жарамдылық мерзімі шектелмеген.
Сертификация туралы ақпарат сайтта: www.eksmo.ru/certification

Сведения о подтверждении соответствия издания
согласно законодательству РФ о техническом регулировании
можно получить по адресу: http://eksmo.ru/certification/

Өндірген мемлекет: Ресей
Сертификация қарастырылмаған

Подписано в печать 19.01.2017. Формат 84x100 $^1/_{32}$.
Гарнитура «Minion Pro». Печать офсетная. Усл. печ. л. 20,22.
Тираж 3000 экз. Заказ № 7087/17.

Отпечатано в соответствии с предоставленными материалами
в ООО «ИПК Парето-Принт», 170546, Тверская область,
Промышленная зона Боровлево-1, комплекс № 3А. www.pareto-print.ru

ISBN 978-5-699-84288-9

Оптовая торговля книгами «Эксмо»:
ООО «ТД «Эксмо». 142700, Московская обл., Ленинский р-н, г. Видное,
Белокаменное ш., д. 1, многоканальный тел. 411-50-74.
E-mail: **reception@eksmo-sale.ru**

По вопросам приобретения книг «Эксмо» зарубежными оптовыми
покупателями обращаться в отдел зарубежных продаж ТД «Эксмо»
E-mail: **international@eksmo-sale.ru**

*International Sales: International wholesale customers should contact
Foreign Sales Department of Trading House «Eksmo» for their orders.*
international@eksmo-sale.ru

По вопросам заказа книг корпоративным клиентам, в том числе в специальном
оформлении, *обращаться по тел. +7 (495) 411-68-59, доб. 2261.*
E-mail: **ivanova.ey@eksmo.ru**

Оптовая торговля бумажно-беловыми
и канцелярскими товарами для школы и офиса «Канц-Эксмо»:
Компания «Канц-Эксмо»: 142702, Московская обл., Ленинский р-н, г. Видное-2,
Белокаменное ш., д. 1, а/я 5. Тел./факс +7 (495) 745-28-87 (многоканальный).
e-mail: **kanc@eksmo-sale.ru**, сайт: www.**kanc-eksmo.ru**

В Санкт-Петербурге: в магазине «Парк Культуры и Чтения БУКВОЕД», Невский пр-т, д.46.
Тел.: +7(812)601-0-601, www.bookvoed.ru

Полный ассортимент книг издательства «Эксмо» для оптовых покупателей:
В Санкт-Петербурге: ООО СЗКО, пр-т Обуховской Обороны, д. 84Е. Тел. (812) 365-46-03/04.
В Нижнем Новгороде: Филиал ООО ТД «Эксмо» в г. Н. Новгороде, 603094, г. Нижний Новгород, ул.
Карпинского, д. 29, бизнес-парк «Грин Плаза». Тел. (831) 216-15-91 (92, 93, 94).
В Ростове-на-Дону: Филиал ООО «Издательство «Эксмо»,
344023, г. Ростов-на-Дону, ул. Страны Советов, 44 А. Тел.: (863) 303-62-10. E-mail: info@rnd.eksmo.ru
В Самаре: ООО «РДЦ-Самара», пр-т Кирова, д. 75/1, литера «Е». Тел. (846) 207-55-56.
В Екатеринбурге: Филиал ООО «Издательство «Эксмо» в г. Екатеринбурге,
ул. Прибалтийская, д. 24а. Тел. +7 (343) 272-72-01/02/03/04/05/06/07/08.
В Новосибирске: ООО «РДЦ-Новосибирск», Комбинатский пер., д. 3.
Тел. +7 (383) 289-91-42. E-mail: **eksmo-nsk@yandex.ru**
В Киеве: ООО «Форс Украина», 04073, Московский пр-т.д.9. Тел.:+38 (044) 290-99-44.
E-mail: **sales@forsukraine.com**
В Казахстане: ТОО «РДЦ-Алматы», ул. Домбровского, д. 3а.
Тел./факс (727) 251-59-90/91. **rdc-almaty@mail.ru**

Полный ассортимент продукции издательства «Эксмо»
можно приобрести в магазинах «Новый книжный» и «Читай-город».
Телефон единой справочной: 8 (800) 444-8-444. Звонок по России бесплатный.

Интернет-магазин ООО «Издательство «Эксмо»
www.fiction.eksmo.ru
Розничная продажа книг с доставкой по всему миру.
Тел.: +7 (495) 745-89-14. E-mail: imarket@eksmo-sale.ru